U0561107

素养导向的大概念教学

李学书 著

华东师范大学出版社
·上海·

图书在版编目(CIP)数据

素养导向的大概念教学/李学书著. —上海:华东师范大学出版社,2025. —ISBN 978 - 7 - 5760 - 6233 - 5

Ⅰ.G40-03

中国国家版本馆 CIP 数据核字第 2025YX2763 号

素养导向的大概念教学

著　　者	李学书
责任编辑	刘　佳
特约审读	古小磊
责任校对	王丽平　时东明
装帧设计	刘怡霖

出版发行	华东师范大学出版社
社　　址	上海市中山北路 3663 号　邮编 200062
网　　址	www.ecnupress.com.cn
电　　话	021-60821666　行政传真 021-62572105
客服电话	021-62865537　门市(邮购)电话 021-62869887
地　　址	上海市中山北路 3663 号华东师范大学校内先锋路口
网　　店	http://hdsdcbs.tmall.com
印刷者	上海锦佳印刷有限公司
开　　本	787 毫米×1092 毫米　1/16
印　　张	17.5
字　　数	236 千字
版　　次	2025 年 8 月第 1 版
印　　次	2025 年 8 月第 1 次
书　　号	ISBN 978-7-5760-6233-5
定　　价	68.00 元

出版人　王　焰

(如发现本版图书有印订质量问题,请寄回本社客服中心调换或电话 021-62865537 联系)

目　录

前言 / 1

第一章　大概念架起素养与知识之间的桥梁 / 1
　　一、核心素养勾勒出新时代新型人才的形象 / 1
　　　　（一）素养导向的育人方式改革 / 1
　　　　（二）大概念教学聚焦核心素养培养 / 3
　　二、大概念是什么 / 5
　　　　（一）大概念之"概念"和"大" / 5
　　　　（二）大概念的表述是一个陈述句 / 8
　　三、如何选择和提炼大概念 / 10
　　　　（一）大概念提炼的视角和依据 / 10
　　　　（二）学科大概念提炼路径 / 12
　　四、为什么用大概念来搭建桥梁 / 20
　　　　（一）大概念进入国家课程 / 20
　　　　（二）大概念是核心素养的内核 / 23

第二章　大概念教学的样貌 / 26
　　一、大概念作为教学设计的"锚点" / 26
　　　　（一）大概念的几个比喻 / 26
　　　　（二）大概念将知识、小概念、核心概念与主题等锚定
　　　　　　在一起 / 29
　　　　（三）大概念统领的教学内容建构 / 32

二、以单元作为基本组织形态 / 35
　　（一）由教材单元走向素养单元 / 36
　　（二）基于大概念的单元分类 / 40
三、按照逆向设计逻辑形成基本结构 / 45
　　（一）逆向设计指向学生的概念性理解 / 45
　　（二）逆向设计案例 / 48

第三章　大概念教学设计指导框架开发 / 53

一、三种水平的教学 / 53
二、数智化技术赋能大概念教学设计转向 / 56
　　（一）学习目标设计：从浅层经验性理解转向聚焦核心素养的概念性理解 / 57
　　（二）学习内容设计：从知识点积累到概念体系建构 / 58
　　（三）学习过程设计：从被动单一信息加工到主动掌握学科本质 / 58
　　（四）学习环境设计：从单一物理空间到多维融合的智慧场域 / 59
　　（五）学习评价设计：从单一结果评价转向个性化评价 / 60
三、大概念教学设计指导框架设计及其构成要素和环节 / 61
　　（一）智慧学习场域 / 62
　　（二）学情分析 / 63
　　（三）概念性理解过程 / 63
　　（四）学习服务与支持 / 66
四、指导框架实施 / 67

（一）聚焦单元大概念,确定概念性理解性目标的层级 / 68

　　（二）关联社会真实主题,创设问题情境 / 70

　　（三）促进概念性关系问题任务化,开展深度学习活动 / 71

　　（四）采集过程性证据,持续评估、反馈学生理解表现 / 72

　　（五）营造理解性学习氛围,丰富学生学习体验和参与感 / 73

第四章　大概念教学目标指向概念性理解 / 75

　一、认知目标的三次飞跃 / 75

　　（一）从一维结构到二维结构 / 75

　　（二）从二维结构到三维结构模式 / 79

　　（三）从知识模式到素养模型 / 84

　二、确定大概念教学目标的依据 / 87

　　（一）中心聚焦:概念性理解 / 87

　　（二）进阶延伸:剖析概念性理解层级 / 91

　三、如何研制单元学习目标 / 96

　　（一）目标设计模板 / 96

　　（二）掌握单元学习目标研制要素和环节 / 102

第五章　基本问题是通向大概念的航标 / 113

　一、问题是什么 / 113

　　（一）基于问题学习中的三类"问题" / 113

　　（二）项目化学习中的驱动性问题 / 116

二、基本问题是通向大概念深度理解之门 / 119
　　（一）最好的问题是指向和突出对大概念的理解 / 120
　　（二）基本问题是大概念教学设计和实施的枢纽 / 120
　　（三）大概念与基本问题是"里"与"表"的关系 / 121
三、基本问题满足的条件 / 122
　　（一）掌握"基本"的内涵 / 122
　　（二）满足"使用意图" / 124
　　（三）明确判断标准 / 125
四、基本问题来源和描述 / 126
　　（一）基本问题来源 / 126
　　（二）基本问题的描述 / 129
五、问题链设计 / 130

第六章　核心任务完成就是深度理解并迁移应用大概念 / 135

一、从课堂乱象说起 / 135
二、自带动力的核心任务开发 / 136
　　（一）核心任务的"核心" / 136
　　（二）核心任务设计路径 / 137
三、作为支架的学习任务链 / 141
　　（一）学习任务链是何与为何 / 141
　　（二）学习任务在实际操作中存在的问题 / 143
　　（三）任务链设计策略 / 145
四、学会研制任务单 / 151
　　（一）从教案、学案再到学习任务单 / 151
　　（二）模板开发 / 152
　　（三）任务单应用 / 157

第七章　情境为核心任务完成提供背景和支撑 / 161
　　一、为什么要引入真实性情境？/ 161
　　　　（一）激发和保持学生问题解决的动机 / 161
　　　　（二）让学生经历完整的学习任务完成过程 / 163
　　　　（三）建立概念深度理解 / 166
　　二、如何理解情境？/ 168
　　　　（一）情境中内含知识及其建构 / 168
　　　　（二）不同的情境不同的理解 / 170
　　三、什么是好情境？/ 174
　　　　（一）是"逼真的"而不一定是"真实的" / 174
　　　　（二）是"开放的"而不是"封闭的" / 175
　　　　（三）是相对"整体的"而不是"割裂的" / 176
　　　　（四）是"多元的"而不是"单一的" / 177
　　四、怎么设计情境？/ 178
　　　　（一）情境创设的目的是什么？/ 178
　　　　（二）创设情境的机制和路径是什么？/ 180
　　　　（三）掌握几种策略 / 183

第八章　聚焦深度理解的教学评价 / 190
　　一、架构和解构"理解" / 190
　　　　（一）架构理解：提炼评价理解内容 / 190
　　　　（二）解构理解：明确评价的行为表现 / 193
　　二、大概念教学评价类型和逻辑 / 195
　　　　（一）大概念教学评价需要多元化类型 / 195
　　　　（二）遵循整合性逻辑 / 198

（三）"学—评"一致性 / 200
　　（四）使用理解的六个侧面作为评估模板 / 203
三、理解证据的收集 / 206
　　（一）证据的来源 / 206
　　（二）表现性评价之于大概念教学 / 208
　　（三）评价任务开发 / 211
　　（四）评分规则制定 / 214
四、三种有效评价方法 / 218
　　（一）围绕核心任务完成情况开展评价 / 218
　　（二）通过基本问题开展评价 / 219
　　（三）基于SOLO理论开展评价 / 221

第九章　大概念教学设计的实践 / 226
奇妙的童话，点燃缤纷的焰火，照亮五彩梦——统编版小学语文教科书四年级下册第八单元教学整体设计 / 226
通过"寻等量，知算法，明算理"解决实际问题——"一元一次方程"单元整体设计 / 237
定期体检，健康相伴——"人体的内环境和稳态"单元整体设计 / 248

参考文献 / 260

后记 / 266

前　言

在智能技术的加持下，知识的更新换代在加速。教育领域，尤其是课程与教学领域正经历着深刻的变革。传统的以知识记忆与简单应用为导向的教学模式，已难以满足社会对创新型、复合型人才培养的需求。世界各国因此纷纷进行素养立意的课程改革，重视学生应对复杂多变情境能力的培养，以便让学生能够在海量信息中迅速提取关键知识，建构概念性理解，并灵活运用知识解决实际问题。与此同时，学习科学的研究成果也为教学变革和创新提供了有力的理论支持。事实上，学生的学习并非对知识的简单堆积，只有当学生理解知识之间的内在联系、把握学科的核心概念与原理时，才能实现知识的深度理解与灵活迁移，形成健全的心智模式。大概念教学理念正是在这样的背景下应运而生，它因应了核心素养培养的需求，旨在帮助学生超越碎片化的知识学习模式，构建起具有统摄性、迁移性的知识结构，形成高阶思维品质。

大概念教学强调以大概念为核心组织教学内容与教学活动，揭示知识内隐的规律，反映专家分析和解决问题的思维方式，搭建知识和素养之间的桥梁。它犹如学科知识网络中的"结点"，将零散的知识串联起来，使学生能够从整体上把握学科本质。教师教学因此不再是孤立地传授知识点，而是围绕大概念重构教学单元，使课程与教学内容结构化。这能够解决有限的课时和不断增加的知识之间的矛盾，从而更好地引导学生通过对具体事例的探究、分析，逐步建构大概念理解，发展创新性思维与迁移应用能力，在离开学校后，面对新的知识与复杂现象时，能够运用所学的大概念和学习方法，自主进行终身学习与探索。

本书基于新课程与新教材内容，结合大量教学实践成果，聚焦核心素养培养，围绕大概念和教学的核心要素及关键环节之间的关系展开整体论述，各章节内容既相互关联又各有侧重，旨在全面呈现大概念教学的理解与实践全貌。首先，本书从理念层面澄清大概念教学及其相关要素与环节的内涵、特点和它们之间的关系。在课程改革的浪潮中,核心素养为新型人才的培养指明了方向,大概念教学成为推动育人方式转变的有效途径。其中,大概念作为核心素养的内核,向上紧密联结学科核心素养,向下统摄具体学习内容,成为联结素养目标、教学过程和评价之间的纽带。

其次,本书从模式层面提供大概念教学设计的逻辑思路。大概念教学通过设计和实施呈现出整体样貌,它以大概念为锚点,将知识、主题以及各类小概念、核心概念等教学内容与目标设计、评价和学习活动开展等教学过程紧密联结起来;以素养单元为基本组织形态,将不同学科和学段的教学内容整合起来,形成结构化教学体系;以逆向逻辑形成基本结构形态,通过确定预期结果、规划评价证据和制定学习计划三个关键阶段,实现教学评一体化。本书提供的大概念教学设计指导框架将概念性理解目标置于智慧学习场域,涵盖学情分析、概念性理解过程、学习服务与支持等环节,为教师的教学设计提供了清晰的逻辑思路。

最后,本书从策略层面关注教学设计和实施技术与工具开发。掌握开发技术和工具并运用各种设计手段,是智能时代教师教学素养的重要组成部分,也是有效开展教学设计和实施的重要保障。我们设计开发的素养导向的目标模板等,可以帮助教师精准锚定概念性理解,构建系统、连贯的教学目标体系;依据核心素养培养的需求,从认识论和方法论等不同视角,通过自上而下、自下而上以及内容结构化等多种方式进行遴选和提炼大概念,助力教师解决大概念开发之困。教师可以借鉴 GRASPS 模型和本书提供的任务单模板设计核心任务,确保与大概念和基本问题相互呼应;利用好七种情境创设的策略,为学生营造逼真、开放、相对整体和多元的教学情境;通过架构和解构"理解",明确不同评价类型和方法的特点与适用场景,围绕大概念理解与迁移应用开发评价任务,制定科学合理的评分规则。

大概念教学设计理念的引入,促使教育从传统的知识本位向素养本位转变,将国家方针政策、新课程和新教材中的先进理念和目标落实到实践中,深化课程改革。在课程设计层面,大概念可以作为确立课程目标的重要依据,使课程内容更加聚焦于学科核心素养的培养,将不同学段、不同学科贯通起来,促进课程一体化建设。在课程实施过程中,大概念为教师提供了一种全新的教学内容组织视角,提升了他们对学科本质的理解,推动教师将学科内容与学生学习环节有效对接,不断探索与尝试新的教学方法。在促进学生学习方式转型方面,大概念教学设计基于理解的逆向设计,以大单元形式将清晰的学习目标、富有驱动力的核心问题、自带动力的学习任务和理解外显的表现性评价有机统整,促进深度学习发生和发展。

在实施大概念教学的过程中,很多教师已经适应传统教学模式,传授零散知识的观念很难改变,而提炼大概念、设计教学活动以及将大概念与教学内容紧密结合等方面则需要较高的专业能力。教师需要花费大量时间和精力去开发与整合教学资源,强化协同教学,这无疑会增加教学的难度和工作量。学生已经习惯被动接受知识,主动参与、自主建构知识体系的意识和能力不强,往往会影响大概念教学的效果。大概念教学强调学生的概念性理解、问题解决能力和素养发展,现有的评价体系难以准确衡量学生在这些方面的表现,缺乏与之相匹配的科学、有效的评价方式和工具。此外,如何将大概念教学与现有的教学体系有效衔接,确保教学质量能够得到科学合理的评价,也是需要进一步研究和解决的问题。

探索还在继续,挑战如影随形! 只要教育部门与学校提供相应的培训和支持,帮助教师提升大概念教学能力,鼓励教师之间开展交流与合作,共同开发优质教学资源,那么大概念教学在促进学生学习方式改革方面的优势终将显现并获得认可。教师若能从本书提供的理念、模式、思路、策略以及大量案例等层面深入理解和运用大概念教学,积极探索、勇于实践,不断总结经验教训,一定能够更好地提升教学质量,培养学生的核心素养,为学生的未来发展奠定坚实的基础。

李学书

第一章　大概念架起素养与知识之间的桥梁

我国于2014年启动了学生发展核心素养框架的研制工作，并于2016发布《中国学生发展核心素养》总体框架。在2017年，核心素养被纳入普通高中各学科课程标准，意味着课程改革进入核心素养时代。素养导向的教学要让学生从关注专家结论转化为养成专家思维方式，从低通路迁移的浅层学习走向高通路迁移的深度学习，从"宽而浅"的知识记忆走向"少而深"的理解性学习。在此背景下，大概念被视为连接起核心素养和知识的桥梁，围绕大概念理解所开展的教学设计与实施也逐渐受到重视。

一、核心素养勾勒出新时代新型人才的形象

（一）素养导向的育人方式改革

核心素养是三维目标的继承和发展，既可以消除实践中三维目标割裂化的问题，又能够对知识与技能、过程与方法、情感态度与价值观三者的内涵赋予时代特征并加以提升，使之更加适应数智化时代对人和社会发展的需求。核心素养的核心是创造性思维能力和复杂交往能力，这是数智化时代对人才培养规格的规定，也是对传统的农耕时代和近现代工业社会所需要的技能和一般能力的超越与发展，还是当下开展教育教学活动所追求的新目标，它规约了学校教育的方向、内容

及方法。① 因此,课程与教学应该从传授去情境化的专家结论转向培养学生的专家思维方式和问题解决能力。在工业时代,专家知识和结论被放在公共领域成为公共知识,经过精心挑选和组织形成相应的学科,整理编制成教材,由教师传授给学生,并通过学生获得专家结论的多少来评价教学成效。现实的教育领域中有很多这样的实例,很多学生在语文课上学习了《风向袋的制作》这篇典型说明文后,在实际操作时却无法还原风向袋制作的整个过程。这种只在考试时才有作用、其覆盖面决定了考试成绩的知识,只是一种"惰性知识"。学生若在学校学习了大量的惰性知识,那么他们一旦离开学校时,会更加"惰性",甚至会"主动遗忘",一旦考完试就将知识都"还"给老师。惰性知识产生的原因在于这类知识是点状的、孤立的存在,学生在学习时没有切身经历和体验,也无法将其与具体情境相联系,因此其常常不能被运用来解决真实问题。

人类进入 21 世纪以来,信息通信技术迅猛发展,尤其是人工智能技术的广泛应用,正在改变人们的生产和生活,社会经济运行模式和人类职业发生巨大变化,社会流动不断加速,变幻莫测的虚拟世界正逐步融入日常生活,许多工作和岗位或许将逐渐被人工智能代替,一些职业可能会因此消失,也有一些新的职业可能会随之诞生。这些现象和事实挑战着每一个人的适应能力,也成为关系个人和社会发展的新课题。因此,教育不仅要为创新驱动的职业作好准备,还要为应对不确定的未来社会作好方案,使具有高通路迁移性的核心素养成为教育改革的重要目标和价值追求,通过培养拥有专家思维和复杂交往的人才,满足社会发展的需要,完成立德树人的任务。

素养表现为学生在解决复杂问题的过程中运用的专家思维方式与体现的复杂交往能力。以学习游泳为例,一个人仅仅靠在岸边听教练教授游泳的相关知识,如呼吸技巧、身体姿势等,根本不可能学会游泳,因为这些知识是"听来的",是来自间接经验性的方法与知识,脱离真实情境。但一个人如果没有通过教练讲授

---

① 钟启泉,崔允漷.核心素养研究[M].上海:华东师范大学出版社,2018:10.

相关游泳知识,仅仅靠在水中反复练习而不得要领,也很痛苦,容易产生畏难甚至厌倦情绪。只有将教练传授的游泳的理论知识与练习实践相结合,使这些知识转化为实际的游泳技能,整合、稳定并直到能够完成娴熟的操作后,才能最终形成游泳能力。只有当知识、技能与能力协调发展时,才意味着个人具有了某一领域的素养。

(二)大概念教学聚焦核心素养培养

从"双基""三维目标"到"核心素养"的课程改革,本质上凸显的是从人对知识的认知到知识对人生的意义的转变,在这一过程中,学科内容逐渐与自我、社会生活、未来等相关联。核心素养的三个构成要素与新时代对"有本领、有理想、有担当"的人的要求是一致的,核心素养是相比于其他素养更加上位的、处于内核位置的素养。核心素养导向的课程改革,以及作为其重要实施方式之一的大概念教学,应该聚焦培养人类面对未来的新挑战应具备的变革能力、核心基础和其他新的素养,秉持"改革为未来而改,教师为素养而教,学生为理解而学",培养出符合未来发展方向,能够主动担负起更多的使命,创造个体和社会福祉的真正有能力的人。[1] 核心素养为未来的高质量人才培养体系提供了新导向和新支撑,同时也是推动社会发展、提高国家竞争力的重要抓手。在学校教育中如何化知识为素养是当下的新问题和新挑战,每一位教育工作者都应对其投入更多的关注和思考。

2022 年颁发的各学科课程标准分别从学科特点出发,提出数量不同,但内涵既有区别又有联系的学科核心素养(见表 1-1)。

表 1-1 2022 年版义务教育各学科课程标准核心素养[2]

学科	学科核心素养
道德与法治	政治认同、道德修养、法治观念、健全人格、责任意识

---

[1] 李学书.指向核心素养的课程整合[M].福州:福建教育出版社,2020:9-10.
[2] 整理自中华人民共和国教育部制定的 2022 年版义务教育各学科课程标准。

续 表

学科	学科核心素养
地理	人地协调观、综合思维、区域认知、地理实践力
俄语/日语/英语	语言能力、文化意识、思维品质、学习能力
化学	化学观念、科学思维、科学探究与实践、科学态度与责任
科学	科学观念、科学思维、探究实践、态度责任
劳动	劳动观念、劳动能力、劳动习惯和品质、劳动精神
历史	唯物史观、时空观念、史料实证、历史解释、家国情怀
生物	生命观念、科学思维、探究实践、态度责任
数学	会用数学的眼光观察现实世界、会用数学的思维思考现实世界、会用数学的语言表达现实世界
体育与健康	运动能力、健康行为、体育品德
物理	物理观念、科学思维、科学探究、科学态度与责任
信息科技	信息意识、计算思维、数字化学习与创新、信息社会责任
艺术	审美感知、艺术表现、创意实践、文化理解
语文	文化自信、语言运用、思维能力、审美创造

为阐明知识、能力与核心素养的关系，这里以驾车为例来进行说明。成为一名驾驶员需先考取驾照，这意味对驾驶知识与技能的认证，但持证者未必敢上路，或常常无法把在驾校中学到的知识运用到实践中——这正是能力与素养的分水岭。比如，新手上路遇行人干扰时便常常会手忙脚乱，多因未礼让被罚，这是由于他们并未形成"文明行车"的核心素养，也就无法有效运用知识与能力。又比如，

在无灯路口行驶时,也能体现驾驶员的"文明行车"核心素养:缺乏生命敬畏者可能无视潜在风险,径直通过;而具备驾驶素养者会主动减速观察,谨慎决策。由此可见,知识储备与操作能力不等同于素养——素养并不排斥知识技能,而是价值观统摄下的升华形态。

需要指出的是,从能力到素养的转变,是靠学生自己在实践过程中"悟"出来的,而不是只依靠教师的指导。因此,无论是教师教学还是教练培训,一定要能促进学习者主体的反思和复盘,发挥他们的主观能动性,这是核心素养养成的重要保证。教师教的知识、技能或能力是学习的阶段性目标,是达成素养的条件和手段,其本身不是目的,这就是"双基"教学和大概念教学的重要差异。因此,崔允漷教授曾说:"我们提倡课程育人,就是说,教师不只是教学生学会读书(知识与技能),还要教学生学会做事(能力),更要教学生学会做人(素养)。"[①]

二、大概念是什么

(一)大概念之"概念"和"大"

大概念作为深度理解的认知锚点,需要以"理解"作为关键行为动词。通过"理解",形成包含具体与抽象互动的复杂认知结构,这就是大概念的含义。大概念可以被界定为反映专家思考和其解决问题过程的思维方式,表现为概念、观念或论题,具有高通路迁移的特点,能在不同性质的情境中进行迁移,因此指向生活价值。对大概念的正确理解需要掌握"概念"和"大"这两个词的内涵和外延。

"概念"是大概念的"词根",也是它的一种重要表现形式。换句话说,如果将大概念等同于概念,就有可能弱化其解释力、统摄力,无法发挥其统领学科或超学科知识的作用,也无助于建立概念性关系。因此,在国家颁布的一些课程文件中都使用了"概括性知识""核心概念"这些表达方式。

---

① 崔允漷.素养与知识、技能、能力的区别[J].基础教育课程,2018(3):16-17.

大概念是一个鲜明的学科观点。例如,化学学科中的"物质的结构决定其性质"这一学科观点,就是学科大概念,可以揭示不同物质具有不同或相似性质的根本原因,也是人们研究和实践相关议题时采用的思维模式。

大概念是一个深刻的学科判断或推理。这个"判断"应该是基于诸多学科事实作出的,有一定的深刻性,是对不同现象的概括,能够给我们带来启发。例如,"生物体的形态结构与其生活或生存环境相适应"这一判断和推理可以解释很多自然现象,甚至是社会现象:变色龙的体表颜色会随着季节不同而不断改变,兔子的眼睛长在头部耳朵两侧,士兵服装大部分是草绿色或土色等,为人们研究和认识生物或社会现象提供原型。

大概念是一个相对抽象的学科论题。在人文社科领域有很多没有答案的论题,如"艺术作品的评判标准"就是一个仁者见仁智者见智的论题,无法达成一致。例如,对于"小说的评判标准"很难给出确切的答案和统一的标准,否则现实中就不会出现观点迥异的文艺评论。但对这些论题的研讨有助于学生从不同视角看待问题,建立专家思维,从而有效提升学生的文学和艺术鉴赏能力。

对于大概念的"大",教师常有以下疑惑:大概念究竟应该有多大?为什么要学习大概念?大概念是一个单元、一章、一节,还是一课时?大概念可以跨越单元、教材、学科吗?对此,可以从两方面对"大概念"进行理解:一是价值大,二是适用范围广。大概念之"大"不是指"庞大"或"宏大",也不是指"基础",而是指"核心",也即"高位"或"上位"的具有很强的迁移价值的关键概念、重要观念或基本论题。大概念之"大"不是"表象"而是"本质",直指问题解决的"要害"、学习内容的"连接点"、学科概念关系理解的"内核"。价值大缘于大概念的迁移性,最主要的表现是促进学生掌握事物发展的规律。大概念既依托于学科知识和相应的概念,又不单纯指向某个/某些特定的具体知识和概念;既是对学习内容高度概括而得出,又不依赖具体学科内容,甚至在学生忘记那些具体知识后仍能持续产生影响,因此具有超越课堂的持久价值和迁移价值。

例如,有的学生学习加法后会发现:减去一个数等于加上这个数的相反数,这就是有理数的减法法则。紧接着,他们会发现乘方也同样存在类似的现象和规律,如果教师仅仅就教材内容进行碎片化教学,学生不可能掌握这些概念背后的思想和规律。而大概念则要求学生将不同的知识、概念和案例联结起来,形成规律性认识:"互逆运算在更大的范围内可以统一。"这个大概念具有普适性,对很多数学运算都适用,所以它具有很强的迁移性。学生可能会遗忘具体的概念、知识点,却可以运用这个大概念去辩证地认识许多运算之间的内在逻辑和关系。

  从适用范围来理解大概念的目的是使之有别于小概念,这说明大概念是一个相对概念,对不同学段和认知水平学生而言,不可一概而论,教师要以学生为中心,结合教材提炼大概念。例如,小学生通过学习可以建立大概念理解:"蚯蚓能很好地适应在泥土中生活";但对初中生来说这种理解就是一个小概念,教师应该引导其理解适用范围更广的大概念:"生物体需要经过很长时期的进化形成在特定条件下的功能";而对高中生而言应该选择适用更大范围的大概念:"生命系统是物质、能量和环境相互适应的结果。"但"适用范围的大小"这一说法相对比较含糊,很多教师不好把握,有学者提出了"生活价值"[①]这一概念,以此明示大概念之"大"的内涵:与未来不确定的真实生活相关联,与学生经验相联系,对他们的生活有价值的知识、技能和概念才可能具有长久的生命力。只有内含生活价值的大概念才有机会不断地被运用到日常生活的具体情境中,而在每一次的具体运用中,它的可迁移性都会不同程度地得到提升。相对而言,小概念则因"小",以及解释力、统摄力、中心性稍逊而很少运用在现实世界中,很快便会慢慢被遗忘。但不能因此否定小概念的价值,它可以在概念性问题的解决中扮演"桥梁"的角色,只有当小概念处在联结中,并与上位的大概念进行对接,才会随着大概念的理解和迁移运用被不断激活,发挥其应有的作用。因此,大概念和小概念的区分标准在于"生活价值",这也是大概念价值和适用范围的统一。

---

① 戴维·珀金斯.为未知而教,为未来而学[M].杨彦捷,译.杭州:浙江人民出版社,2015:3.

（二）大概念的表述是一个陈述句

无论大概念是鲜明的观点、科学的判断，还是一个科学规律，其表述都应该是一个陈述句。一个完整的表述一般由词、短语、问题和标点符号构成。从根本上说，大概念是对不同概念之间关系的理解，即概念性理解，必须是一个陈述句。因此，词、短语都是大概念的表现形式。威金斯和麦克泰格认为，大概念通常表现为一个有用的：概念（适应、函数、洞察力）、主题（西部大开发、物质变化）、有争议的结论或观点（保守与自由、正义总是战胜邪恶）、反论（过有节制的生活、虚数）、理论（进化论、解释明显的随机分形）、基本假设（市场是理性的，简约的科学解释）、反复出现的问题（"这公平吗？"）、理解和原则（形式追随功能）。[①]

大概念≠学科概念，但学科概念可以是大概念的表现形式。这是因为每个学科都有自己的概念体系，且大多数学科概念的定义都是一个命题式的陈述句，如果学科概念仅仅注重形式上的定义，而没有揭示和反映内在的学科规律或本质，那么学生便无法建立概念间的关系，这类学科概念也不能成为大概念。

例如，方程这一重要概念，在数学教学中具有重要地位。在很多中学教材里，都将其定义成"含有未知数的等式"。这个界定明确地给出了方程的外在特征，但没有揭示方程的内在本质，无法体现数学学科性质。学生若对其仅仅进行记忆和背诵，并不会触动心智，也无法对方程产生深刻的感悟和理解。这样的概念只是大概念的表现形式，不是内容，更不是内核。但教师可以通过延伸"等号"，赋予"等式"意义，提炼出"方程是同一个量的两种等价表达"，这一表达就可以作为大概念。这一大概念相较于原表达而言，将方程的等号两边由"未知数"变成了某个事件中的同一个量，涉及等量代换，且采用了两种不同的表达方式。例如，"教师的成长＝经验＋反思＋专业引领"这一等式可以解释教师成长的条件，具有生活价值。

[①] 格兰特·威金斯,杰伊·麦克泰格.追求理解的教学设计(第二版)[M].闫寒冰,等,译.上海:华东师范大学出版社,2017:77.

大概念≠基本问题。很多教师容易将大概念陈述和基本问题混淆,因为两者都有整合性、统领性,指向学科或现象的本质。但用一个疑问句表达大概念,这也是错误的。大概念表现的是学生通过建立概念间关系达到深度理解的过程,一定程度上是观点、判断、规律;而疑问句是刺激思考的工具和支架,至于结果如何,无法体现。但不能否认的是,提出类似的问题往往有助于我们提炼大概念。例如,将"如何看待文学作品与真实历史的关系"这样的疑问句转述为"文学作品不能等同于历史,但其中有可能存在丰富的历史信息",它就具有大概念的特征和作用了。

大概念≠学习目标。有些教师认为大概念理解和迁移应用是大概念教学的重要目标,而课程标准中的学习目标也是目标,只要学习目标是以学生为主语构成的一个完整的陈述句,符合大概念陈述方式,就可以直接将其作为大概念。这是一种误解!学习目标是学生学习结果的表现形式,一般呈现为可测量、可观察的行为表现,通过多个陈述句表达,且表述中含有预期的学习结果和达成结果的行为和路径,具有指向性、明确性,它的作用是引导教师的教和学生的学。而大概念描述的是学生对学科或跨学科概念之间关系的理解,其作用是揭示学科本质与内在规律,它是客观陈述,没有对大概念理解的路径和相应结果的达成标准作出要求。

例如,"通过绘制三视图的方式将立体图形转化为平面图形,发展空间观念"这一教学目标在一定程度上揭示了教与学的规律,看起来"像"大概念。但仔细分析不难发现,这个表述描述的仍是在教学引领下的学习行为与其达成的学习结果,而并未指向几何学科特质,充其量只是与大概念已十分接近,可以作为大概念提炼的重要参考。教师可以结合学生学习特征和教材内容,利用自己的专业智慧,整合这一学习目标中的重要信息,提炼出以下大概念:维度是描述图形空间属性的关键参数,"降维"是研究图形的重要方式。由此可见,学习目标的整合梳理是提炼大概念的重要途径。

总之,大概念是指用陈述句表达一个重要的学科观点,或论断、原理和规律等,它居于学科中心,具有相对稳定性、统领性、共识性,能够反映学科本质、问题的要害、关键结点。大概念一般是一个句子,而不是一个词语,比如"历史事件""悬念""区域经济"等核心词都是大概念的名称,而不是大概念本身。这是因为大概念旨在促进学生理解概念之间的关系,掌握概念间的内在联系,从而提高学生解决复杂问题的能力,如果仅给一个词语或短语,很难起到这一作用。例如,在数学学科中,核心词"模型"是大概念的名称,对应的大概念表述是:对于具有可重复性的数或对象的数学情境,可用描述或一般化的方式表达其关系。①

三、如何选择和提炼大概念

(一) 大概念提炼的视角和依据

大概念是核心素养的具象化,换句话说,核心素养是提炼学科大概念的重要依据。学生在课堂上学到的具体知识,只有在被激活、与上位的概念建立联系后,才能转化为科学认知、良好的行为习惯、高尚的道德情操以及为人处世的思维方法,而这才是学校教育应该培养的、学生能带得走的核心素养。素养是知识、认知技能、态度、价值观和情绪的集合体。知识、能力与素养从三维视角呈现了大概念教学的基础、深度、广度,刻画了创新人才应具备的能力。大概念作为搭建素养和知识之间的桥梁,其提炼要求教师深刻理解学科核心素养以及知识、能力与素养的融合和进阶关系,只有这样,方可高站位、广视角地建构合适且科学的大概念及其结构化体系。

大概念提炼作为教师的一项专业活动,必须秉持两个视角:一是认识论的角度,更多聚焦内容大概念;二是方法论的角度,主要聚焦过程性大概念。从认识论的角度提炼的大概念,可以揭示学科本质,描述学习内容的学科价值。比如,历史以及道德与法治等人文学科中的大概念:"任何事件(包括历史事件或道德事件)

---

① Charles, R.L., Carmel, C.A. Big Ideas and Understandings as the Foundation for Elementary and Middle School Mathematics [J]. Journal of Mathematics Education Leadership, 2005(3):9-24.

都是在特定的时间和空间中发生的";科学学科中的大概念:"科学探究是获取与应用科学知识、认识客观世界的重要途径",等等。从方法论的角度提炼的大概念可以总结学科思想方法与融通学习策略等。比如,语文学科中的大概念:"通过典型事件和细节可以刻画与展现文学作品中人物的精神面貌";体育学科的大概念:"主动防守就是最好的进攻",等等。

哈伦经过长期研究将科学领域分为十大知识型大概念和四大过程型大概念。[①] 具体可见表1-2。

表1-2 哈伦对大概念的分类

类型	内　　容
知识型 大概念	宇宙中所有物质都是由很小的微粒构成的
	物质可以对一定距离以外的物体产生作用
	改变一个物体的运动状态必须要有力作用其上
	在宇宙中能量的总量是不变的,但在某种事件发生的过程中,能量影响着地球表面的状态和气候
	宇宙中存在着数量极大的星系,我们所在的地球系只是其中一个星系——银河系中很小的一部分
	生物是以细胞为基础构成的,并有一定的生命周期
	生物需要能量和物质的供给,为此它们经常需要依赖于其他生物或与其他生物竞争
	生物的遗传信息会一代一代传下去
	生物的多样性、存活和灭绝都是进化的结果

---

① 温·哈伦.以大概念理念进行科学教育[M].韦钰,译.北京:科学普及出版社,2016:129-130.

续 表

类型	内 容
过程性大概念	科学是在究其所以,或是发现自然现象的原因
	科学上的解释、理论和模型都是在特定时期内与可获得的证据最为契合的
	将科学研究中得到的知识运用于工程和技术,可以创造服务于人类的产品
	科学的运用会对伦理、社会、经济和政治产生影响

(二) 学科大概念提炼路径

提炼学科大概念的路径,主要可以分为自上而下、自下而上和内容结构化三种。

1. 自上而下路径

这种路径主要是对课程方案和标准以及相关课程框架中规定的"现成"的大概念表现形式进行"降维"处理,通过对其内涵和外延进行全面解读与分析,尝试抽离出表达这些维度的"核心词"并进行关联,从而逐步形成大概念,再进一步寻找支撑这一大概念的学习内容。

(1) 解读和遴选"现成的"大概念

课程标准中大量的判断句、观点句、重要方法的表述等可以直接作为学科大概念,如《义务教育科学课程标准(2022年版)》中的"力可以改变物体的形状和运动状态"。《义务教育生物学课程标准(2022年版)》提出要以大概念为纲,将相应的主要概念、次位概念按照其逻辑关系组成网络化概念体系,提高教师的教和学生的学的成效,并阐明了学习主题和大概念的对应关系(见表1-3)。

表1-3 《义务教育生物学课程标准(2022年版)》中的概念及其对应学习主题

学习主题	概 念
生物体的结构层次	概念1:生物体具有一定结构层次,能够完成各项活动

续 表

学习主题	概　念
生物的多样性	概念2:生物可以分为不同的类群,保护生物的多样性具有重要意义
生物环境	概念3:生物与环境相互依赖、相互影响,形成多种多样的生态系统
植物的生活	概念4:植物有自己的生命周期,可以制造有机物,直接或间接为其他生物提供食物,参与生物圈的水循环,并维持碳氧平衡
人体生理与健康	概念5:人体的结构和功能相适应,各系统协调统一,共同完成生命复杂活动
人体生理与健康	概念6:人体健康受到传染病、心血管疾病、癌症及外部伤害的威胁,良好的生活习惯和医疗措施是健康的重要保障
遗传和进化	概念7:遗传信息控制生物性状,并由亲代传递给子代
遗传和进化	概念8:地球上现存生物都来自共同祖先,是长期进化的结果
生物学与社会·学科实践	概念9:真实情境中的问题解决,提倡综合运用科学、技术、工程学和数学等学科的概念、方法和思想,设计方案并付诸实施,以寻求科学问题的答案或制造相关产品

美国《新一代科学教育标准》提出科学教育要围绕三个维度——科学与工程实践、跨领域概念和学科核心概念——来进行组织实施。[①] 例如,五年级的跨领域概念包括:模式,原因与结果,尺度、比例和数量,系统和系统模型,能量与物质,结构和功能,稳定性与变化。而国际文凭组织开发的 IB 课程系列,则建构了跨学科课程"概念模型",组织均衡的课程体系[②],其中,为 3—12 岁学生提供的 PYP 项目

[①] 美国科学教育标准制定委员会.新一代科学教育标准[M].叶兆宁,等,译.北京:中国科学技术出版社,2020:42.
[②] 李学书,范国睿.国际预科证书课程体系中创新素养的理论和实践研究[J].课程·教材·教法.2015(12):109-115.

利用五大要素和八大维度支撑的跨学科大概念,将IB课程六个领域的课程和教学内容有效衔接和联系起来,成为跨越不同领域的网络连接点,体现了跨学科内容背后的跨学科素养目标(见表1-4)。

表1-4 IB课程系列中的PYP课程框架

发展因素(目标)	跨学科概念	课程领域
知识、概念、技能、态度和行动	形式、功能、原因、变化、联系、观点、责任、反思	语言、社会科学、个体及社会、科学、艺术和数学

教师可以根据教学需要和学生学习规律,结合教材内容解读上述"现成的"大概念,在此基础上再遴选出适宜的大概念。解读意味着结合学习目标和学生需求对上述大概念进行分解、细化,与相应主题、单元教学目标对接,从而统领内容和任务。

(2) 从核心素养中抽取

核心素养是人才培养目标,与课程标准一样,对教学具有指导性作用。而大概念是核心素养培养的依托和具体形态,因此,大概念也可以从学科核心素养的"降维"解读中进行中提取。以人教版高中物理必修一中的"牛顿运动定律的应用"这一节为例,教师可以将"科学思维"这条素养进行降维和解读,结合教材内容和教学目标,把"运动和相互作用之间有确定(定量)的关系"作为大概念。

(3) 揭示专家思维

古今中外的格言名句或是前贤名人的谆谆教诲,都饱含专家智慧和专家思维方式,而大概念正是反映专家思维方式的。因此,专家思维也是大概念的直接来源。例如,"地理给我们描绘的不是一个平静的现象,或一个固定的栖息地,而是一个变幻莫测的世界"(乔·斯依特)就是一个大概念。但专家思维方式往往是抽象的,学生不容易理解,教师需要结合教学目标和学生认知水平,进一步"揭示"其内涵,才能建立教学意义。再如,"化学物质是由原子构成的"这一化学知识,经过专家思维方式转化为"基于原子看物质,基于原子看变化"这一思想,就可以提炼大概念:"物质是由原子之间发生化学变化形成的。"

(4) 概念派生

概念派生也是一种由上到下的大概念形成方式,其缘起于大概念是相对的,它们之间也存在关联和分层关系,因此,通过概念转换方式也可以产生大概念。人教版高中化学选择性必修1《化学反应原理》就指向一个大概念:"根据混合物中组分性质的差异选择适宜的方法进行物质分离、转化和提存。"教师可以就这一大概念"派生"大概念:"根据水中的杂质成分及其性质的不同,选择合适的物理或化学方法进行分离、转化和去除,实现水处理的目的和要求。"同样的,物理观念是物理学科的顶层结构,包括物质观念、运动与相互作用观念和能量观念。相应的大概念"物理观念是物理概念和规律在头脑中的凝练和升华"可以派生为与物质观念对应的大概念:"宏观物体的属性与其微观结构相关",与运动与相互作用观念对应的大概念:"运动和相互作用之间有一定的联系",以及与能量观念对应的大概念:"能量在转移和转化中的总量保持守恒"。如此一来,利用各个层面的大概念就可以联结相应示例(见图1-1)。

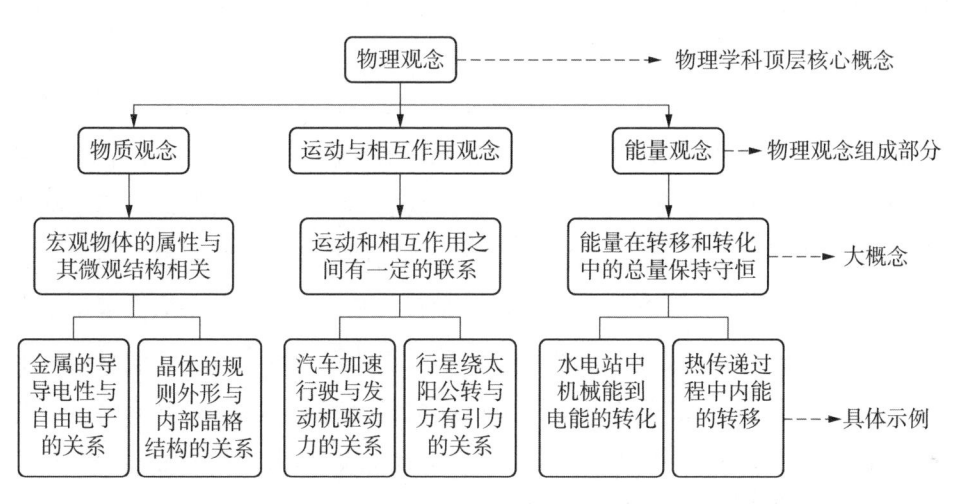

图1-1 人教版选择性必修1化学相关概念派生及其示例

2. 自下而上路径

这种路径是指教师从学习内容涉及的知识、方法、案例和小概念等出发,结合学生的生活经验和教学目标,不断追问学习内容背后真正的育人价值和学科思想方法,沿着核心素养的进阶性方向综合更多的具体案例和小概念,上升到大概念的层面,最后概括提炼出与学科核心素养的表述相呼应、能反映专家思维方式的大概念。

(1) 促进课程标准中相关内容规定的结构化

各个课程标准中包含的"学科性质和定位""课程目标""内容要求""学业质量检测"和"实施建议",描述了与学科相关的关键要素,内含丰富的内容,具有强烈的指导价值。教师可以对其进行认真研读和梳理,提取关键概念,并加以整合,形成反映学科或单元本质的陈述句,即可作为大概念。比如,高中生物学"生物的进化"一章中,通过课程核心素养、课程理念、内容标准、学业质量要求和教学案例梳理,教师可以发现,这一章的教学内容涉及三个核心概念——"生物的多样性""生物的适应性""进化",尝试将三者结构化,便可形成"生物的多样性和适应性是进化的结果"这一大概念,从而解释这三个核心概念之间的因果关系,即进化是形成生物多样性和适应性的根本原因,从而统领单元学习内容。

(2) 从教材分析中提炼大概念

教材分析是大概念教学设计和实施的重要载体。其中,"单元导读"和"单元总结"部分中含有发掘大概念的线索。很多教材的导读部分都对单元内容作了整体概述,指向学生的真实生活。例如,浙教版数学八年级下册第三章单元导读便明确了本章的主要内容,教师可以结合学生实际、课程标准、教材、教师用书以及其他权威参考资料等相关内容和生活实践,提炼大概念:"不同类型的数据从不同的角度对统计结果作出描述",以便统领本单元作业设计和实施。统编版高中生物学必修一的"单元小结"就直接总结和提炼单元大概念:"细胞是基本的生命系统。生物科学要研究各个层次的生命系统及其相互关系,首先要研究细胞",并且这部分还明确了单元教学目标。

很多教材中都有教学设计和实施的提示，甚至对相关概念进行阐释，借此可以提炼本单元大概念。另外，很多教材的内容由不同部分组成。例如，统编版语文五年级上册第五单元，教师可以结合本单元课文的不同特点和构成要素，提炼大概念："说明文的类型是由说明的目的和对象决定的，不同类型说明文的语言风格和说明方法会有差异。"

（3）学习难点和生活价值的考量

这条路径要求教师关注学校教学和真实世界的联通点。以统编版地理八年级上册第四章"中国的经济发展"为例，如何理解地理位置对经济发展的影响，既是学校教学和学生学习中的难点，也是未来生活的难题。教师可以结合当下偏远山区经济振兴时的一句耳熟能详的口号："要想富，先修路"，并结合自己的知识发现，得出结论：无论从世界范围看，还是从我国情况看，内陆地区、山区和高纬度地区，经济发展往往较为缓慢，信息较为闭塞，人们与外界的联结性不强；而那些地理位置优越、交通便利的地区，经济、文化都相对发达，人们的生产生活与外界联系密切，与世界局势的"共振"也更明显。据此可以提炼大概念："地理位置影响着人们参与世界的程度。"

（4）从学习目标中提炼

虽然说大概念≠学习目标，但将学习目标结构化则有助于提炼相应的大概念，这是因为学习目标往往隐含着大概念的"影子"。例如，以中小学排球教学目标："'中一二'进攻和'心跟进'防守战术分析等知识；上手飘球、背传球、双人拦网等动作要领与技术，综合步法……"中可以提炼大概念："在实战比赛中多次传接球和互相配合、进攻或防守获得成功。"

（5）从相关文献中提炼

一些学科文献中的观点，特别是古今中外知名学者对学科发展历史和思想方法的论述，往往体现了专家思维，也是大概念的有效来源。

例如，在文学与艺术的广阔领域中，意象是诗人通过具体可感的形象或景象，寄托并传达其深层情感与哲思的载体，是诗歌创作中的核心元素。而诗人的"情思",则是指诗人内心深处的情感波动、思想感悟以及对世界的独特理解。两个学科核心概念从表面上看似乎是独立的,但它们共同"描绘"出诗人的感官感受、内心情怀与情感;当诗人面对自然景物、人生百态或历史沧桑时,必然会受到心灵的触动,产生种种情感和思绪。经过诗人的艺术加工与提炼的情感和思绪,便化为了诗歌中的意象,借此可以描绘与再现外在世界,同时也外化与表达诗人内心世界,包括诗人的喜怒哀乐、悲欢离合,以及对于生命、宇宙、历史等宏大命题的深刻理解。

由此可以发现"意象和情思"二者相互依存、相互渗透,共同构成了诗歌艺术的独特魅力,"意象"是诗人"情思"的物化形态,"情思"则是意象得以生成与存在的精神内核。在诗歌创作中,诗人通过巧妙地运用意象来传达自己的情思,于是学生在品读和研学诗歌的过程中,既可以感受到诗歌所描绘的具体景象之美,也可以领略和体验到诗人深邃的情感世界与独特的思想境界。由此可以建立理解:"诗歌中呈现的'意象'与内隐的'情思'之间存在着密不可分的关系",再进一步提炼:"诗歌艺术的独特魅力源自意象和情思的相互依存和渗透。"这个陈述句是"诗歌艺术魅力""意象"和"情思"三个概念的结构化,是一个抽象的概念性理解,高度凝练,并且,它是对一类知识内在规律的揭示和总结,并非指向某个具体知识,具有很强的普适性和科学性。

3. 内容结构化

教师无论是利用现成的大概念还是提炼全新的大概念,都必须结合核心素养培养与课程教学内容体系,利用"揭示方法""协同思考"等理解方式,对相应大概念进行关联处理,建立概念间关系,从而形成指向学科本质的大概念。换句话说,教师可以聚焦同一核心素养,通过分解和降维的方式来提炼和架构大概念,也可以聚焦同一主题或相似内容提炼并关联大概念。

学科大概念多数都是对学科课程理念、素养目标和学科本质中的核心词的陈述。当然,描述课程理念、素养目标和学科本质的核心词很多,教师可以结合教材的内容提取单元大概念,这是因为现行教材大多是以主题为单位设计和组织的,同一主题一般聚焦相同的学习内容,指向相同的学科本质和素养目标,相对容易提取有针对性的核心词,进而形成相应的单元大概念。这样一来,认真研读课程方案和课程标准、理解单元主题和学科本质就成为提炼核心词和大概念的前提,这也是使提炼的大概念不会"走偏"的保障。例如,《义务教育数学课程标准(2022年版)》提出的"三会"核心素养、四个学习领域下的不同学习主题,都是提取大概念时需考虑的重要因素。需要指出的是,虽然不同主题对应的大概念可能存在交叉,但具体含义和重点是有差异的。如"数与运算"和"数量关系"两个主题,都涉及核心词——数、数量和计算,但前者聚焦数的抽象表达和计算的算理算法,后者更强调理解真实问题情境中的数量关系和问题解决。"数与运算"这一主题可以围绕核心词——计数单位、相加、运算律等进行有关行为表现的陈述,这样就形成大概念:"用符号和计数单位表达数,数的计算是计数单位的运算,运算律是四则运算算理的依据。"[1]

应用"内容结构化"这一模式的关键是教师具有"转化"和"分解"的意识和能力,能够紧紧围绕课程标准和教材内容中的关键概念,在适宜的维度和层面提炼出学科方法论、价值论以及学科思维和学科思想等相关观点和论断,进而利用陈述性判断句式加以表达,形成指向学科乃至跨学科本质的大概念。《义务教育化学课程标准(2022年版)》就"物质的组成与结构"这一主题提出的"内容要求"是"初步形成基于元素和分子、原子认识物质及其变化的视角,建立认识物质的宏观和微观视角之间的关联,知道物质的性质与组成、建构有关"[2],这段表述中的第一个分句是认识视角,第二个分句是思维方式,第三个分句是思想观点。于是一个教师最开始针对教材内容提炼出的大概念可能是:"水是分子构成的",但结合教学和教材内容分析可以发现,这一陈述句表达的是客观事实,日常生活很少用到,也没有解释力。经过思考后,教师可能会想出一个陈述性句子:"分子是构成物质

---

[1] 马云鹏.学科大观念的提取及其教学意义——以小学数学为例[J].课程·教材·教法,2024,44(10):122-132.
[2] 中华人民共和国教育部.义务教育化学课程标准(2022年版)[S].北京:北京师范大学出版社,2022:23.

的客观微粒。"但通过进一步研读教材后他可能会发现,这是书上给分子下的定义,只能是一个基本概念。于是最终,经过再三思考和研讨后教师可以提出:"世界上的物质都是由分子、原子等基本粒子构成的",这一陈述句就可以作为大概念统领单元教学内容。由此可见,大概念的提炼是一个"具体—抽象—具体"的迭代过程。

四、为什么用大概念来搭建桥梁

(一) 大概念进入国家课程

在国外,大概念进入国家课程是建立在大量研究和实践的基础上的。20世纪60年代,以布鲁纳、奥苏贝尔和菲尼克斯为代表的学者启动了大概念研究与实践。经历了20世纪的最后10年和21世纪的最初10年,以威金斯和麦克泰格、埃里克森和兰宁为代表的学者对大概念理论和实践进行了深入探索,形成大量成果和经验。大概念及以其为依托的课程设计和教学改革开始引起广大教育者关注,大概念相关的理论和实践成果逐步进入国家和地方课程中,成为推进课程与教学改革的重要参考和基础。

从世界范围看,新西兰在1910年就将大概念作为搭建课程框架的重要工具,希望学生在离开学校后,仍然能够长久地记得各个学科主要观点和理解,并利用它们解释社会现象,解决现实问题。

2011年,美国科学学会发布的课程文件报告《K-12科学教育框架:实践、跨学科概念与核心概念》(*A Framework for K-12 Science Education: Practices, Crosscutting Concepts, and Core Ideas*)提出了学习进阶(Learning Progressions)的概念,并从总体上将科学课程分为科学与工程实践、跨学科概念、学科核心概念三个维度,每个维度都由若干个核心概念构成。而学科核心概念维度对应的主题包括物质科学、生命科学、地球与空间科学、工程、技术和科学应用,并根据各个主题提炼出四个一级核心概念,又在此基础上根据领域性质形成十三个二级核心概念,并按照学习进阶原则遴选出若干三级核心概念来支撑,这样就构成了完整的、逐层深入的三级核心概念体系,从而为课程设计者和教学实施者提供了清晰的单元课程和教学的指向和依据(见表1-5)。其中,"地球与空间科学"主题强调单元教学应遵循学习进阶的逻辑顺序,为每一个核心概念提供了一套等级划分,以便有序地发展学生科学素养(见图1-2)。[①]

表1-5 《K-12科学教育框架》中科学课程的内容

内容	维度Ⅰ:科学与工程实践	维度Ⅱ:跨学科概念	维度Ⅲ:学科核心概念	
	1. 提出问题和明确需解决的难题	1. 模式	1. 物质科学	PS1:物质及其相关关系;PS2:运动和静止;PS3:能量;PS4:波及其在技术和信息传递领域的应用
	2. 建立和使用模型	2. 原因与结果		
	3. 设计和实施调查研究	3. 尺度、比例和数量	2. 生命科学	LS1:从分子到生物体;LS2:生态系统;LS3:遗传;LS4:生物进化
	4. 分析和解释数据	4. 系统和系统模型		
	5. 利用数学和计算思维	5. 能量与物质	3. 地球与空间科学	ESS1:地球在宇宙中的位置;ESS2:地球系统;ESS3:地球和人类活动
	6. 建构解释和设计解决方案	6. 结构和功能		
	7. 基于证据的论证	7. 稳定性与变化	4. 工程、技术和科学应用	ETS1:工程设计;ETS2:工程、技术、科学与社会的联系
	8. 获取、评估和交流信息			

[①] National Research Council. A Framework for K-12 Science Education: Practices, Crosscutting Concept, and Core Idea [M]. Washington, D.C.: The National Academies Press, 2011.

```
          一级核心概念        二级核心概念         三级核心概念
```

```
                         ┌──────────┐      ┌─────────────────────────┐
                         │核心概念ESS1│      │ESS1.A: 宇宙及其星系      │
                    ┌───▶│地球在宇宙中的│─────▶│ESS1.B: 地球和太阳系     │
                    │    │  位置     │      │ESS1.C: 行星地球的历史   │
                    │    └──────────┘      └─────────────────────────┘
         ┌────┐     │
         │地球 │     │    ┌──────────┐      ┌─────────────────────────┐
         │与空 │     │    │          │      │ESS2.A: 地球的物质和系统   │
         │间科 │─────┼───▶│核心概念ESS2│─────▶│ESS2.B: 板块运动及其大规模的交互系统│
         │学   │     │    │ 地球系统  │      │ESS2.C: 水在地表形态塑造过程中的作用│
         └────┘     │    └──────────┘      │ESS2.D: 天气和气候       │
                    │                      │ESS2.E: 生物地质学       │
                    │                      └─────────────────────────┘
                    │    ┌──────────┐      ┌─────────────────────────┐
                    │    │核心概念ESS3│      │ESS3.A: 自然资源         │
                    └───▶│地球和人类活动│─────▶│ESS3.B: 自然灾害         │
                         │          │      │ESS3.C: 人类对地球系统的影响│
                         └──────────┘      │ESS3.D: 全球气候变化     │
                                           └─────────────────────────┘
```

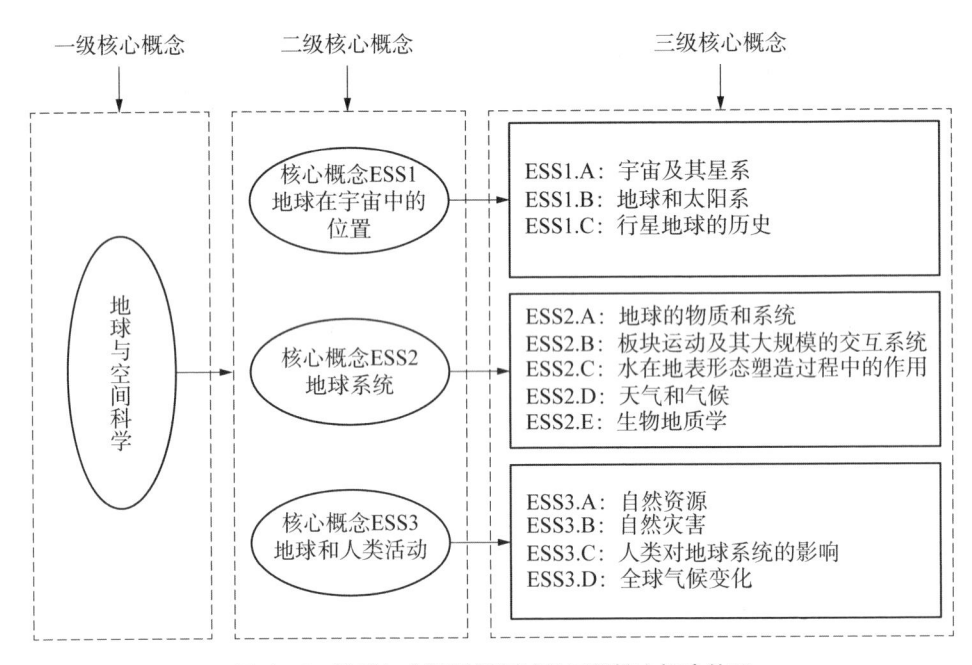

图 1-2 地球与空间科学领域的三级核心概念体系

  2021年,新加坡教育部颁布了《数学教学大纲(小一至小六)》,继续使用"大概念"指代数学学科中的核心概念。图表、等价、不变量、度量、符号、比例六个大概念出现在不同的主题和学习领域中,保持了不同层次上的延续性和连贯性,它们是基于数学学科内容抽象概括出来的,显示出不同主题、主线和层次之间的联系,具有联系和整合作用,并能广泛迁移,有助于学生更好地理解数学的本质。[①]

  另外,加拿大哥伦比亚省的各学科 K-12 课程标准都采用了"大概念""课程能力""课程内容"三个维度来搭建课程内容框架。美国宾夕法尼亚州开发的"标准联合系统"从"大概念""概念""能力""核心问题"四个维度规划课程框架。

  在我国,大概念进入国家课程是建立在引介国外研究成果的基础上,借鉴国

[①] 张侨平,陈怡汝. 新加坡小学数学教学大纲(2021版)概述(上)[J]. 教学月刊·小学版,2022(11):55-57.

外课程标准框架实践经验并加以本土化,并于 2020 年前后,随着"学生发展核心素养"的提出逐渐进入中国教育界的话语体系。威金斯和麦克泰格的著作《追求理解的教学设计》,埃里克森和兰宁的著作《以概念为本的课程与教学:培养核心素养的绝佳实践》,以及哈伦的著作《以大概念理念教学科学教育》被翻译介绍到国内后,产生了巨大影响,引起很多学者关注并加以研究和实践。

《普通高中课程方案(2017 年版)》中指出:"重视以学科大概念为核心,使课程内容结构化。"至此,大概念才从一些学者的著作和文章中走出来,正式步入国家课程体系。2022 年颁布的义务教育课程方案和各学科课程标准也提出同样的理念。例如,《义务教育生物学课程标准(2022 年版)》提出:"生物学课程的设计和实施追求'少而精'的原则,优化课程内容体系,提炼大概念,精选学习内容,……让学生能够深刻理解和应用重要的生物学概念,发展核心素养。"[①]为此,该课程标准提出了七大主题下的九大相应概念(见表 1-3)。《义务教育化学课程标准(2022 年版)》在"教学建议"中明确提出,基于大概念可以帮助学生建构化学观念,形成化学学科思维方式和方法,树立正确的价值观,落实课程目标。同时,该标准还提出五个性质不同的学习主题,以此建构化学学科课程内容。[②] 基于此,一大批课程与教学学者开展大量基于大概念的课程开发和教学设计的研究和实践,形成丰富的成果,对开展大概念教学设计和实施提供指导和借鉴。例如,有学者依据认识主体指向的不同,在分析构成要素基础上,从化学学科、化学课程、化学学习三个层面构建相应的化学学科大概念、化学主题大概念和化学基本观念,以此架构化学课程内容,开展化学教学实践。[③]

(二) 大概念是核心素养的内核

各个学科课程标准提出的核心素养非常抽象,而平时的教学目标指向具体、

---

① 中华人民共和国教育部. 义务教育生物学课程标准(2022 年版)[S]. 北京:北京师范大学出版社,2022:3.
② 中华人民共和国教育部. 义务教育化学课程标准(2022 年版)[S]. 北京:北京师范大学出版社,2022:23.
③ 胡欣阳,毕华林. 化学大概念的研究进展及其当代意蕴[J]. 课程·教材·教法,2022,42(5):118-124.

可测量的知识和技能,这往往使得教师感觉素养和知识是脱节的。如何建立两者的联系,挑战教师的教学智慧,这时就要借助大概念了。大概念是各类知识的重新组合,在具体情境中能够统摄相关知识和技能,具有更强的迁移性,从而能够有效解决问题。从建构机制上看,无论是核心素养还是大概念都源于真实情境,因此,要通过学生"做事情"的行为建立起综合理解,发挥大概念在核心素养中的内核作用。[1]

大概念教学中,培养核心素养的关键是让学生通过学科知识,体验和领会学科本质。我们把那些体现学科本质的核心观念称为大概念,它是核心素养在学习内容中的具体表现,因此,培养学生学科核心素养是总体目标。如果将核心素养目标比作一个鸡蛋,处在核心的蛋黄就是单元大概念,它统摄小概念,旨在让学生通过学习建立概念之间关系的理解和应用,从而形成核心素养。中间层的蛋清是具体的单元教学目标,滋养着大概念的理解和迁移应用。最外层是蛋壳,多指课时教学中具体的知识与技能、过程与方法、情感态度价值观等其他具体目标,起到支撑作用。这样就形成了围绕单元大概念的理解和迁移应用的深层目标体系,不同层级目标之间相互联结和作用,相互支撑,达成立德树人的教育目的。大概念居于学科中心,相对稳定,有共识性和统领性,反映的是学科本质的观点。从学科理解的角度,学科大概念是沟通学科知识与学科本质以及核心素养的桥梁;从学科价值的角度,学科大概念是沟通课堂教学和学校生活与现实世界的桥梁;从学科内容的角度,学科大概念是沟通教材内容与课程标准的桥梁。教师在大概念教学时可以围绕学科大概念构建单元教学目标,搭建起知识和技能目标与素养目标的桥梁,改变当前教学目标设计中存在的"散""低""浅""短"等问题,使教学目标真正起到"提纲挈领""以点带面"的引领作用。

例如,"化学观念"是化学学科的一个重要的核心素养,什么是化学观念?学生如何形成化学观念?无论是对教师还是对学生来说,理解这些问题都存在困

---

[1] 刘徽.大概念教学:素养导向的单元整体设计[M].北京:教育科学出版社,2022:132.

难。这就需要再次研读课程标准中的相关规定。《义务教育化学课程标准(2022年版)》指出:"化学观念主要包括:物质是由元素组成的,物质具有多样性,可以分为不同的类别;物质是由分子、原子构成的,物质结构决定性质,物质性质决定用途;化学变化有新物质生成,其本质是原子的重新组合,且伴随着能量变化,并遵循一定的规律;在一定条件下通过化学反应可以实现物质转化;等等。"[①]但在实际教学中怎样做才能培养学生的化学观念,又如何"看到"学生对化学观念的理解程度呢?素养在课程标准中的表述不仅科学严谨,而且十分全面,但即使充分理解了核心素养的内涵,也不一定能找到行之有效的培育路径。这说明核心素养与具体的学科知识之间还存在明显的断层,在教学实践中必须在它们之间架起一座桥梁,而大概念恰恰起到了这一作用。

"生命观念"是生物学学科的一个重要的核心素养。《义务教育生物学课程标准(2022年版)》中这样表述:"生命观念是从生物学视角,对生命的物质和结构基础、生命活动的过程和规律、生物界的组成和发展变化、生物与环境关系等方面的总体认识和基本观点,是生物学概念、原理、规律的提炼和升华,是理解或解释生物学相关现象、分析和解决生物学实际问题的意识和思想方法。"[②]以春蚕的生命周期为例,在实际教学中相同的问题又出现了——怎样才能培育学生的生命观念呢?又如何"看到"学生对生命观念的理解程度呢?很显然,核心素养与具体学科知识之间通过大概念"任何生命体都要经历出生、成长、繁荣和死亡所组成的生命周期"加以联结,实现知识、方法、过程和素养的一体化。如此一来,大概念向上联结学科核心素养,是"生命观念"在某个维度上的具体表达;向下联结具体的学习内容,是对"昆虫的生长发育"这部分内容本质的提炼与升华。有了这座桥梁,学科核心素养就不再是抽象的存在。借助它,我们就可以清晰地"看到"核心素养在各部分学习内容中的样子。因此,大概念既扮演知识组织者的角色,又扮演素养传播者的角色,是联通知识与素养的使者。

---

① 中华人民共和国教育部. 义务教育化学课程标准(2022年版)[S]. 北京:北京师范大学出版社,2022:5-6.
② 中华人民共和国教育部. 义务教育生物学课程标准(2022年版)[S]. 北京:北京师范大学出版社,2022:4.

第二章　大概念教学的样貌

《义务教育课程方案（2022年版）》指出："基于核心素养培养要求，明确课程内容选什么、选多少，注重与学生经验、社会生活的关联，加强课程内容的内在联系，突出课程内容结构化，探索主题、项目、任务等内容组织方式"，"探索大单元教学，积极开展主题化、项目式学习等综合性教学活动，促进学生举一反三、融会贯通，加强知识间的内在关联，促进知识结构化"。[①] 实现"课程内容结构化"与"学科知识结构化"是本次课程改革的核心内容。为此，各门课程均强调由零散的"知识点"走向少而重要的"大概念"，鼓励开展大概念课程与教学改革。

一、大概念作为教学设计的"锚点"

（一）大概念的几个比喻

1. 大概念即"锚点"。锚点（anchor point）类似于一个定位器，是网页制作、计算机图形学、图像处理等领域中的一个概念，主要用在页面内的超级链接或目标检测算法中。它可以是单个像素点或一个区域（矩形、椭圆等），帮助用户快速定位到文档的特定部分或图像中的特定区域，有助于算法更好地理解图像内容，提高处理的准确性和鲁棒性。在概念为本的课程与教学中，抽象大概念的建立是促

[①] 中华人民共和国教育部.义务教育课程方案（2022年版）[S].北京：北京师范大学出版社，2022：11-14.

进学生通过"理解"形成包含具体与抽象互动的复杂认知结构的关键。理解的锚点通常指的是在一个复杂的概念或知识体系中,提供一个固定和稳定的参考点,从而支撑和联系其他相关的概念和知识。"在研究领域,大概念既是各种条理清晰关系的核心,又是使事实更容易理解和有用的一个概念锚点。"[①]这种比喻强调了大概念在知识体系中的核心地位,体现了专家思维的特征,有助于学生构建复杂知识体系,借助大概念从具体到抽象再到具体的生成循环过程,使概念和知识得以体系化,从而达到深度理解和应用的目的。知识的急剧膨胀,要求教育者精心选择大概念,构建"少而精"的大概念课程体系,使教学内容结构化,帮助学生建立知识之间的联系,形成对学科的整体认识。

2. 大概念即"文件夹"。威金斯等学者将大概念比喻成文件夹,意思是大概念像文件夹一样,通过将大量文件进行归档和整理,形成相应的结构和框架。同时,他们从认知发展的角度,将观念(concept)与大概念等同起来:观念是来自概念的概念,是理解和联结小观念的大概念,构建大概念的重要目的是利用它们构建自己的认知框架或结构,以便形成系统的学科整体认知体系。康德在其巨著《纯粹理性批判》中总结道:"人类所有的认识都是以观察为起点,然后成了概念,最后以观念作为终站。"幼儿时期,孩子通过日常观察和体验可以判断苹果、橘子、香蕉等实体生物,初步了解其外形和味道;上小学后能够将这些东西联结起来,建构"水果"这一概念,掌握它的功能及其与健康之间的关系;初中阶段学习生物学后,进而建立"生态系统"的概念。这就是学生利用大概念的"锚性",在事实或实物之间建立联系,拓展认知,逐步形成概念性理解的过程。

3. 大概念即"理解的建筑材料"。这一比喻强调借助大概念可以使人们统整其他零散的知识点,以及联结及组织许多事实、信息、技能、经验乃至原理和理论,以便创生意义或者提高意义的广度,强化意义深度,从而优化学生的认知

[①] 格兰特·威金斯,杰伊·麦克泰格.追求理解的教学设计(第二版)[M].闫寒冰,等,译.上海:华东师范大学出版社,2017:75.

模式。[①] 初中生物学中"动物的行为"一课的教学如果按照动物的摄食行为、防御行为、攻击行为、领域行为、节律行为、繁殖行为依次进行,学生只能习得一些支离破碎的知识点,如同盲人摸象。但如果通过集体备课,根据生物学科特征,以"动物借助行为适应多变的环境,提高存活和繁衍的机会"这一大概念为统领,建立各种行为联结,促进学生理解"动物行为"和"环境适应"之间的关系,他们将获得可迁移的概括性知识。

4. 大概念即"透镜"。埃里克森将大概念比喻成"透镜",意在表达大概念是学生认知结构中重要的关联点,学生拿着大概念"透镜"观察学科世界,透视任何要学习的内容,不断提取、吸纳、组织信息和知识,把离散的事实和技能聚合起来,把极其丰富的学科知识内容精简为一组简单的、表征具体事物的命题,进行迁移和灵活运用,形成意义。[②] 透镜是组成显微镜光学系统的最基本的光学元件,按照外形的不同,可分为凸透镜和凹透镜两大类。凸透镜被广泛应用于放大镜和望远镜中,因为它能够将光线聚焦到一个点上,从而放大物体或远处的景象。大概念教学中,要利用望远镜思维"向外扩展",思考单元之间、单元与学科和跨学科之间、学校教育和社会之间的关联;也要利用放大镜思维"向内深挖",找到大概念和学科本质。例如,"说明文是一种客观说明事物、阐明事理的文体"这一大概念,就指向语文课程高阶性和人文性统一的重要特征。说明文可以超越语文学科,应用到数学、科学以及跨学科领域(如 STEM),如在化学领域,学生撰写实验报告就是这一大概念的迁移应用。

5. 大概念即"能带回家的信息"。这一比喻意味着大概念是学生忘记在学校场景中获取的具体事实和经验后,还能长久保持的中心概念,借此能被应用于纵向学科内、横向学科间以及学校以外的新情境,从而解决现实生活中的复

[①] Whiteley, M. Big ideas: A Close Look at the Australian History Curriculum from a Primary Teacher's Perspective [J]. Agora, 2012(1):47.

[②] Marschall, C. & French, R. Concept-based Inquiry in Action: Strategies to Promote to Transferable Understanding [M]. Thousand Oaks, CA: Crown, 2018:12.

杂问题。[①]

通过梳理相关的比喻可以发现，大概念并不是我们通常说的学科知识的概念，它甚至不是一个名词或短语，而是一个陈述句。大概念是一个重要的学科观点，而且是基于学科中心、相对稳定、有共识性和统领性、能够反映学科本质的观点。大概念是核心素养在学习内容中的具体表达，只有在大概念的统领下，对知识和技能的学习才会起到培育素养的作用。大概念实际上是依托具体知识，对相对抽象的核心素养进行了进一步的诠释和分解。学习者可以以理解这些大概念为目标，拾级而上，逐渐形成核心素养。同时，大概念又像楔入各个学习内容的锚，稳稳地将知识学习固定在素养方向上，使教学不偏航。可以说，大概念既扮演知识组织者的角色，又扮演素养传播者的角色，是联通知识与素养的使者。

（二）大概念将知识、小概念、核心概念与主题等锚定在一起

儿童在入学之前的日常生活中就已经建构起了大量有关不同事物的相对稳定的观念，它们通常被称为日常概念，如日升日落、动物、晚霞、花草等。它们是儿童在长期参与家庭、社区和社会的活动中习得的个人知识，是儿童在语言、文化和其他社会成员的影响下尝试理解周边世界的产物，具有行动指向性、模糊性等特征，不是指向一般性概念、原理或理论的形成、发展和经验的知识和概念，因此不能成为教学内容。只有那些经过人类——尤其是特定领域的专业人士——长期的实践和探索，代表了人类迄今为止对相关事物或现象的认识水平的公共知识才能成为学科知识。与个人知识不同，学科知识遵循严谨的、规范化的学科实践，是经过系统检验而生成的，是建立在学科特有的专业概念基础上的。学科概念与科学概念也有所不同。科学概念是在具体的事实或技能基础上形成的心理图示，是对事实或技能的共同属性的界定，如小鸡是一种可爱的动物；也可能是对不同事

[①] Olson, J. K. Concept-Focused Teaching: Using Big Ideas to Guide Instruction in Science [J]. Science and Children, 2008(4):45–49.

实或技能之间的相互作用原则或影响机制的抽象概括,如"人滑倒后跌在地上,而不是被抛向天空"是引力作用的结果。但学科概念不够抽象,解释力和概括性不高,因此很难解释生活中的一些困惑,也难以解决生活中的复杂问题,相对于大概念而言只能被视为核心概念或小概念。有些宏观的、带有组织性或统摄性的概念或原理,如人地协调、能量守恒、结构与功能等,能够组织学科领域中各种具体的事实、现象、事件、过程、小概念,乃至核心概念,反映学科本质的认识论观念或思维方式,居于学科核心位置。这类抽象概念、原理、判断等就是我们所需要的大概念,能够通过其统摄学科课程与教学内容。

  基于上述分析,我们总结出一些大概念和其他学习内容的区别与联系。从功能上看,大概念指向问题解决和核心素养培养,而这又源于大概念的迁移功能——通过与不同情境联结,为新问题的解决和新困惑的解释提供逻辑思路,相对而言,其他概念和知识在这方面作用较弱。大概念教学指向学生的大概念理解,是一种理解性学习,它要求学习对象不再局限在学科知识本身,要让学生理解知识背后的东西,使所学知识和拥有的经验系统化、结构化,揭示问题和现象背后的原因和内在规律,如此一来,大概念就可以为问题解决提供思想方法和工具,并不断被迁移应用到新的情境中,使学生发现新的问题,建构新的理解,不断扩大和加深对事实和事件的认知。例如,生物课上学生学习蝴蝶成长经历时,一般会学到"卵→幼虫→蛹→成虫"这四个阶段。而卵、幼虫、蛹、成虫四个概念只是蝴蝶这一特定有机体的生命周期,其迁移性不够强大,当问题改为青蛙成长历程时,学生可能就无法解释了。因此,学生应该对蝴蝶成长经历进行抽象,如果仅仅学习具体细节,就会错过对最主要的信息——大概念本质属性的理解。如果教师从大概念视角定位教学目标,那么会发现蝴蝶成长经历只是一个案例,通过它学生可以掌握更上位的大概念:"生命体都要经历由出生、生长、繁荣和死亡组成的生命周期。"这个大概念可以解释很多生命现象,并成为培养生物学学科核心素养(生命观念、社会责任)的核心。教师可以设计相异情境,例如封建王朝的兴衰等,将上述大概念应用到历史发展规律的探究中,这样就可以逐步培养学生的历史解释、时空观念等历史学科核心素养(见图2-1)。

```
┌─────────────────────────────────┐
│ 蝴蝶的生命周期包括"卵→幼虫→蛹→成虫" │
│            四个阶段              │
└─────────────────────────────────┘
                │ 抽象
                ▼
┌─────────────────────────────────┐
│  生命体都要经历由出生、生长、繁荣和死亡  │
│         组成的生命周期            │
└─────────────────────────────────┘
                │ 抽象
                ▼
┌──────────────┐  相异情境迁移  ┌──────────────┐
│ 生命观念、社会责任 │─────────────│ 历史解释、时空观念 │
└──────────────┘  探究历史发展规律 └──────────────┘
```

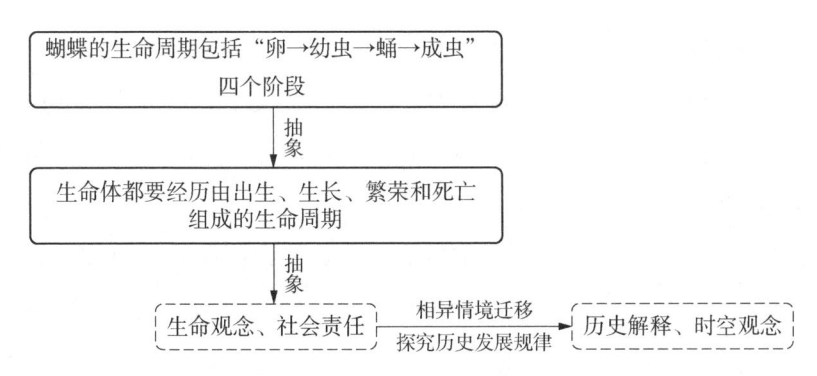

图 2-1 从案例到大概念和核心素养的演进路径

从结构上看,学科大概念是核心思想、基本结构和主要方法的表现形式,它可以吸附更多的知识和概念,成为知识、概念、方法的连接点和生长点,将其他学习内容联结起来,形成网状结构。其他概念和知识则处在下位,发挥案例和支架的作用。在课程与教学实践中,大概念可以作为关键线索,确定优先性课程内容和目标,组织和精选教学内容,覆盖和统整相应的知识、技能、过程、方法等。例如,教师在设计"物质状态与热量"单元教学时,可以提炼单元大概念:"当物质受热时它将改变状态",并建构概念图,借此确定大概念及其子概念与相关知识之间的关系,有助于提取或整合单元目标,也为单元教学的基本问题和子问题、核心任务和子任务的设计提供方向。

从理解和影响的时间来看,大概念深刻地反映学科或社会现象的内在规律、准则和本质,贯穿学生的整个学习过程。学生只有从小学到大学,乃至终身进行持续的进阶性学习,才能建立概念之间的关系。大概念一旦被理解,就成为学生忘记事实性知识和信息后还存在的内容,即核心概念。这些留存的核心概念对学生的影响也具有持久性,甚至终身受用,学生借此可以解释或解决学习和生活中遇到的现象、事件和问题等。学生的学习会因为有了这些大概念而被赋予意义,依靠对大概念的持续理解,学习获得的知识会更加牢靠,帮助学生更好地面对未来不确定的世界。很多跨学科大概念和哲学大概念,如"具体问题具体分析""结构决定功能"高度凝练,在表达上旗帜鲜明,掷地有声。这种"底气"首先源于它们的科学性、普适性以及强大的迁移能力,个人只有通过长期积累实现思维提升才能真正理解和接受它们,且一旦理解并加以灵活运用,它们便可以成为解决问题的价值观和方法论。

有学者将大概念比喻成车辖,即销钉。作为一种配件,它可以把车轮固定在车轴上,若缺少了它车子便无法发挥整体功能。[①] 因此,车辖是理解车轮结构的必要条件,大概念就是理解知识与素养的重要抓手。在课程与教学领域,大概念是占据课程学习中心位置的观念、主题、辩论、悖论、问题、理论或者是原则等,能将多种有意义的知识联结起来,是学生在不同环境中应用这些知识的关键。很多学生对明朝历史上发生的重大事件:明初改革、宦官专权、土木堡事件、郑和七下西洋等了如指掌,但若被问及各个事件之间的联系是什么、对今天的影响如何时,便是一脸懵。出现这种现象的根本原因是他们学习的只是零散的知识片段,抓不住历史事件的关键思想和内在联系,不能将大概念和相关内容联结起来,更无法达成概念性理解的目标。

(三) 大概念统领的教学内容建构

大概念与其他概念和方法既有一定的联系,又有鲜明的区别。联系表现在其他概念和方法是大概念的重要组成部分,没有前者,后者就成为无源之水、无本之木。换言之,其他概念和方法只要能够和大概念建立联结就是重要的学习内容,因此,只有能够激活和统领其他概念和方法的核心概念才是适用的科学大概念。区别表现在大概念处在单元乃至学科的中心位置,反映专家思维方式,概括性和

---

① 格兰特·威金斯,杰伊·麦克泰格.追求理解的教学设计(第二版)[M].闫寒冰,等,译.上海:华东师范大学出版社,2017:72.

解释力都远远超过其他概念和方法,更容易指向生活价值,具有更强的稳定性;而小概念和方法等具有很强的灵活性,但一旦和大概念"失联",就容易变得"无用",甚至"没法用""误用"。例如,传统的"计数法"在科技高度发展的今天就很少使用;英语教师教会学生的一些语法在真实情境中常常被"误用",以至于词不达意。因此,一些小概念和方法只有与大概念建立联结、能够让学生形成专家思维而不是仅仅记住专家结论时,才能成为学习内容,他们共同构成概念网络(见图2-2)①。

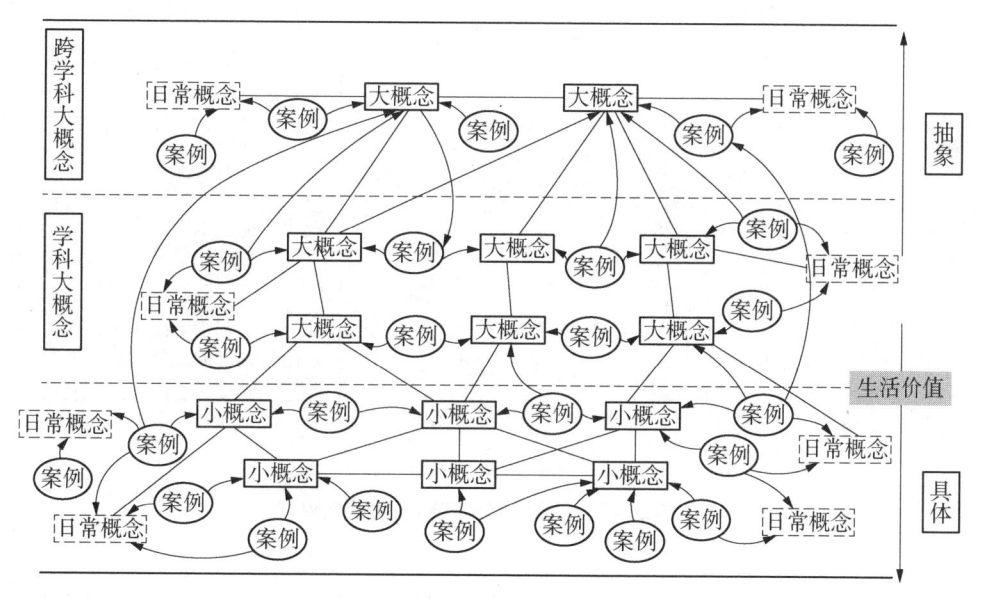

图2-2 大概念、小概念和案例的关系结构

通过分类可以看出,大概念是有层次和进阶性的,最高层的哲学大概念无论是统摄力还是解释力都比下层大概念大,跨学科大概念的迁移力和统整性比学科大概念和单元大概念更高,学科大概念指向整个学科,单元只是一个学科的一种载体,相对应的,它们的大概念"能级"差别很大,并且随着层级升高,大概念的数

---

① 刘徽.大单元教学:学习科学视域下的教学变革[J].教育研究,2024(5):110-122.

量在减少。同一层次的学科大概念也存在"能级"差别。例如,数学领域中"数学抽象""数学建模"相关的大概念就比"函数"相关的大概念的"能级"高。因此,以具体为底,抽象为顶,可以使各个大概念形成金字塔,纵向向上是抽象概括的路径,纵向向下则是迁移应用的路径。顶层是哲学大概念,底层是单元大概念。层次越高,大概念越抽象,其统摄力和解释力越广,也意味着需要支撑的案例、小概念和方法越多。下图以生物学的"微生物"单元为例加以说明(见图2-3)。

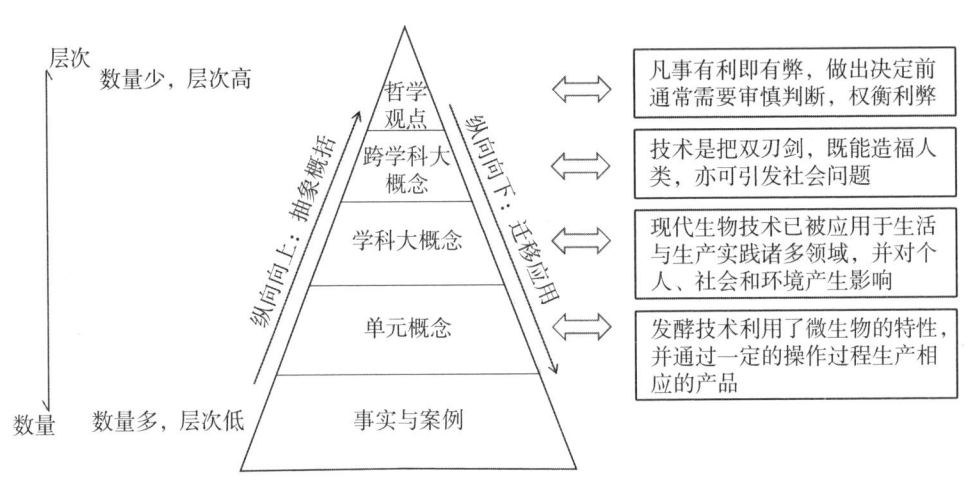

图 2-3 聚焦大概念的知识层级结构

核心素养导向的课程与教学改革意味着我国基础教育正在走向"大概念课程与教学",整个课程与教学体系将围绕课程目标、课程内容、教学、学习和评价方式等进行整体变革,而不是只有单一方面的变化。为实现这一改革目标,伴随核心素养的、以"大"为定语的概念:大观念、大单元、大任务、大问题、大情境、大项目等出现在教育研究和实践中。需要指出的是,"大"的意思是"强而有力",而不是"庞大""基础",其旨在促进学生应用知识和技能、方法和策略以及概念解决真实情境中的复杂问题。大概念教学要利用对大概念的理解与迁移应用等确定关键教学目标,利用对大概念的统摄性、中心性等特征重组教学内容,利用对大概念的深度理解设计学习任务,并对大概念形成概念性理解的进阶和表现开展教学评价,使各门课程由传递学科事实、让学生掌握知识点,走向可广泛迁移的大概念,让学生形成"专家思维能力"和"复杂交往能力",即核心素养,培养学生成为信息时代"富有创造性的终身学习者"。如此一来,教育改革才能完成时代使命,否则新一轮的课程与教学很可能流于形式、换汤不换药。

《义务教育化学课程标准(2022年版)》从不同的视角确定了五个化学主题大概念,统整与概括化学学科特征和内容,形成了以化学主题大概念为统领的化学课程内容结构,但以化学主题大概念为统领的化学课程内容若想促进学生核心素养的发展,还要通过实验探究和实践活动,让学生学习、反思和应用每个主题所包含的核心知识、思路方法和情感态度,从而建构概念间关系,进而在学生头脑形成化学基本观念。[①] 这个化学基本观念就是单元大概念,是落实化学核心素养的着力点。这一内容体系的建构会经历两个重要阶段,一是化学学科大概念转化为化学主题大概念,二是化学主题大概念转化为化学基本观念,这两个阶段也是降维和升维的上下关联过程。降维表现在通过学科大概念的不同维度解读,从不同角度提炼主题大概念,结合学生认知水平和课程标准要求,建构单元大概念[②];升维表现在通过梳理大概念内涵的构成要素,逐步提炼和聚焦,形成大概念。这两者都聚焦学科核心素养,结合学生认知和态度,嵌入具体情境,逐步实现结构化,是专家智慧和一线教师实践经验有机结合的体现。

二、以单元作为基本组织形态

相比于传统教学,单元教学更加注重学科知识的整体性和关联性,通过主题、项目和任务的开发与设计,有助于提高学生的跨学科思维和创造力。探索大单元

[①] 毕华林,卢巍.化学基本观念的内涵及其教学价值[J].中学化学教学参考,2011(6):3-6.
[②] 王雨,毕华林.义务教育化学课程标准中大概念的内涵、价值与教学建构[J].课程·教材·教法,2023(10):118-125.

教学,积极开展主题化、项目式学习等综合性教学活动,可以加强知识间的内在关联,促进知识结构化。教师要从时空维度理解单元整体性,按照大概念理解和应用的要求,利用单元设计将核心素养目标、情境、任务和知识等要素与相应教学环节重新组织起来;通过"高站位""结构化"和"指向学科本质"一体化设计,强化学习内容与学习方式方法的系统性,促进知识、概念及其建构过程之间的相互联结,帮助学生更好地理解并建立学科内容之间、学科与生活之间的联系,促使学习活动从学校内部拓展到校外的真实生活;借助"课程—单元—单课"内容的内嵌结构,引导学生将概念性理解渗透到每节课和每一个活动中,自主规划和监控学习,提高自主学习、合作和探究能力,在多元化智能技术加持下,形成良好的思维品质和健全的心智。

(一) 由教材单元走向素养单元

大概念教学是以单元作为基本组织形式的教学形态,它以单元整体形式联结上位的课程和具体课时。单元是一个由各种教学因素有机组成的集合,对这个"集合"应该遵循什么样的逻辑这一问题,不同的人有不同的理解,形成了开放的实践形态,但其实质都是"单元整体教学"。因此,"单元设计既是课程开发的基本单位,也是课时计划的背景条件"。[①] 单元是主观层面的课程环节,是属于课程的组织单位。在以往的教学中,教材大多也是以单元为组织形式,教师也是将单元分解成不同的"课"开展教学的,因此大多数教师对单元并不陌生。大概念教学中的单元强调的是教材和教学内容的关联性,例如语文学科有"说明文单元""小说单元",数学有"函数单元""三角形单元"等。但这些形式上的单元是孤立的,不利于学生掌握不同学科或主题单元之间的联系,无法形成高通路迁移,对核心素养培养也会有一定的影响。例如,学生学习语文"说明文"单元后,"掌握"了说明事物的方法和规则,但无法清楚"描述"数学中问题解决的步骤,也不会撰写化学学

---

① 钟启泉.单元设计:撬动课堂转型的一个支点[J].教育发展研究,2015(24):1-5.

科中的实验报告。究其原因,是因为这些单元是围绕知识和技能等组织的,对学生思维特点的关注不足,并不立足于对学生在真实情境中问题解决能力的培养,即素养培养。

为解决上述问题,教师在课程开发和教学设计时应该将"单元"视为"课程单元",它是素养目标达成的单位,是围绕大概念组织的学习内容、学习材料和学习资源等的集合体。为了促进教师理解教材单元和课程单元的区别,崔允漷教授应用建筑单元来隐喻课程单元(见表2-1),强调单元的整体性和目的性。建筑单元的设计目的是人类的宜居,而课程单元是为了发展学生的核心素养,使之成为有担当、有本领、有理想的时代新人,因此课程实施不是为了让学生学习如同"钢筋""水泥""门窗"之类的零碎的"知识""技能""概念",而是通过大概念整合培养他们的素养,以便应对未来不确定的社会生活。

表2-1 建筑单元与课程单元类比[①]

维度	建筑单元	课程单元
目的	满足"宜居"需要	满足学生核心素养发展
整体性	是建筑,宜居而美观	是学习探究、课程理解,而不是孤立的内容和环节
独立性	以楼梯或电梯、房间来组织建筑材料和门窗等构成要件,形成相对独立的但比较完整的建筑	以大概念、核心任务、基本问题、大情境来组织知识技能等目标、过程和评价,形成相对独立而完整的学习单位
进阶性	由楼梯或电梯组织并实现逐层进阶	由大概念、基本问题、核心任务和项目等组织起来并实现进阶
整合性	一幢住宅由多个单元组成	一个学期的课程需要多个单元

---

① 崔允漷.素养时代组织教学,需要单元设计[J].星教师,2021(2):56-59.

为了克服传统教学"只见树木不见森林"的现象,2022年版义务教育课程方案提出要探索大单元教学。"大单元"中的"大"是指以素养目标为线索来组织单元,从而迭代累积形成更大的、具有意义的认知网络。进一步说,大单元内含的教学视野不再只盯着知识点、考点,而是要求宏观与微观相结合,把课程方案和标准的理念、要求等落实到单元和课时中,上挂下连,从生活情境到学校课堂,再从课堂回到生活。教学内容不再是单篇单章的知识、技能和概念等,教师要对课程标准规定的整个学期或学段的教学要点进行解读,建立整体框架,把整个单元作为一个整体,明确单元目标,根据单元目标建构系统内容和授课内容,关注当下的内容与前后知识体系的联系,而不是孤立地按照单篇课文施教。大单元是按照学习目标进行设计的,每个学科的教师团队都应该根据学校培养目标分工备课,发挥集体智慧,合力促进学生知识联结,丰富其经历与体验,展现自主学习、合作学习的强大力量。

2022年发布的义务教育课程方案提出"探索大单元教学"是对中国传统"举一反三""触类旁通"教育思想的继承和发展,是通过目标重构、内容重构、程序重构最终实现学科育人价值重构的教学理念。它着眼于学生核心素养的发展,聚焦学生解决真实性问题能力的培养,使学生能够面对充满不确定性的未来社会生活的各种挑战;秉持一种整合取向,通过大概念、大任务、大观念与大问题的一体化设计,打破学段和学科的割裂,促使学生建立起结构化的知识网络;以真实情境为依托,以学习的嵌入式评价为驱动,让学生经历完整的学习过程,从而培养学生的实践能力和创新精神,让他们成为"最好的自我"。

在核心素养理念下,大单元可以是单元教材中呈现的单元,也可以是视实际情况依据课程标准对教材重组而形成的新的单元。教材中呈现的单元就是自然单元,是由富有经验的学科专家按照学科知识逻辑编写而成的,但仅仅基于教材开展教学是远远不够的,教师需要站在专家的肩膀上,结合课程标准的要求和学生的经验,进一步对教材单元进行统整、升华和再建构。此时教师不是教授学科知识的教师,而是围绕核心素养单元用教材教学科的教师(见表 2-2)。教材中呈现的单元更强调专家结论的逻辑,课时之间大多数只存在表面上的内容关联,而很少从培养学生真实问题解决能力的专家思维角度进行思考,容易陷入"课时主义",因此需要重组单元。

表2-2 围绕核心素养的单元教学特征与建构

环节/内容	教师行为	实施要点
小学语文		
教材处理	完成12本统编教材教学	确保基础教学内容覆盖
增量阅读	完成课标要求的145万字课堂阅读	利用现有语文课时进行专题或拓展阅读;提升学生研读素养和综合能力
初中语文		
教材处理	完成6本统编教材教学	确保基础教学内容覆盖
增量阅读	完成课标要求的260万字专题阅读	结合课堂内容,进行专题深度阅读;提升学生批判性思维和文字鉴赏能力
数学、物理、化学、地理等学科		
教材对比与选择	对比不同版本教材,选择合适的教学内容	根据课程标准和学生需求,优化学习内容
大单元教学实施	构建大单元教学模式,提供多样化学习选择	打破课时限制,进行跨学科或跨章节整合;培养学生综合应用能力和问题解决能力
共同点归纳		
课程标准导向	围绕课程标准进行教学设计和实施	确保教学活动符合核心素养和课标要求
学生中心	关注学生的学习要求和个性差异	提供个性化教学支持,促进每个学生成长

续 表

环节/内容	教师行为	实施要点
资源整合与利用	充分利用教材、课外阅读、网络资源等	拓宽学生的视野和知识面
评价与反馈	建立科学的评价体系,及时给予反馈	激发学生学习动力,实施特征教学策略

(二) 基于大概念的单元分类

整体教学中的"单元"是围绕大概念重新组织的。根据大概念的统摄性和解释力,可以将单元分为微观单元、学科单元、跨学科单元和宏观单元。

1. 微观单元

该类单元一般只是教材中的自然单元,是常见的单元形式,也是本书讨论的重点,教师通过1—3周的实践即可完成教学任务。具体做法是依据现有教材,结合单元知能学习目标,提炼大概念,通过具体学习任务开展教学,希望学生完成单元内容学习后能够形成基本认知和操作方法,包含单元内的重要基础知识、定理、技能和方法等。这类单元主要表现为单学科内重组,它以课程标准为依据,整合多个版本的教材,按照大概念或学科主题从小学、初中到高中进行纵向延伸和拓展。例如,数学学科可分为四类主题:数学代数、图形与几何、统计与概率、综合与实践。教师提炼的专业自由度比较大,产生的概念相对较多。在青岛版小学数学三年级上册第三单元"庆元旦——时、分、秒的认识"中,教师就可以根据需要设计工具核心(大)概念:"计时工具能够拓展人类时间管理能力,满足时间管理需要",以及内容核心概念:"时间单位选择应该根据生活需要加以选择,否则没有任何意义",等等。

2. 学科单元

又被称作学科内单元,它是围绕学科大概念将相关主题的内容整合在一起形成的一个相对独立的单元,在此之上教师设计和组织教学内容,开展教学活动,一般需要一个月或更长时间才能完成。大概念源于对学科学习内容的概括和梳理,体现学科逻辑结构,处在学科中心,既是一种有效的单元教学设计的重要理念和方法论,也是学生应该掌握的学科单元内容和完成作业的工具。例如,数学学科中的大概念:"变量可以使用表达式和方程等抽象地转化、表征数学情境与结构";政治学科中的大概念:"国家性质决定国家生活";化学学科中的大概念:"物质的组成结构决定性质",等等。这些学科大概念揭示了社会发展的根本原因,促进学生较好理解事物或事件发生和发展的现实和可能,搭建了完整的思维结构。①

  核心素养培养的过程需要一系列大概念来统领不同学段学习内容的教学。教师可以聚焦学科和跨学科所指向的核心素养,开发并架构大概念,组织单元,这样才不至于偏离课程教学目标。例如,语文学科要培养的核心素养是一个相互关联的有机整体。教师在对统编版初中语文七年级下册第三单元人文主题"小人物的平凡生活"进行教学设计时,可以从文化自信、语言运用、思维能力、审美创造四个方面提炼相应的大概念。"小人物的生活百态可以通过多样化的语言表达来展现"指向语言建构与应用;"从平凡的小人物身上能够洞察复杂的人性与社会现象"聚焦思维发展与提升;"小人物身上的闪光点构成了独特的人性之美"关注审美鉴赏与创造;"小人物的故事承载着特定时代的文化印记,反映了当时的社会风貌和人们的生活状态"对标文化传承与理解。同时,教师可以利用这一大概念体系重构这一单元,同时依托学科大概念:"文学文本中关键词及其中的细节描写蕴含着深层次的生活经历、情感世界和精神品质,可以有效刻画人物",设计适合不同学段的、有相似人文主题的学习单元,从不同角度展现各具特色的人类群体的生活与情感世界(见图2-4)。

3. 跨学科单元

  该类单元一般跨越多个学科,围绕跨学科大概念来组织。跨学科大概念是相

---

① 顿继安,何彩霞.大概念统摄下的单元教学设计[J].基础教育课程,2019(18):9.

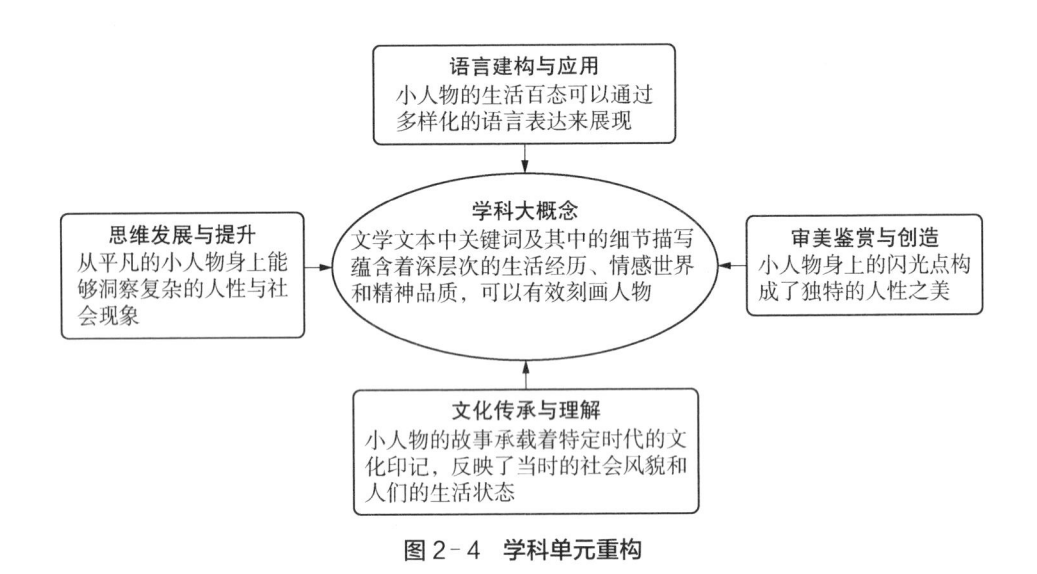

```
                    ┌─────────────────────────┐
                    │   语言建构与应用          │
                    │ 小人物的生活百态可以通过   │
                    │ 多样化的语言表达来展现    │
                    └───────────┬─────────────┘
                                │
                                ▼
┌──────────────────┐      ╭──────────────╮      ┌──────────────────┐
│  思维发展与提升   │      │  学科大概念   │      │  审美鉴赏与创造   │
│ 从平凡的小人物身上能│─────▶│文学文本中关键词│◀─────│小人物身上的闪光点构│
│够洞察复杂的人性与社│      │及其中的细节描写│      │成了独特的人性之美 │
│会现象            │      │蕴含着深层次的生│      │                  │
└──────────────────┘      │活经历、情感世界│      └──────────────────┘
                          │和精神品质,可以│
                          │有效刻画人物   │
                          ╰──────┬───────╯
                                 ▲
                    ┌─────────────────────────┐
                    │   文化传承与理解          │
                    │ 小人物的故事承载着特定时代的文│
                    │ 化印记,反映了当时的社会风貌和│
                    │ 人们的生活状态           │
                    └─────────────────────────┘
```

图 2-4　学科单元重构

对于学科大概念而言的,又被称作共通概念、通用概念、宏观大概念等。它是架构起学科相互联系的纽带和桥梁,体现了学科概念的通融性特征,为跨学科教学设计和跨学科主题学习提供了一个组织框架,以便促进学生整合学科知识,让他们形成科学地看待世界和生活的综合视角。

在大概念教学设计中,通过跨学科融合多种学科知识,有助于解决单一学科无法应对的复杂问题,进一步深化对学科内和学科间关系的认知,间接促进学生对学科大概念的理解。如浙江省早在多年前就把初中的物理、化学、生物学等几个学科整合为"科学"学科,这就是利用学科大概念和跨学科大概念相得益彰、耦合联动的特性,为学生理解性学习的发生提供条件、创造更大空间。《义务教育科学课程标准(2022年版)》提出的学科核心概念,如"物质的结构与性质""生物与环境的相互关系""工程设计与物化"等,为跨学科概念,如"系统与模型""物质与能量"等的形成提供了基础,通过建构学科大概念和跨学科大概念之间的关系,能够为跨学科单元的组织提供支撑[①](见图2-5)。

---

① 中华人民共和国教育部. 义务教育科学课程标准(2022年版)[S].北京:北京师范大学出版社,2022:16.

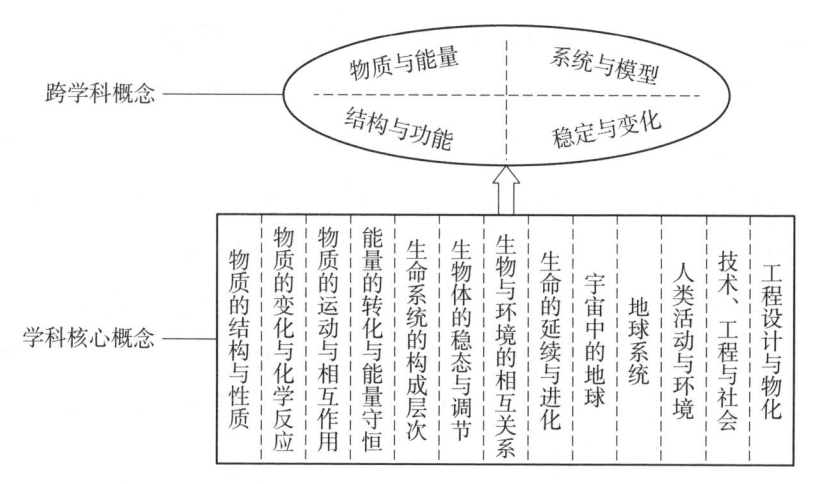

图 2-5 《义务教育科学课程标准（2022年版）》中的学科核心概念和跨学科概念

跨学科大概念的选择与确定不必也不可能囿于官方文件或教科书文本，而更多地应来自教师或教研员对于各门学科的研究和提炼，要不断抽取既能反映学科本质特征又具有较强统摄力、解释力和迁移性的跨学科概念，例如"结构""渊源""美感"等，以此支撑跨学科单元的建构。

4. 宏观单元

这类单元形式是围绕整个学科的高位大概念、哲学大概念进行组织的。这类大概念是指对人和世界关系的根本看法、根本态度和根本主张，如"物质决定意识，意识反作用于物质""联系具有客观性和普遍性""矛盾是普遍性和特殊性的统一""人的价值在于创造"等。这些哲学大概念不与具体的生产和生活直接联系，而是更加深刻的认识论、方法论和价值论，有着丰富而抽象的内涵，在解释一些现象和经验时没有下位的学科概念和跨学科概念那么直接和聚焦，但其强大的解释力却不容忽视。哲学大概念贯穿于所有教学过程中，具有弥散性，范围更广，几乎涉及所有学习阶段，因此需要更多的案例和知识与技能加以支撑，使得其相应单元容量更大，完成教学任务的时间跨度也比较大，往往涉及全学段，在一定意义上等同于"课程"这一内涵，因此其容易被忽视。

例如,"分类思维"这一主题教学在组织学习单元时可以提炼大概念:"分类是按照一定的标准,将事物分成不交叉和重叠的若干类别的思维方式,同样的事物、事件和信息按照不同的分类标准划分为不同的类别",涉及学科包括语文、数学和英语等,能够形成多个单元链。语文学科根据对象和情境差异,可以让学生进行不同类型的实用文写作,借此统摄不同学段的相关主题;或让学生根据语境的不同分类讨论文言文中字词的含义,例如"安""度"在不同语篇中的意义;还可以根据寓言内容,让学生探讨不同体裁承载的寓意等,如《伊索寓言》《愚公移山》等。数学学科可以让学生根据绝对值符号内数值的正负来分类讨论未知数数值,涉及有理数等知识点;根据对角线关系来分类讨论图形大小和形状,涉及相似图形等学习内容。① 这类宏观单元内含的大概念容易被教师忽视,其理解和迁移应用在真实世界中被利用的可能性更大,甚至直接指向情境问题解决或现象解释的过程。

在大概念单元教学设计中,教师围绕核心素养和单元学习目标,梳理同一领域主题意义和核心内容之间的逻辑线条,发掘主题内容背后的知识、方法、思维方式和规律的进阶,解析出同一主题的进阶发展,进而架构起相互关联的大概念体系,这是十分必要的。教师要通过同一主题、大任务群之间的逻辑来架构大概念体系,形成一体化的教学内容。

教师需要在研读课程方案、课程标准和教材的基础上,审视整个课程与教学单元包含的关键概念,明晰它们之间的内在关系,并把这种关系用概念图呈现出来。概念图构建的方式之一是不断追问"这个单元主题的意义是什么""通过这一主题的学习学生要知道哪些内容""学生现在处于什么认知水平""学生应该达成的目标是什么"等问题,通过反思和梳理形成对单元的整体架构与局部内容的把握,为开展单元作业设计提供保障,以便促进学生理解科学概念与形成科学思维。

可见,大概念教学可以利用单元具有的拓展性结构,挖掘连接生活经验、个人兴趣与未来能力发展的跨学科载体,以促进学生为适应未来社会作准备作为价值

---

① 刘徽.大概念教学:素养导向的单元整体设计[M].北京:教育科学出版社,2022:72-73.

追求,以大概念为组织线索统整教学内容并融入生活价值,为深度理解提供空间,从而触及学生心灵深处,完成从单纯的知识消费模式中的"理解知识"到"理解世界"的意义生成转换。首先,单元教学要提高学习站位,以"理解—参与—改变"的连续统一体来开阔学生视野,让学生理解和参与社会生活;通过建立学习共同体,连接校内外的优质教学资源,促进学生与不同专长的人的交互,改变传统的"上课—记笔记—做作业—考试"的学习思维,鼓励学生进行真实实践,发展专家思维。其次,单元教学设计在素养目标的统领下对学习任务、学习过程、学习评价进行一体化设计,联动了多类学科知识与高阶技能,拓展了实践空间,使学生能够在观察、辩论、实验、创作、表演、建模等建构活动中实现概念性理解。最后,大概念教学设计将单元大概念转化成富有驱动力的基本问题,将问题任务化,分解成具有关联性与进阶性的学习任务群,通过完成学习任务促进学生问题解决能力的连续性发展,实现学科知识、能力与跨学科素养的梯度进阶与交叉融合,形成对学科本质乃至生活世界的整全理解。

三、按照逆向设计逻辑形成基本结构

逆向设计的逻辑适用于任何学习目标。[①] 大概念教学通过设计基于情境活动的学习经历,促进学生内部认知与外部环境相互作用的过程,从而在"情境化与去情境"的迭代学习中不断优化面向迁移的认知模型,促发素养生成。因此,逆向设计在素养培养方面优势明显。

(一) 逆向设计指向学生的概念性理解

起源于北美国家的逆向设计,近年来在我国基础教育领域很受欢迎,教育工

---

① 格兰特·威金斯,杰伊·麦克泰格.追求理解的教学设计(第二版)[M].闫寒冰,等,译.上海:华东师范大学出版社,2017:20.

作者对其进行了大量实践探索。这种设计模式遵循的基本逻辑是"如果预期结果是让学生……,那么你需要学生有证据表明他们能……,学习活动需要……",并建立相互关联的三个阶段:(1)明确预期的学习结果,确定单元整体教学目标,这是整个教学设计的开端,也是核心;(2)根据预期的结果确定单元教学评价方式,分析学生哪些表现性证据能证明预期结果已经达成;(3)设计单元学习方案,并根据要获取的证据来规划和组织教学活动,促进学生学习。这就要求教师的教学设计要从教学达到的学习结果导出,而不应只关注自己所擅长的教法、教材和活动,也不应该只思考自己要做什么、使用哪些材料、要求学生做什么,而是应首先思考"我们这堂课应该让学生学会什么""理解哪些概念之间的联系""为了达到学习目标,学生需要什么,如何做"。而在传统教学设计中,教师思考的出发点是如何完成教学任务而不是目标达成。面对教学任务,教师总会想这堂课我们教什么和怎样教,知道了教什么后根据教学内容设计教学过程和教学环境,并在完成教学内容后进行教学评价。因此,教学一般按照教学目标设计—教学活动开展—教学评价实施的顺序。两种教学设计方式的区别见表2-3。

表2-3 逆向设计和传统设计比较分析

对比维度	逆向设计	传统设计
设计流程	首先明确学习目标,依据目标构建能够证明学习达成的证据体系与评价指标,最后开展教学活动设计	遵循教学目标设定、教学活动开展、教学评价实施的线性流程
目标导向	以学生学习的预期成果为导向,学习目标紧密围绕大概念学习要求,致力于培养学生的深度理解与知识迁移能力	主要聚焦于教师的教学内容传授
评价方式	评价环节前置,在教学活动设计之前就予以确定,并及时告知学生,助力学生明确学习方向,增强学习动力	教学评价在教学活动完成后进行,主要用于检验教学效果

续 表

对比维度	逆向设计	传统设计
教师关注点	教师着重思考"本堂课学生应掌握哪些知识和技能""如何帮助学生理解概念之间的内在联系",从期望的学习成果出发规划教学	教师主要关注"本节课要教授什么内容"以及"采用何种教学方法和策略",根据教学内容来设计教学环境与过程
终极价值	旨在培养学生具备"成人"所拥有的概念性理解能力,以"理解"为核心,构建"知识获取—概念内化—实践运用"的一体化学习体系	未明确阐述培养学生概念性理解能力的相关内容

逆向设计指向学生的概念性理解,进而实现大概念迁移应用。它始终贯穿"以终为始"的思路,要求教师将教的目标转向学生学的预期结果,并依据"预期学习结果先于教学活动"的理念设计开发评价方案和相应指标,同时将评价方式和要求提前告知学生,以便其明确完成学习任务的方向,强化学的动力。这种设计方式成为促进学生深度理解的教学设计改革的重要理路之一。这里的"深度理解"主要指学生学习过程将知识和技能明智而有效地应用到真实学习任务和问题情境中,建立概念之间的关系,即概念性关系,形成相应大概念或观念。理解水平表征着学生能够迁移知识、技能和概念的程度,表现为学生能否顺畅地解决问题的行为,而不是纯粹地根据回忆和重现而来的、公式化的领会。

例如,科学领域中的能量守恒这一大概念涉及属性核心概念"势能"和"动能"以及条件性概念"转换"。教师在教学中可以设计生活化情境:过山车在从高处向低处俯冲时速度越来越快,促进学生领会重力势能转化为动能的过程;过山车从低处向高处爬升时速度逐渐减慢,促进学生体会动能又转化为重力势能的过程。在这个过程中,学生逐步认识到如果忽略空气阻力和摩擦力等因素,过山车在最高点的重力势能加上动能,应该等于它在最低点的动能加上重力势能,从而得出结论：能量的形式发生了变化，但总的能量是守恒的，从中"悟出"上述三个概念之间的关系，即概念性理解：能量既不会凭空产生，也不会凭空消失，它只会从一种形式转化为另一种形式，或者从一个物体转移到其他物体，而能量的总量保持不变。

（二）逆向设计案例

逆向设计中学习目标来源于学科课程标准中规定的学习要求和学业成就，目标的进阶性决定了教学内容的优先顺序。教师要根据目标确定单元教学的重难点，帮助学生在有限时间内获取有价值的概念性理解，实现学习经验的效益性传递；逆向设计主张基于目标构建评价体系、开发评价任务和相应的量规并进行即时反馈，帮助教师根据评价任务完成情况判断学生的学习结果与目标之间的距离，实时检验教学效果。评价指标引导着学习任务及其相应学习活动的设计，并在促进学生完成学习活动过程中收集学生理解的证据并及时调整问题解决方案。我们将以统编版语文一年级下册"五月五过端午"主题跨学科学习内容开发与实施为例，探析逆向设计三个阶段涉及的重点内容。[①]

阶段一：确定单元教学目标，即规划学生完成单元学习后达成的预期学习结果。首先教师需要明白学生应该知道和理解什么、什么知识值得学习和理解、这种理解的价值是什么、理解后学生能做什么、希望学生掌握哪些大概念等问题，它们实质上指向单元教学目标。在此基础上，教师需要研读课程标准中有关课程核心素养、课程目标、学业质量标准等的内容，从教学目标体系出发建构大概念及其学习要求，并设计基本问题，促进学生在学习过程中通过问题探究来理解和应用大概念，形成相应知能。其中，理解和应用大概念是单元教学目标的核心，大概念学习要求是承接核心素养并将其具体化的关键步骤。

《义务教育语文课程标准（2022年版）》将"文化自信"作为重要的人文主题，且

---

① 本案例由上海市虹口教育学院王玉娟提供，在此表示谢忱！

在各册教科书的不同单元中都有所涉及。第一学段的"跨学科学习任务群"的内容为：……学习节日、风俗活动，身边的传统节日与风俗习惯等文化现象。其中，"身边的传统节日与风俗习惯"是重要的学习内容之一。实践中，教师根据义务教育语文课程标准学段学习要求，从 KUDB 四个方面确定"端午节"这一主题单元的学习目标。

Know（知道）

认识"菖、蒲"等汉字，读准多音字"系"的读音；了解龙舟的来历、粽子的种类、艾草的样子与功效等相关知识；能借助识别图片、联系生活等方式了解菖蒲。

Understand（理解）

通过字源识字掌握"端"的意思；发掘端午节内含的文化精神；借助图画阅读《端阳故事图册》，明确古今端午活动的关系。

Do（学生能够做的技能）

运用简单的形状概括表现龙舟的各个部分，使用绘画和纸工工具，利用身边容易找到的各种媒材制作一艘立体的龙舟；会欣赏《端阳故事图册》，就其中感兴趣的内容提问并讨论，创编《新端阳故事图册》。

Be（所成）

能通过积极参与集体讨论、认真倾听别人说话，形成合作能力；感受中华优秀传统文化的传承与发展，增强民族自豪感。

教师可立足语文学科特点和学科核心素养，结合单元学习目标，梳理单元教材整体内容以及学习进阶发展方向，并根据学情分析，确定大概念："传统节日作为民族文化的瑰宝，是文化自信的重要源泉与生动体现"，并将大概念"翻译"成基本问题："在现代社会的多元文化环境下，端午节习俗发生了哪些变化？这些变化是如何体现传统文化与现代生活相互融合的？"具体的概念体系建构流程如图 2－6 所示。

阶段二：确定合适的评价证据，即设计评价方案过程，通过收集和整理学生学习证据来确定目标达成情况。这一阶段需要回答的是：教师如何知道是否已经或

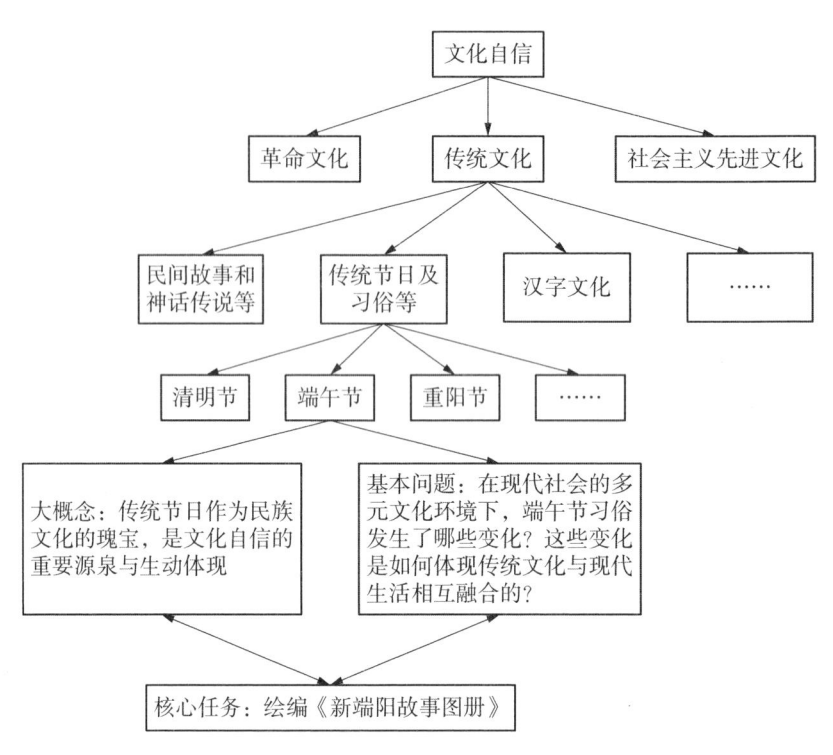

```
                        ┌──────────┐
                        │ 文化自信 │
                        └──────────┘
              ┌──────────────┼──────────────┐
       ┌──────────┐   ┌──────────┐   ┌──────────────┐
       │ 革命文化 │   │ 传统文化 │   │社会主义先进文化│
       └──────────┘   └──────────┘   └──────────────┘
```

图 2-6 端午节习俗大概念进阶发展图

多大程度达到了预期结果？哪些证据能够表明学生理解了或理解程度？这实质上要求评价设计先于教学活动开展。鉴于大概念理解指向高阶能力，教师要像评估员一样设计评价活动、表现性任务或其他可视化活动，根据证据思考单元教学，而不是局限于教学内容、类型和活动，以便确定单元教学目标达成情况。

大概念教学评价就是收集学生对大概念理解证据的过程。因此，教师对本单元学生理解的评价应基于学习目标，可以采用选择、填空、简答等方式收集的证据对"知道"维度目标进行评价；通过学生口头汇报、设计概念图等方式收集学生"理解"目标的证据；通过表演、辩论和制作等方式收集学生"技能"目标达成的证据；通过讲述端阳习俗和作品开发等方式收集学生"所成"目标达成的证据。另外，大概念教学提倡通过学生在完成表现性任务过程中的"理解表现"开展评价。教师可以围绕核心任务"绘编《新端阳故事图册》"开发量表(见表 2-4),评价学生目标达成情况。

表 2-4 《新端阳故事图册》制作评价量表

评价维度	评价指标			分值
主题理解 (30分)	对端阳节文化内涵把握准确,故事选取紧扣传统与现代,结合主题,能清晰展现端阳元素与新故事的融合(25—30分)	对端阳节文化有一定理解,故事与主题有联系,但融合稍显生硬(18—24分)	对端阳节文化理解模糊,故事偏离主题(0—17分)	
绘画技巧 (30分)	线条流畅自然,色彩搭配协调,画面构图合理、富有美感,绘画细节处理精细(25—30分)	线条、色彩、构图等方面表现较好,有一定细节,但整体效果不够突出(18—24分)	绘画技巧生疏,线条、色彩、构图等存在明显缺陷,画面粗糙(0—17分)	
创意表达 (20分)	故事内容新颖独特,以全新视角诠释端阳节,绘画表现手法有创新,给人眼前一亮之感(16—20分)	有一定创意,故事或绘画表现有新想法,但不够成熟(9—15分)	缺乏创意,故事与绘画表现较为常规(0—8分)	
完成度 (10分)	图册制作完整,页码齐全,画面整洁,无明显瑕疵(8—10分)	基本完成图册制作,存在少量不影响整体的小问题(4—7分)	图册未完成或存在较多影响整体效果的问题(0—3分)	
团队协作 (10分)	团队成员分工明确,沟通顺畅,积极配合,高效完成任务(8—10分)	团队协作较好,虽有小冲突但能解决,不影响进度(4—7分)	团队分工混乱,沟通不畅,影响任务完成(0—3分)	

阶段三:制定学习计划,即设计学习体验和促进学生完成学习任务。这一阶段是在教师明确教学目标和理解证据后的重要环节。教师需要思考的问题包括学生有效完成学习任务并达到预期结果需要哪些知识、技能、情感态度价值观,哪些活动有助于预期结果的达成,为了达成目标教师需要提供哪些学习支持,包括学习资源、内容、方法、工具等。

大概念教学的实施可以通过任务驱动,即学生通过完成大任务,将多学科的知识融会贯通,并在实际操作中掌握大概念所蕴含的思想方法,从而理解并能够迁移应用大概念解决复杂问题。教师可以根据学生的年龄特点、认知过程和教学目标,将语文与美术学科深度融合,制定主任务:绘编《新端阳故事图册》,并按照"学习—实践—创新"的步骤,由易到难,制定子任务和相应学习活动:吟端午、探艾香、"晒"龙舟、品粽香、绘端阳等,借此紧扣单元教学目标,对单元教学内容进行系统整合与有机重组,使之纵向拾级而上,横向融会贯通,确保教学内容与既定教学目标高度契合,为学生开展深度且结构化的学习铺设坚实道路,切实帮助学生在学习过程中实现知识的高效内化与能力的稳步提升。

逆向设计强调基于标准的设计与实施,实现教学—学习—评价的一体化。这种设计模式坚持"目标倒逼、效果倒追"原则,以清晰的学习结果设计为起点,将评价设计先于教学活动设计,最终达成单元学习目标,因此是对传统的"以本为先、评价为终"的设计思路的反转。另外,它用"强而有力"的大概念来组织核心概念、案例、基本问题、核心任务等,不仅回答"是什么",改变传统教学中"低""散""乱"的内容组织状况,还关注"为什么"等问题,帮助学生解决真实情境中的复杂问题,形成适应时代发展需求的核心素养。值得注意的是,逆向设计是一种设计逻辑和思路,不是一成不变的套路和规则,教师应结合学生和教学实际,加以灵活应用。

第三章　大概念教学设计指导框架开发

大概念教学设计是基于学生核心素养培养,在研读和分解课程标准、驾驭教材、分析学情的基础上,提炼大概念并以此为锚点,建立概念性理解目标,形成鲜明的主题、话题、项目等,将教学内容问题化、任务化和情境化,以明确理解水平的表现评价为驱动,促进学生完成真实的学习任务并获得及时反馈,从而使教学要素、环节和课型结构化的科学设计。在大概念单元设计中,教师要先对单元目标和内容有一个整体认知与建构,促进学生的关联性学习,并在教师的指导和帮助下对每节课的重点进行突破,由知识点学习走向知识联结,基于整个单元的整体学习,建构出自己的思维模型,形成有创意的"产品",包括学生有形作品的基本建构和问题解决的创新建构。整个学习过程不是学生"学老师,成为老师",而是"学老师,成为自己",他们能够产生创新力、思维力等个性化素养。

一、三种水平的教学

教学可以分为三种水平,第一种是一节一节课的教学,是最低水平的教学,因为教师将每节课作为独立的整体,不要求也不需要学生去探究课堂学习内容之间的联系以及其与别的科目之间的联结,因此学生只能掌握碎片化的知识和技能,建立一些经验性理解,教师也可能会陷入"课时主义"的泥潭。第二种水平的教学关注学科知识之间的联系,强调让学生融会贯通,教师有意识地引导学生利用以前学习过的知识来帮助理解当下进行的功课,从而获得新知。学校使用的教材大多按照学科知识逻辑组织,有时与真实生活联系性不强,教师偶尔引进校外的经验,有助于学生形成反省性理解,但如果这些经验没有经过提炼和扩充,学生的理解只是一知半解,也达不到理想的教学效果。第三种水平的教学是联结真实生活的教学。教师牢牢把握教材和真实生活的联系,优选教学内容,组织真实学习任务,促进学生寻找学校教材与真实生活的连接点,建立概念性关系,从而帮助学生顺利解决真实问题,解答面对的各种困惑。[①]

在旨在让学生融会贯通的教学中,教师已经意识到核心概念的价值,试图借此打通知识之间的壁垒,实现学科知识之间的联结,但教师选择的那些重要的关键概念往往只是小概念,统摄力和迁移能力比较弱,无法应用到真实生活中。因此,只有借助大概念来反映专家思维,激活和应用教材中的专家结论性知识,才能使学生具有应对未来复杂而不确定的生活的能力。在此基础上,第三种水平的教学就是大概念教学,即以大概念理解和迁移应用为目标,指向学生发展核心素养,表现为解决真实问题的能力、态度和价值观。

我们引用斯特恩等学者的一个比喻来说明传统教学和素养导向的教学之间的区别。传统教学就像让小孩子带着一个空空的罐子来到海滩上,按照教师的指导和要求,捡拾那些经过海水冲刷的石子并杂乱无章地放在罐子中,最后来到一个地方索然无味地扔掉,又茫然地带着原来的罐子回家了。这个"地方"隐喻的就是考试,考试结束后学生几乎没有留下什么东西。[②] 而素养导向的教学追求学生认知的结构化,旨在让学生形成反映专家思维的活性知识,以便使这种知识在新的情境中能够被随时激活和应用。在这样的教学背景下,学生带着日常经验性的理解进入学习过程,着手打磨那些粗糙的、未经雕琢的石料(比喻的是模糊性知识经验),"雕琢"过程就是带着目的一刀刀雕刻,也就是学习视域中的"激活与召唤"

[①] 约翰·杜威.民主主义与教育[M].王承绪,译.北京:人民教育出版社,2001:178.
[②] Stern, J.S., Lauriault, W.P., Ferraro, K. Tools for Teaching Conceptual Understanding, Elementary: Harnessing Natural Curiosity for Learning that Transfer [M]. Thousand Oak, CA: Crown, 2017:78.

"结构与炼制""判断与选择"的学习过程,最后,当学生获得一个有创意的"雕像"产品时,也意味着他们构建了自己的思维图示。这个过程表征出来的"创意""实用""努力"就是核心素养。

"教学是一种生活,是教师和学生的生活。有人类生活,就有人的理解活动发生,理解与教学相伴而生。"[①]在心理学意义上,"理解是个体运用已有知识、经验,以认识事物的联系、关系直至其本质、规律的思维活动"[②]。而知识只有与学生经验发生连接,并经过学生自主探究、验证、体验并进行重构后才会被深刻理解,形成相应的观念和概念体系,进而转化为核心素养。因此,促进学生深度理解是连接教与学的桥梁。面对长期以来教师为知识而教、学生为应试而学的教学范式的弊端,教育者亟须重思数智化时代教学范式的转型与重构,基于对知识、他人和自我关系的理解,引导学生探寻知识及其背后蕴含的价值,丰富自我世界,实现学生自我理解和精神成长。"真实的教学在于使学生理解生活和知识的意义并将之融入学生的经验之中。"[③]从这个意义上说,大概念教学就是一种理解性教学,它将日常概念和科学概念编织进同一个动态网络,引导学生主动联结生活经验,体会概念具有的活力,从而达成对科学概念尤其是跨学科概念的深度理解,形成专家思维。而大概念是专家思维的典型特征,"专家的知识是通过大概念来组织的,反映专家对学科的理解深度"[④]。因此,概念性关系建构的关键在于通过理解形成包含具体与抽象互动的复杂认知结构。学科大概念是具有广泛的适用性和解释力的原理、思想和方法,它具有核心性、包容性、迁移性和持续性等特点,体现学科本质和学科基本结构的"中心观念",向上可以连接上位的跨学科概念或超学科概念,进而与更广泛的知识世界相联;向下可以连接众多下位概念、事实和现象等案例;

[①] 靳玉乐.理解教学[M].成都:四川教育出版社,2006:45.
[②] 朱智贤.心理学大词典[M].北京:北京师范大学出版社,1989:386.
[③] 唐德海,马勇.理解性教学理论的发生根源与逻辑起点[J].广西师范大学学报(哲学社会科学版),2003(7):85-89.
[④] 刘徽."大概念"视角下的单元整体教学构型——兼论素养导向的课堂变革[J].教育研究,2020(6):64-77.

向内可以突破知能层面与价值、意义层面相联,帮助学生解决现实生活中的问题,培养学生核心素养。

素养导向的课程教学改革,要求改变传统的"只见树木不见森林"的教学,走向强调关联、重视整体的系统教学。它与传统教学的不同主要表现在,大概念教学强调学生认知的结构化和整体性,使学生习得的知识和技能转化为反映专家思维的"个人知识",即经过自己探究获得的直接知识和经验,可以被用在新的情境中。因此,大概念教学要由从单篇教学、单例题教学走向整体教学或者教材单元重组教学,由传统的"分—总"教学结构(即通过知识点学习,逐步形成整体认知)进入"总—分—总"结构的大单元教学,也即先整体认知,形成愿景,激发学生学习动力;随后让学生分步探究学习,掌握小概念;最后再整体建构,让学生形成概念性理解。大概念教学首先要求教师围绕单元素养提炼大概念,基于大概念学习要求,整合和优选教学内容,并将其任务化和情境化。基于情境和任务产生的冲突就是问题,这个问题不是老师抛出的问题,而是学生面临的真问题,在学习视域中表现为概念性关系问题。学生基于概念性关系问题开展学习探究的理解活动,建立概念性关系,从而真正能在理解活动中回归学习本质,连接各个概念,丰富探究经历与体验,而不是被动接受知识与进行机械性的练习。

二、 数智化技术赋能大概念教学设计转向

面对未来充满挑战和不确定的真实生活,教学设计需要聚焦核心素养培养,促进学生从通过知识记忆形成的经验性理解走向通过理解性学习建立的概念性理解。但现有实践中的教学设计还存在目标浅层化、内容孤立化、方法难以促进深度理解、评价与学习结果不匹配等问题,亟须根据数智化时代学习的特点和使命,结合具体学科,关注学习发生的内在机理与外在条件,运用综合化、系统化的教学策略,通过对信息和知识的深度加工,促进学生认知、情感态度的整合,从而

培养学生的理解性学习品质。①

（一）学习目标设计：从浅层经验性理解转向聚焦核心素养的概念性理解

理解是形成事物的观念，进而把握住生活中事物或事件意义的过程。一般而言，通过浅层学习获得的是经验性理解。例如，由家中一片狼藉就推断有小偷侵入，这种理解是粗糙的、混沌的，是事物之间表面的、现象的或功能性联结的意义，更多指向实际行动及其所产生的结果。停留在经验性理解的学习行为，可能形成大量错误的信念，所学内容无法迁移到新情境，甚至导致心智僵化和教条主义。"心智的僵化、懒惰和毫无根据的保守性是经验性思维可能的伴随物。"②大概念教学要通过理解性学习，促使学生的理解指向事物内在的因果关系或者运作机制，超越孤立的、具体的事物或事件的认知和表面的、即时的或有限的联系，借助质疑、联想、比较、归纳等反省思维掌握大概念以及概念间关系，形成概念性理解。例如，看到家中一片狼藉时，要进一步思考和推理多种可能的原因，从而形成正确的判断，建立科学的因果关系。概念性理解具有迁移、深度预测、解释、问题解决和转化的特征③，体现了学与教的本质追求。如果把学习活动看作一个闭环结构，那么概念性理解便在闭合处，既是学习的结果，也是新学习的开端。核心素养形成要经历从经验性理解到概念性理解的连续和递进过程，是两者的融合。概念性理解和大概念教学发生机制具有内在一致性，理应成为教学设计的目标。这种目标借助互联网使信息互联、借助物联网使万物互联、借助"5G+人工智能"使万物智联等，通过数智化技术赋能，将人为割裂开的"双基""三维目标"转化为满足个体全面发展与核心素养的综合性需求，摆脱对知识的了解、知道、记忆等浅层理

---

① 吴永军.关于深度学习的再认识[J].课程•教材•教法，2019(2)：51-58.
② Dewey, J. How We Think: A Restatement of the Relation of Reflective Thinking to the Educative Process [M]. Boston, MA: D.C. Heath and Company, 1933:132-137.
③ Holme, T.A., Luxford, C.J., Brandriet, A. Defining Conceptual Understanding in General Chemistry [J]. Journal of Chemical Education, 2015, 92:1477-1483.

解存在的困扰。

(二)学习内容设计:从知识点积累到概念体系建构

数智化技术的革新促使人类对核心知识的获取途径智能化、对核心概念建构与理解的方法智慧化、对环境的实时感知与精准调控的人性化,使得学生能够从多样化的集成性学习资源中获取知识,从多维联动的智慧学习环境中体验知识。利用VR技术、AR技术分享知识,通过学生的二次创作、评论、讨论等智慧参与,可以建构新的活性知识,在高速联通的网络平台上通过与他人、情境的互动改变原有的认知结构,调整相应的学习机制,加深知识的深度理解,产生更多角度、更深层次的观点,形成相应的概念体系。因此,以知识点积累为关注点的经验性理解的学习内容终将被以大概念为主线组织与呈现的概念性理解的学习内容所取代。大概念教学内容设计立足于构建学生的学科概念体系,由标准化向定制化转变,通过创设一系列与核心观念相关的、进阶式的开放性学习任务或跨学科问题,让学生以现实问题解决为依托,开展持续反思和实践,学会运用学科概念和元认知知识理解复杂真实情境,并将其转化成为学生对所处世界不断概念化的工具和资源,提高他们从经验思维向学科思维、从经验方法向系统方法转化的再概念化能力,形成对事物意义的深度理解。例如,在对小学数学"四则运算"单元进行教学设计时,教师可以将与运算定律有关的知识整合起来,统一组织,将连减性质和连除性质穿插其中,让学生感受知识之间的联系和区别,对四则运算形成完整的认识,从而建立完整的知识结构和相应概念体系。

(三)学习过程设计:从被动单一信息加工到主动掌握学科本质

传统的学习过程设计关注教师通过系统传授学科知识与静态概念知识,如鸟类的特征、氧气的化学性质等,使学生借助简单描述、重复记忆和强化训练等方式学习新知识,从而割裂了学科知识与现实生活的有机联系,忽视了情境性动态知识的感悟及本真问题的解决能力的培养,因此学生学完这类知识后很容易忘记。

这种被动单一信息加工的学习过程,在看似多元化的学习目标下面隐藏的是知识重复记忆和经验性理解的学习形态。大概念教学通过促进学生运用分析、综合、评价和创造等高阶思维能力,对复杂概念及其内在关系和机制进行深度理解并加以运用,促进学生对所接触的信息、知识和概念体系长久保持记忆,并能够根据情境变化将其进行迁移和运用,建构概念性关系体系进而生成意义。而要做到这些,学习者必须在头脑中主动建立核心知识和概念之间的有机联系,形成结构化知识和方法体系,建立新的概念性理解,以便作出决策或解决生活中的真实问题。因此,大概念教学要求教师克服"单向度"的设计和将"机器的学习"简单移植到人的学习中的弊端,重视形塑学生学习过程中的情感、价值、精神、意义、灵魂等要素,利用互联网和高速联通的网络平台增强沉浸式体验,促进学习的全要素、全业务、全领域、全流程的系统重构和文化革新。学生则通过联想与建构、活动与体验、评价与反馈、应用与迁移,在深度理解新知识的基础上,建构学科大概念,掌握学习和学科本质。例如,学习课文《田忌赛马》时,教师要能够引导学生将田忌的赛马决策方法乃至其方法论应用到真实的参赛情境中。

(四)学习环境设计:从单一物理空间到多维融合的智慧场域

深度学习作为一种新形态,其目标指向概念性理解,其学习内容聚焦概念体系建构,其学习过程指向学科本质的掌握。而传统的强调有秩序、统一的物理环境无法满足学生学习需求,因此需要利用数智化技术和资源,创设多维联动的智慧学习场域,重构原有的物理学习环境。场域中学生的行为以及与此相连的许多因素,为深度理解提供了生长土壤,教师要对固定情境化、抽象问题化、单一任务化、简单项目化的教学进行再设计,使之回归知识生产的场域,实现从"什么知识最有价值"到"如何使用知识最有价值"的教学论转换。基于互联网的简书、知乎等自组织开放交互社区,以及 MOOCs 社区型课程实践形态,构建了开放、多元、自治、共享、自生长的学习共同体,能够推动学生开展沉浸式、泛在化的深度学习,促进群体智慧汇聚、知识创生和概念性理解。另外,教育元宇宙作为多维融合智慧场域的典型代表,其所具有的涉身性、体验性和情境性等具身学习特性,赋予了学习内容、学习过程和学习评价等全新的可能,学生以"虚拟化身"的形式进入其中,借由数字孪生技术设计的认知与情感环境有助于学生获得"真情实感",实现全面的虚实结合、人机协同、校社联结,强化学习的交互感和浸入感,提供知识共享途径,提升了意义学习水平。① 可见,智慧校园、智慧课堂、VR、元宇宙等智慧场域的出现,使得智能技术支撑智慧环境的设计要从"实验室研究"走向"逼真的学习情境"。

(五) 学习评价设计:从单一结果评价转向个性化评价

大概念教学是为了理解而教,主要通过学生批判性地理解学习内容,强调与先前的知识和经验连接,注重逻辑关系和结论的证据。② 这里的"理解"作为动词,强调学习过程,指向大概念与概念间关系的构建,呈现生成性、能动性特征;而作为名词,则强调学习结果,指向内含概念性理解的成果和作品,具有概念性、静态性等特征;同时,获取表征结果的"证据"则需要通过智能技术加以提取和建构。因此,大概念教学评价应该改变单一的终结性评价倾向,整合终结性评价、形成性评价和增值性评价等多种评价方式的优势,开展学习综合评价。终结性评价设计依据概念性理解层次性目标的达成,聚焦学生对于核心知识获得的数量和质量、核心概念的理解宽度和深度、迁移应用水平,以及更深刻学科思想方法的掌握情况。这些目标的诊断可以通过测试和制作的作品等证据进行评价。概念性理解过程中学生主动的"探究""发现""复盘"等深度理解活动,以及在这一过程中学生思想、情感的深化和对所学内容在学科发展及人类发展历史中的价值体认等,应该通过形成性评价来检测;各种学习要素和环节的优化和迭代,以及其促进学生概念图示的发展,应该采用增值性评价进行评判。另外,概念性理解作为一种抽

---

① 傅文晓,赵文龙,黄海舵.教育元宇宙场域的具身学习效能实证研究[J].开放教育研究,2022(2),85—95.
② Beattie, V., Collins, B. & MeInnes, B. Deep and Surface Learning: A Simple or Simplistic Dichotomy? [J]. Accounting Education, 1997(6):1-12.

象活动,其产生的一般性联系、解释框架、转化机制等精神产品则需要利用智能技术生成数据加以表征和评价,如利用教育测评的多维数据来评估理解深度,利用多模态数据分析学习行为和情感投入。教师要学会利用学习分析技术提供精准反馈,从而为学生提供全面立体的"学习过程画像"和"学习成果的个性化呈现"。

三、大概念教学设计指导框架设计及其构成要素和环节

大概念教学是学生通过理解性学习深度理解大概念,建立概念性理解的过程。"学习具有个体和社会的双重性"[①],独学或自主状态的个体学习通过对知识和信息的加工来建构知识体系,是一种"心理的获得过程",且具有很强的生理特点。但学生对相关知识、文化、价值的理解和应用,不可避免地受到社会文化的影响或规范。因此,社会文化因素已经成为学习内在机理中的重要组成部分,是促进概念性理解发生的情境和条件,借此可以形成科学价值观和必备品格。理解性学习设计必须将传统学习心理学的个体导向与现代的社会导向整合起来,把影响学习发生、过程和结果的因素、环节等联结在一起,为学生提供一种完整和正确的理解框架。基于此,我们整合了指向学生的信息和知识深度加工的认知心理学、指向教师对学生学习行为的深度激发和引导的课程与教学论、指向智能技术的深度嵌入和加持的教育技术学、指向学生文化实践品格培养的社会文化学等多重视角,同时借助整体迭代思维对上述四个过程进行优化,在借鉴已有研究成果并结合现实需要的基础上,设计了指向概念性理解的教学设计指导框架(见图3-1)。

这一指导框架遵循逆向设计逻辑,将概念性理解目标置于智慧学习场域,利用学习分析技术明确学习活动的起点,设计过程包括提炼大概念、确定概念性问

---

① 克努兹·伊列雷斯.我们如何学习:全视角学习理论[M].孙玫璐,译.北京:教育科学出版社,2014:21.

素养导向的大概念教学

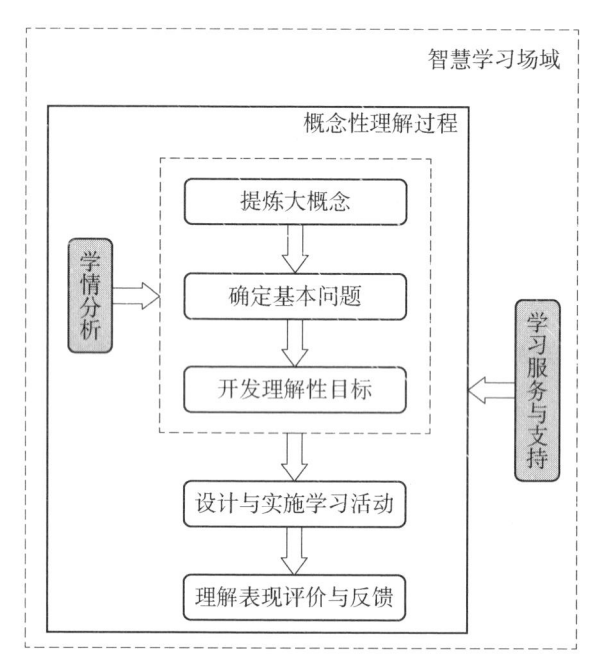

```
┌─────────────────────────────────────────┐
│                              智慧学习场域 │
│  ┌───────────────────────────────────┐  │
│  │            概念性理解过程           │  │
│  │     ┌──────────────┐              │  │
│  │     │  提炼大概念   │              │  │
│  │ ┌─┐ └──────┬───────┘ ┌─┐          │  │
│  │ │学│       ↓         │学│          │  │
│  │ │情│ ┌──────────────┐│习│          │  │
│  │ │分│→│  确定基本问题 ││服│          │  │
│  │ │析│ └──────┬───────┘│务│          │  │
│  │ └─┘        ↓        │与│          │  │
│  │     ┌──────────────┐│支│          │  │
│  │     │ 开发理解性目标 ││持│          │  │
│  │     └──────┬───────┘└─┘          │  │
│  └────────────┼──────────────────────┘  │
│               ↓                         │
│        ┌──────────────┐                 │
│        │设计与实施学习活动│                 │
│        └──────┬───────┘                 │
│               ↓                         │
│        ┌──────────────┐                 │
│        │ 理解表现评价与反馈│                │
│        └──────────────┘                 │
└─────────────────────────────────────────┘
```

图 3-1 数智化时代大概念教学设计指导框架

题、开发理解性学习目标、设计与实施大概念理解和迁移应用的学习活动,强化了学习支持与服务的价值,并将对概念性理解表现的评价和反馈植入学习的各个环节和场域中。

（一）智慧学习场域

理解性学习是兼顾理解广度和理解深度的学习形态,理解广度需要借助跨时空场域的环境支撑,建构一个相对独立自主的活动空间;理解深度则需要借助数据回溯、交互与反馈,营造开放、适应和自主的学习生态。目前,"互联网＋教育"正逐步拓展学与教的时空场域,线下与线上相融合的教学设计形成了新的混合学习方式,使正式学习和非正式学习得以整合,促进教学内容与相应的行为因素有效对接。在智能技术的加持下,开放互联的智慧学习环境,如探究社区等新的学习组织形态得以创设,可以支持学生围绕大概念理解与迁移应用开展协作探究、跨学科学习和学科实践等,并实施精准、个性且反映多元过程的评价和反馈,促进学生概念性理解的达成。人工智能技术可以帮助构建贴近学生需求的可拓展的资源库,支持定制适切的课程和学习时间等,满足其个性需求[1],促进学生跨时空和跨情境概念性关系的建立,实现以"理解"为核心培育学生素养的目标。

(二) 学情分析

学情分析包括对学生知识基础、学习状态、学习内容以及学习活动等重要要素和环节的分析,一般在学习设计方案实施前进行,最主要的目的是明确学生的"新的最近发展区",即无论学生自己怎么学都"够不着",但在教师的帮助下能"够得着"的发展水平[2],从而确定教学设计的起点和依据。学情分析结果决定大概念层次和提炼方式、概念性关系问题的难度和跨度以及学习目标深度和进阶幅度。当前互联网、大数据、5G 与人工智能技术的发展,为学情分析的发展提供了广阔前景,这些技术通过测量、收集、分析和报告学生及其学习环境的数据,用以理解和优化学习及其产生的环境,为教学设计提供模型预测、过程反馈和结果评价,从而为深度学习提供适应性的学习服务和支持。同时,借助相关技术,可以采用多种方式追踪学习者的学习过程,获取与分析学生不同层面的数据,以便精准、全面地洞悉情境问题解决中学生的学习状态、存在的堵点和相应结果,通过设计立体的整合架构和利用多平台数据,为学生理解概念性问题提供帮助,并验证学习结果。

(三) 概念性理解过程

理解起源于疑惑的情境、能激发探究欲望的事物或需要解决的问题,是学生利用既有观念和事实在与真实而复杂情境的交互中建构意义的过程。在此过程

---

[1] 余亮,魏华燕,弓潇然.论人工智能时代学习方式及其学习资源特征[J].电化教育研究,2020(4):28-34.
[2] 郭华.如何理解"深度学习"[J].四川师范大学学报(社会科学版),2020(1):89-95.

中积累的事实、知识、案例、学科概念等就成为指导学生观察、解释现象的工具,经过验证后就成为个体概念性理解的构成因素,帮助个体在困惑的情境或不明确的事物面前作出判断,并进行探究和推论。因此,概念性理解过程设计就是在学生现有的学科知识、技能和整体知识结构的基础上,创设一系列基于现实情境的、与核心观念相关的、进阶式的活动,并将任务分解为不同性质的、具体的学习活动,让学生经过持续性的反省和学科实践,学会运用学科概念理解情境和问题,达成学习目标。

1. 确定单元大概念

大概念被视为"为理解而教"的核心。[①] 因此,教学设计作为课程开发和实施的预设,需要以大概念为锚点,明确学科主要结构和核心内容,解决内容量大和知识碎片化带来的学业负担过重的问题。目前,围绕提炼大概念方法的研究和实践已经形成丰富的成果,如刘徽总结了从上到下和从下到上两条大概念提取路径:前者包括从课程标准、教材分析、专家思维和概念派生中提取,后者包括从生活价值角度、学习难点、评价标准中提取以及将知能目标向上提炼。[②] 章巍等认为大概念的提炼途径包括利用"现成的"大概念、创生"全新的"大概念、架构"关联的"大概念。[③] 在教学设计中,教师可以借鉴已有研究成果,结合自己的教学实践需求,整合多种策略和思路开发大概念及其子概念体系,从而建构结构化学习内容体系。

2. 明晰概念性关系问题

大概念教学设计要求教师明晰概念性关系问题,它是学生探究的起点,承载了学科核心知识,能够激发学生的内在学习动机,并根据所提供的真实生活情境,整合、描述、解释和建构学习主题。概念性关系问题源于学生真实生活,与多种学

[①] 格兰特·威金斯,杰伊·麦克泰格.追求理解的教学设计(第二版)[M].闫寒冰,等,译.上海:华东师范大学出版社,2017:6.
[②] 刘徽.大概念教学:素养导向的单元整体设计[M].北京:教育科学出版社,2022:142-154.
[③] 章巍,等.未来教师的大概念教学设计[M].北京:机械工业出版社,2022:64-78.

科观点相联系,是引导学生注意概念之间的关系,揭示事物、事件乃至世界是如何组织的普适的、抽象的基本问题[1],有助于促进学生持续探索和理解相关问题。概念性关系问题指向大概念和学习核心内容,教师可以通过其具有的衍生性特征繁衍、派生出若干个子问题,促进学习内容和过程任务化,通过对一个个问题的解决来建构或内化知识与技能,架构起概念理解与实际生活间的桥梁,形成概念性理解。

3. 开发概念性理解目标

大概念教学设计方案是一种优化学生发展目标,加强人与技术、学校和真实生活的多向联系的协调式实践框架。它以大概念和概念间关系的深度理解和应用为基点,以基于学生核心素养发展的要求确定的概念性理解目标为指向,将学习内容、任务、评价等因素关联起来。概念性理解目标体系的开发首先要让学生明确理解概念及概念间关系是什么、理解到什么程度、目标达成所需要的评价指标以及环境和技术支持等。结合理解层次,这一目标体系不仅要渗透核心知识与关键技能,还要关注学生通过深度理解所获取的理性能力(如问题解决能力),更要关注像情感、意志、精神、德性、担当等对于学生终身幸福至关重要的品质与价值,并通过可评可测、可操作性强的表现性指标加以清晰描述。

4. 设计和实施理解性学习任务

学习内容任务化是实现概念性理解目标的载体,是概念性关系问题体系的具体化。任务的实施就是学生通过自身努力和借助外在帮助完成的具体活动,以及同伴间围绕具体问题进行讨论切磋、交流分享进而形成深度理解的过程。教师要把学习任务设计和实施作为教学设计的中心环节,主要包括以下几个要点。第一,利用智能技术和手段创设具备沉浸感、真实体验感的理解性情境,激励学生持续、主动地探究师生共同设计的真实问题,引导学生理解概念。第二,在各类智慧平台上发布与概念性理解相对应的进阶性学习任务和要求,建立师生、生生之间

---

[1] 朱莉·斯特恩,等.可迁移的学习:为变化的世界设计课程[M].屠莉娅,等,译.杭州:浙江科学技术出版社,2023:154.

实时、紧密的互动协作关系,促进概念性关系问题探讨与相应成果分享,推动学生逐渐由经验性理解深入到概念性理解。第三,利用智慧课堂环境提供的支持性条件,促进学生通过收集和观看学习平台中的优质资源,开展深度的问题表征和分析,使用智能工具绘制思维成果,利用模拟软件、三维打印设备等制作实物制品,帮助学生在任务完成过程中生成体现理解水平的成果。

5. 评价和反馈理解的表现

在指导框架中,评价和反馈被放在最后一个环节,但在实际操作中要将其嵌入整个学习过程和各个因素中,通过对学生理解表现的持续性评价和及时反馈,在评价与学习改进之间建立循环联系,促进、修正与深化概念性理解。[①] 评价设计要按照教学评一致性的逻辑,遵循评价先于学习活动的设计原则,依据学生能够达到的概念性理解进阶层级制定评价标准和内容,并以终为始,告知学生评价指标和具体要求,同时对学生理解的表现进行编码,开展数据驱动的、成果导向的学习评价,以此监测和判断学生的理解水平。同时,通过智能技术等手段收集概念性理解的表现性证据,包括学生在活动中对问题的回答、生成的阶段性成果以及活动结束生成的能够表征概念性理解水平的精神产品和作品,以此作为评价学生学习目标是否达成的重要依据。教师、学生、小组群体和学习共同体成员等多元评价主体应共同参与学习评价的全过程,依托数智化平台真实呈现学习目标的达成情况,并通过多种途径及时反馈评价结果,帮助学生调节学习行为,修改学习方案。

(四)学习服务与支持

理解性学习的性质是教师领导下的教学。教师在学生深度学习中"领导"作用的发挥主要表现为借助智慧技术和工具营造理解性环境,在必要的时候适时提

[①] Perkins, D. N. & Blythe, T. Putting Understanding up Front [J]. Educational Leadership, 1994(5): 123-133.

供促进深度理解的支架。具体而言,教师可以通过智能技术和学习空间的整合设计,对学生的疑问、汇报、展示作出回应,营造一种真实的学习氛围,拉近远程学习过程中师生之间的心理距离,形成积极的内在学习动机、高级的社会性情感;借助"互联网+"技术拓展学生的交互范围和机会,通过集思广益和观点碰撞,使学习者在知识创生和理解深化的过程中培养核心素养;利用多屏互动的多媒体空间,引导学生利用智能平台获取、共享资源,加强社会互动启发理解;指引学生在问题解决过程中围绕概念之间关系的建构选择绘图工具绘制思维导图,组织学生通过跨平台交互技术展示小组或自己的活动方案、数据模型等,生成和分享理解,并通过学习通云平台发布理解性水平测试题并进行正确率的实时统计评价理解。

四、指导框架实施

上述框架是借助数智化时代之力,因循社会意志,人为开发的腹稿、构思和蓝图,不是工程意义上的施工图。其实施需要教师基于认知学派的"信息加工"层面发掘理解性学习的内在机理,采用"全视角"或"全域理论",自觉克服单一信息加工、知识记忆和技术理性教学设计的弊端,明确教学需要关注的基本因素、流程和策略方法并加以整合,在提高学生参与和建构积极性的同时,走向社会生活意义上的合作参与、社会建构,促进学生主动参与、深度理解,实现学生核心素养的发展。下面以统编版地理八年级教科书中的"农业"单元为例,结合相关实践和研究[1],说明指导框架实施。

"农业"单元的重点内容包括"我国农业分布的特点""因地制宜发展农业""自然地理环境对农业的影响"等。鉴于有关"农业"的教学内容分散在不同章节,教师需要将八年级地理教科书中与农业相关的第四章"中国的经济发展"、第五章"中国的地理差异"、第六章"北方地区"、第七章"南方地区"、第八章"西北地区"、

---

[1] 华开平,马小芳,王跃华.大概念统摄下的初中地理单元教学设计——以"农业"为例[J].中学地理教学参考,2023(3):8-12.

第九章"西藏地区"整合起来,结合课程标准相关的规定,重构教材内容逻辑结构(见图3-2)。这样通过统筹碎片化教材内容并结合社会生活实践,才能培养学生的"人地协调观""区域认知"等地理课程核心素养。

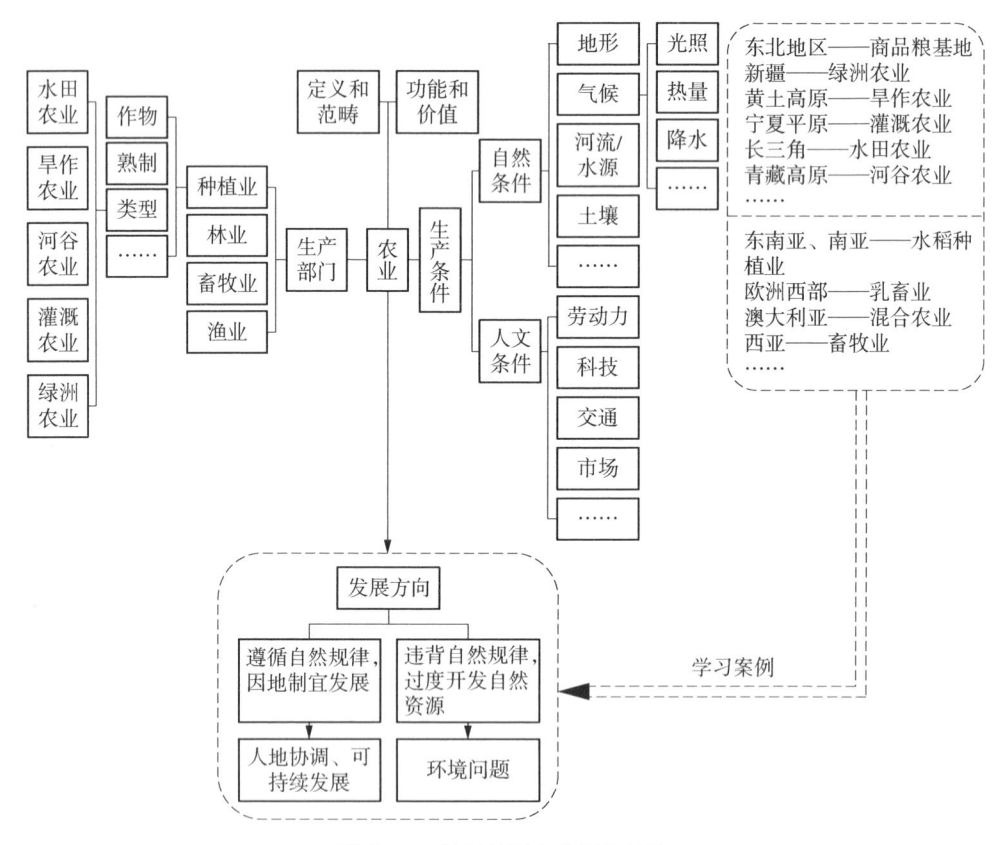

图3-2 单元教学内容逻辑结构

(一) 聚焦单元大概念,确定概念性理解性目标的层级

大概念教学设计要求教师根据不同阶段学生的学习需求,开发以大概念为核心的、螺旋式上升的学习单元,将不同学科领域中的各种事实、现象、事件和知识整合起来,从而优化学习内容并使知识结构化、概念体系化,推动课程内容实现

"少而精"。基于上述分析、解读和整合以及课程标准对农业单元的教学内容要求，教师可以建构"农业"单元大概念体系（见图3-3）。为更好促进学生理解农业相关知识、技能和概念，教师可以结合相关概念体系，根据教学需要进一步精炼大概念："因地制宜发展农业有利于促进人类和环境和谐共处"，增进大概念的针对性、统摄力。

```
落实 ──────→ 人地协调观                          核心素养
              ↓     ↓
            环境观  发展观                        核心观念
              ↓     ↓
   回归 → 因地制宜发展农业有利于促进人类和环境和谐共处   大概念
          ↓         ↓         ↓
    农业是人文环境  自然环境是农业  人类应当在遵循
    的组成部分，是  发展的必备条件  自然规律的基础    核心概念
    国民经济的基础              上发展农业
          ↓         ↓         ↓
       如何通过因地制宜发展农业实现人类与环境的和谐共处？   基本问题
          ↓         ↓         ↓
    如何实现某一地  农业发展的基础  影响农业发展的
    区农业的可持续  条件是什么？   因素有哪些？      子问题
        发展？
          ↓         ↓         ↓
          具体事实、案例、知识和技能等              一般知识
```

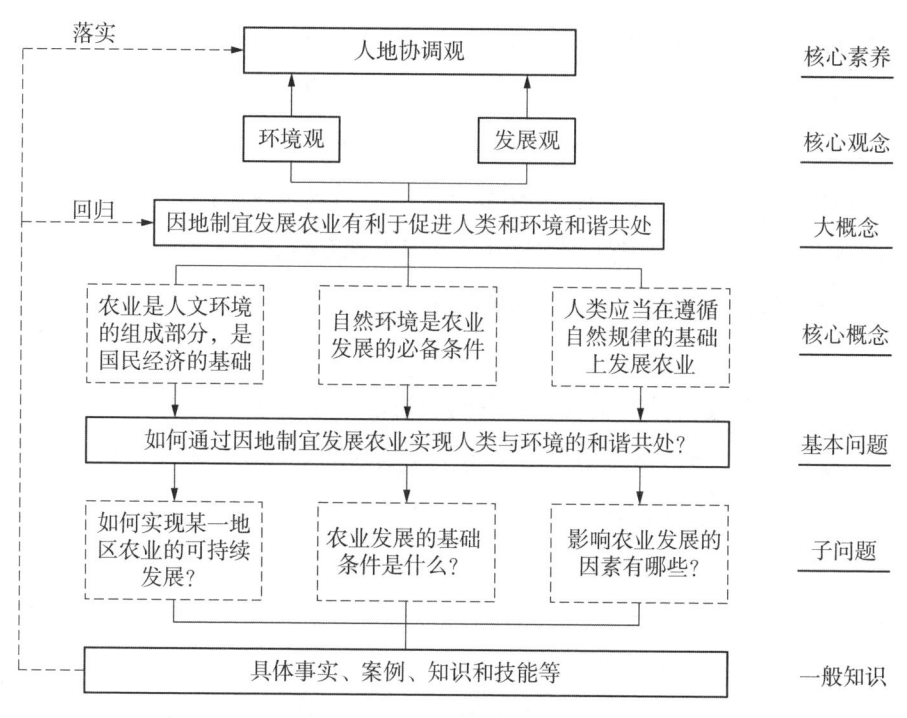

图3-3 "农业"单元大概念体系

围绕这一大概念，教师可以结合学生学习经验和课程标准解读和分析，开发具有完整性、进阶性和挑战性的学习目标体系，并根据学生学习的知识基础和进程使之清晰具体、可操作、可测量，为学习活动开展明确方向，也为学习结果的评价提供有价值的参考。具体目标如下：

- 运用地图和相关资料,描述某地区农业分布状况,分析某地农业的生产条件;
- 归纳我国农业发展、主要农作物分布、畜牧业分布的特点;
- 掌握与农业生产相关行业的内涵及其之间的关系,如种植业、畜牧业、林业、渔业、绿洲农业、河谷农业以及粮食作物、作物熟制等;
- 结合实例,分析农业发展过程中存在的问题及改进措施;
- 概括人类应当遵循的自然规律,学会因地制宜发展农业。

需要强调的是,教师在设计教学方案时要明确:概念性理解目标不能随意拔高或过于侧重经验性理解目标的训练,尤其应当避免在该深入的地方浅尝辄止,否则就会加重学生的学习负担;要引导学生把握目标与现状间的差距,在智能技术和教师的帮助下更好地维持学习动机,并根据现有概念图示确定学习进程和策略,并为学生提供更加适切的学习支持服务。

(二) 关联社会真实主题,创设问题情境

真实生活中的复杂情境信息与学生主观认知的不匹配而产生的困扰会转化为问题,将不同性质的问题进行抽象概括后就会形成值得探究的主题。这类主题通常是一个相对复杂的、置于真实情境的综合问题,而源于真实情境的问题才是有意义的。① 它需要学生运用跨学科知识、概念、技能进行应对和解决,从而把不同学科和实践中的重要学习因素和环节有机连接在一起,为学生深度理解提供一个全景视角和支持。基本问题是大概念的"航标"。因此,教师可以将大概念"翻译"成基本问题:如何通过因地制宜发展农业实现人类与环境的和谐共处?这一基本问题包含:如何实现某一地区农业的可持续发展、农业发展的基础条件是什么、影响农业发展的因素有哪些等问题。教师根据这些问题就可以提炼单元生活主题:"因地制宜、科技兴农、产业兴农,实现农业可持续发展。"教师可以利用东北

---

① 杨向东.指向学科核心素养的考试命题[J].全球教育展望,2018,47(10):39-51.

地区的商品粮基地、新疆的绿洲农业、黄土高原上的旱作农业等真实情境促进学生通过观察和反思,在与事实、案例、情境的互动中建构自己对概念的理解,将抽象的核心知识和大概念还原于真实的社会情境,并借此证明自己理解的正确性,逐步推进概念性理解的深度。

(三) 促进概念性关系问题任务化,开展深度学习活动

大概念教学的开展要将概念性关系问题的解决贯穿始终,并将其转化成系列学习任务和高投入性学习活动。因此,教师应该将概念性关系问题及其衍生的问题链转化为根植于概念性情境中的一系列表现性任务和活动。上例中,教师可以将大概念和基于大概念开发的基本问题转化成核心任务:"综合运用地理知识,通过多种形式(如报告撰写、方案制定、研讨、设计宣传作品、模拟教学活动等),深入探究我国不同地区农业发展与自然地理环境的关系,理解并推广因地制宜发展农业以促进人类与环境和谐共处的理念",并将其分解为以下子任务。

任务一:根据教材和平时经验,梳理农业的相关基础知识和发展农业的措施,如农业的含义、特点及其在国民经济中的地位,种植业和畜牧业的类型、粮食作物划分及其特点等。

任务二:归纳总结我国农业分布及其特点,包括四大地理分区的主要农作物、主要牧区及优良牲畜品种等,并且要与各个分区的地形、气候、温度、干湿度等地理特点结合起来理解,并进行分享和展示。

任务三:学生以小组合作的方式探究世界上不同区域典型的农业发展状况,通过中外对比解析适宜的自然环境、生产条件与农业发展水平之间的概念性关系。

任务四:以"不合理的农业发展对地理环境和人类生产生活造成的危害"为主题,开展一次主题研讨活动,促进学生探讨如何落实因地制宜发展农业的理念,实现人类与环境和谐共处,并形成研讨总结报告。

教师要将学习内容转化为学生通过自己的努力可以解决的具体问题和任务,

"唤醒"有效的学习,并通过行为数据的分析把握学生课前的学习状态和存在的困扰;研学活动以问题解决为主线,按照概念性理解的发展规律,灵活组织并有机融合不同性质的教学事件,设计情境性学习任务,促进学生深入探究、讨论、分享,并利用元认知知识进行自我评价和反思,针对难以深入思考的问题链条之间的关联,以及知识体系凝练等内容展开理解,加深对思想和方法的建构;课后练学活动指向学生创造性解决问题的过程,以创作和展示作品、设计思维导图与制定问题解决方案等为主要活动,促进学生复盘与反思问题分析、思路选择、设计论证、成果改进的过程和相应的结果。

(四) 采集过程性证据,持续评估、反馈学生理解表现

教师应重点关注学生在完成学习任务中的学习表现情况,衡量学生将概念性关系问题和程序性知识运用到新的、真实情境中的能力,以及能否利用概念性理解对一种新情境进行预测、支持一种立场、为自己的观点进行辩护,或制定解决方案;促进学生通过自我评价,追踪自己关于单元大概念思考的演进,总结单元学习情况,对自己的成果负责;让学生反思面临的挑战,解释哪些学习经验值得借鉴,以口头表达、演示、思维导图、概念图等多样化方法展现自己对概念性问题的理解。教师要强化理解反馈的即时性,善于依托数字化平台即时收集各类过程数据和成果,通过开发量规开展成果导向的学习评价,发挥评价结果反馈对学习行为的调节与中介作用。

上例中,教师可以通过表现性评价任务收集学生的理解证据,如让学生结合课堂所学和查阅相关资料,选取一个有代表性的区域/国家,以小组合作的形式,通过思维导图解释与解读该地某种农业的发展情况及其如此发展的原因,并对其未来进一步发展的路径提出建设性建议和意见。例如可以让学生为宁夏中宁县"中国枸杞之乡"代言,开展爱心助农活动,以小组合作的形式录制一段帮助农民销售枸杞的视频,开展视频带货。对这些表现性评价任务的考量要开发相应的量规,如任务一的思维导图的评价量规包括关联性、完整性、逻辑性、深刻性、灵活性等维度,任务二视频录制的评价量规包括主题契合度、内容完整度、语言表述、形式创新等维度,并采用自评、他评和教师评相结合的方式评价作品的质量,科学把握学生理解的水平。其他评价学生理解表现的证据包括对农作物类型、作物熟制及其与温度、地形地貌、湿度的关系等问题进行回答和测试;在旅游过程中考察当地农业生产和作物分布的情况;采访农业生产部门或相关专家,印证自己的思考等。另外,教师还可以通过自主学习任务、小组合作探究活动、课堂练习等收集评价证据。

(五)营造理解性学习氛围,丰富学生学习体验和参与感

概念性理解发生在以学习活动为中介的解决概念性关系问题和形成人工制品的过程中,这个过程以协作探究和会话反思为主要活动。而理解性学习氛围的营造是促进学生开展深度理解的重要方法,也是认知深化和思维跃迁的有效途径。在单元教学导入环节设计中,教师可以利用好多种数字化学习工具,展示生活中常见的不同品牌的农产品和学生日常食用的主要食物及其制作的工艺流程等,让学生建立品牌、食物和来源地之间的概念性联结,激活学生有关农业知识,调动理解欲望,进入本单元内容的学习。在完成任务二时,教师出示中国地形图、气候图、温度带图、干湿地区图等实物情境,激发学生思考,并让学生代表分享他们对上述实物情境的理解。在学生面临理解困境时,教师画龙点睛似的补充和点评,有助于他们建立实物和理解之间的联系。在完成任务三时,教师引导学生促进学生围绕"各区域典型生产条件对农业发展的影响"这一问题,以小组合作的方式探究与对比南亚、欧洲西部、澳大利亚的典型农业发展案例,丰富学生学习体验,挑战视野,明确世界不同区域和中国四大地理分区的农业生产情况及其条件异同,建构自然环境与农业生产之间的概念性关系,从而建立大概念理解并进行迁移应用,解决真实问题。在合作完成任务四时,教师可以促进学生深度理解东南亚、中国黄土高原农业不合理发展的案例以及其他相关材料,总结和提炼不合理发展农业所引发的典型问题,将农业良性发展与农业合理生产建立关联,在提

供解决措施的基础上,引导学生形成因果关系的概念。同时,教师还可以引导学生剖析"生态·发展协奏曲——聚焦宁夏枸杞产业发展"这一案例,强化对因地制宜发展农业和农业可持续发展思想的概念性理解,强化学习的参与感,内化核心知识,提升学生创造性解决问题的意愿和能力。

　　大概念单元设计是为了提高育人质量,"质量"首先是人的质量,因此大概念教学设计是联结学生现在和未来的专业活动。另外,要基于核心素养培养,以大概念统摄大主题、大问题、大任务、大情境等对学习内容进行分析、整合、重组,形成明确的学习结构和内容,确定大概念理解和迁移目标、达成深度理解的评价,从而使大概念教学设计能带领学生由学校走向社会真实生活。事实上,大概念教学设计既可以依据教科书的自然单元进行"再次"开发和设计,也可以根据某一学科或多学科的大概念进行整合重组,形成新的教学单元,即跨学科单元或超学科单元。但无论如何都应该改变传统教学中"课堂教学目标和单元目标→教学活动→教学评价"的思维模式,要让评价先于活动设计,可以在教学活动和目标中间增加"达成评价"或者被称为"评价任务"的环节,避免将目标和学习活动隔离,并进一步达成以评促学。目标是预期的结果,既是出发点又是归宿点。怎么证明达到了归宿点?要根据证据,而证据就要通过"达成评价"来获得。证据既能使目标进一步落地,又能使活动设计进一步完善,让目标和活动黏合在一起,而不是"目标是目标,教学(学习)是教学(学习)",呈现"两张皮"的状态。

第四章 大概念教学目标指向概念性理解

教学目标是教学设计和实施的航标,决定着教学活动的开展,是教学评价的依据。鉴于核心素养的抽象性特征,一些教师在设计教学目标时找不到有效的"抓手",甚至仅仅从其构成的三个方面(科学价值观、必备品格和关键能力)着手,这样的教学目标很难落实。大概念教学为解决上述问题提供了有效方法。教师可以以学科核心素养为基本指向,聚焦大概念理解和迁移应用,即概念性理解,设计一体化的目标体系,但这需要教师以创造性的眼光来撰写目标,要学会分析和拓展,用积极的态度来编写适合自己的教学目标。[①]

一、认知目标的三次飞跃

(一)从一维结构到二维结构

布卢姆认为,认知目标是目标设计中最重要的内容。而大概念教学追求的概念深度理解和迁移应用就是在认知领域发生和丰富起来的。传统的教育目标分类学将认知目标由下至上分为知识、领会、应用、分析、综合和评价六个层级。知识是认知领域的最低水平的学习结果,指对先前学习过程中的具体事实、方法、过程、理论等材料的记忆。领会代表最低水平的理解,是一种初步理解,可能是肤浅

---

① 朱伟强,崔允漷. 关于内容标准的分解策略和方法[J]. 课程·教材·教法,2011(10):24-29.

的,但已经与原有知识产生了联系,主要表现在把握知识材料意义的能力,它超越了单纯的记忆。应用是较高水平的理解,指把学到的知识应用于新的情境,它以知识和领会为基础,包括对概念、原理、方法和理论的应用。分析代表了比应用更高的智力水平,指能够认识不同部分之间的关系,能够将复杂的知识和整体材料分解为不同的组成部分并理解各部分之间的联系和组织原理。综合强调创造力,即形成新的模式或结构的能力,表现为能够将所学知识的各部分重新组合,形成一个新的知识整体。评价是最高水平的认知学习结果,能够对材料(论文、小说、诗歌、研究报告等)按照内在标准或外在标准进行价值判断。这六个认知层级是从记忆到评价的进阶发展,反映了学生智力从基础知识的掌握到高级思维技能的应用和发展的变化过程,后一层级是以前一层级为基础的进一步发展和应用。

后来的学者对布卢姆的教育目标分类法进行了修订,将"认知领域"一分为二,转化为"知识向度"和"认知历程向度",并建立了两个向度之间的连接,使教育认知目标从一维框架飞跃到二维框架(见图4-1),形成指导目标设计和评价开展的二维目标分类学[1](见表4-1)。其中,知识向度包括四类:(1)事实性知识,包括对特定细节、元素或术语的了解,它是科目学习和问题解决的基本元素;(2)概念性知识,包括分类和类别、原理和通则的知识以及理论、结构、模式的知识等结构化知识,它们强调构成结构的基本元素之间的相互关系,是从较大的、复杂的结构的基本元素中抽取共同功能属性而形成的知识门类;(3)程序性知识,即如何解决问题、探究方法、完成某事的知识,包括运用规则的知识、特定学科技能和方法的知识等;(4)元认知知识,是关于认知的认知,即对思考本身的探究,发挥着监控和规范认知的作用,是"知其所以然"的环节。

---

[1] Anderson, L. W. Krathwohl, D. R. A Taxonomy for Learning, Teaching, and Assessing: A Revision of Bloom's Taxonomy of Educational Objectives [M]. New York: Longman, 2001:268.

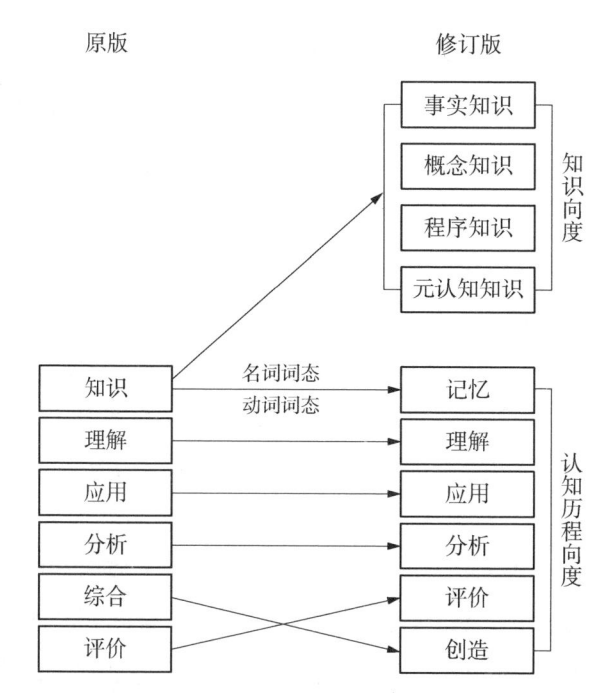

图 4-1 原版与修订版的布卢姆认知领域教育目标分类情形比较

表 4-1 二维目标分类

知识维度	认知过程维度					
	记忆	理解	应用	分析	评价	创造
事实性知识						
概念性知识						
程序性知识						
元认知知识						

根据四类知识的性质,结合学科教学视角可以发现,前两类知识是内容知识,后两类知识是过程技能知识,它们对应的认知方式也不一样。例如,事实性知识对应的动词是"知道""记忆""复述"等;概念性知识相对抽象,需要通过"理解"的方式加以掌握,表现为举例、分类、总结、比较、解释、推断、说明等能力;程序性知识对应的是"分析""应用"等;元认知知识对应的是"评价""创造"等。事实性知识是相互分离的点状存在,表现为碎片化信息,无法建立联结,知识的多少通常用"覆盖面"加以表征,以此为目标的学习方式主要是"死记硬背""题海战术",成为学业负担的重要来源,也无法满足当下社会发展对学生核心素养发展的要求。但修订后的教育目标分类学对认知领域两个向度的划分和四类知识的区分为"概念为本的课程与教学""追求理解的教学设计"的问世奠定了理论基础,打开了实践探索的窗口。

实践中,很多老师不明白"概念"是反映客观对象本质属性的思维形式,具有内涵和外延,往往通过词语或词组来表达,也不理解"概念"和"术语"的区别与联系,把学科概念当作术语标签。例如,把语文学科的"论点""论据"、数学学科的"有理数""无理数"当作术语来教,使得学生的学习过程好像是在反反复复地贴标签找东西,而不是建立概念间的联系,师生对学科知识都似懂非懂。有些教师的教学就是教"教材和参考用书"中的结论和习题答案,并在学期末的试卷上确保学生能答出填空题和选择题的标准答案,并且,为了确保学生获得丰富的客观知识,相应的教学往往面面俱到,甚至不放过一些具体细节。还有一些教师对一些话题或议题进行五花八门的延伸,让学生接触大量与学科"不搭界"的东西,反而失去了专家所谓的"学科味""知识味"。

对过程技能知识进行教学时,教师往往采用的是练习和机械操练的方式,凸显了"知"的一个侧面,而忽略了另一面:认知行为或动作行为。例如,通过教师教学,学生学会了如何写信的程序性知识,但不知道为什么这样写才是正确的,也就是说没有"理解",学生在真正"行"(写信)时难免会出现这样那样的错误,直接原因是教师将"行"放在认知维度之外进行教学,"知""行"没有合一。安德森将认知领域分为知识和认知两个维度,把"知"(名词)和"行"(动词)结合起来,形成动宾结构,如应用程序性知识、理解作者用意等,通过"认知维度的动词+知识维度的名词"来促进学生理解"如何做事情"。也有学者提出用"实践性知识"代替和整合"程序性知识"和"元认知知识",将目标、情境和行动联合起来,这意味着"有能力、知道做什么就是指什么时候、在哪些条件下应该做什么或不应该做什么"。[1]

(二) 从二维结构到三维结构模式

埃里克森和兰宁是多年的同事,都在从事以概念为本的课程与教学研究,前者在1995年提出了知识的结构模型,后者于2013年提出了过程的结构模型,将传统课程的二维结构变成三维结构。知识的结构模型展示了课堂上教授的主题和事实及与其相关联的概念、概括、原理和理论之间的关系,该模型将知识分为三个维度,由下往上排列成五个层级。

(1) 主题和事实。该维度分两个层级,上方是"主题",即笼罩知识片段的内容主题,是教师和学生在教学和学习中围绕的核心议题或中心思想,通常贯穿于整个教学活动,作为统整教学知识和活动的重要抓手,如地理学科的"气候、资源和文化"。在其下方是一些特定的"事实",即特定内容主题下的知识片段、信息或单个案例。这些主题和事实一般无法跨学科、跨文化、跨情境迁移。

(2) 概念、概括和原理。该维度分为两个层级,即概念层级与概括和原理层级。概念是思维的细胞,常常以一个词语来表述、不受时间和地点的影响,具有普遍性和抽象性,可以统领多个实例;其包括宏观概念和微观概念,前者如"变化""系统"等,后者如"教学""历史"等。概括又称概括性知识,是表述两个或多个概念之间关系的句子,如"生态系统中的生物体相互依赖",是由实例支撑的真理或观点。当观点无法"统摄"所有实例或知识时可以使用限定词,如"作者可以使用

---

[1] 斯特兰·奥尔松.深层学习:心智如何超越经验[M].赵庆柏,等,译.北京:机械工业出版社,2017:103-104.

悬念来激发学生探究热情",当然这样会减少概括的力量(解释力和普遍性等)。原理是对概念性关系的表述。相比于概括,原理是上位的,具有相对稳定性、合理性和经过大量实践证明的科学性,是学术共同体智慧的结晶,如牛顿定律、数学公理等,一般不使用限定词,数量较少。这三个要素都是概念性关系的描述,都可以跨学科、跨文化、跨情境迁移,被放在一个三角形中,意味着在课程与教学设计中不必要区分。

(3) 理论。理论是最高层级,它位于最高端,是一个推论或一组用来解释现象及生活实践的概念性关系,但在课程教学实践中很少涉及。

埃里克森提出的"三维知识的结构"模型具有很强的解释力,展示了主题及其囊括的知识和事实、概念和概括、理论这三个维度之间的关系,解释了某一概念是大量事实的抽象概括,教师与学生要经过协同思考的认知和探究过程,建立概念之间的关系,形成跨越时空的概念性理解[①];更重要的是,它解释了大概念的形成过程:将知识和案例抽象为概念,概念之间经过概括后形成概念性关系的理解,即原理和观点,再结合课程与教学规律,进行深度理解就可以形成大概念。大概念的实质是概括性知识,可以分为宏观概念和微观概念两类,前者是跨学科的,后者是指向学科的。[②]

以小学语文"神话"主题为例,教师可以用神话这一主题统领事实性案例,引导学生对女娲补天、后羿射日、嫦娥奔月等神话故事进行学习,让学生理解主题中的人物以及善良、邪恶等核心概念。教师通过情境嵌入和引导,让学生领会神话中人物如何通过自己的行为体现自身的角色和特征,建立知识的三个维度之间的内在联系和内在关系,伴随概念性理解深入,形成概括性知识,即大概念:"神话人物代表了善良或邪恶的形象。"(见图 4-2)

---

① 林恩·埃里克森,洛伊斯·兰宁.以概念为本的课程与教学:培养核心素养的绝佳实践[M].鲁效孔,译.上海:华东师范大学出版社,2018:28.
② 王荣生.事实性知识、概括性知识与"大概念"——以语文学科为背景[J].课程·教材·教法,2020(4):76-82.

第四章　大概念教学目标指向概念性理解

图4-2　知识的结构模型

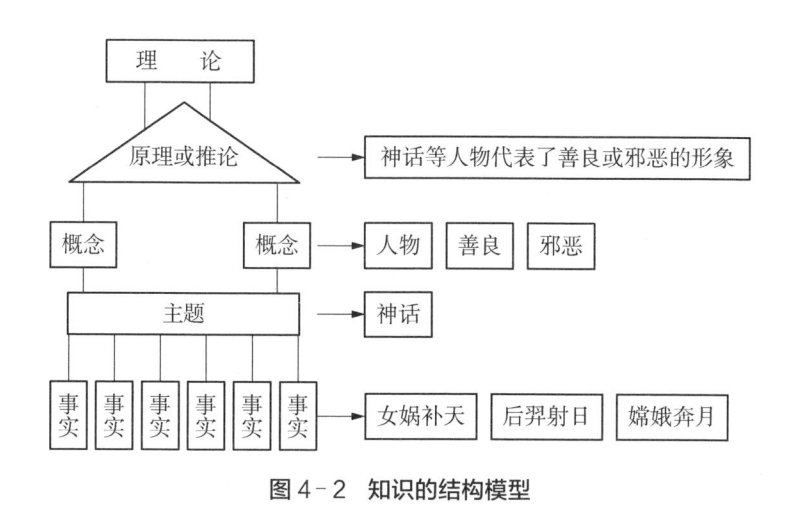

过程结构是知识结构的补充,展示了过程、概念、概括、原理等元素之间的内在联系。在教学中,概念是学生通过某个过程、使用某种策略或技术提取出来的,支持学生的"理解",尽管这些过程、策略和技术只是帮助学生接触与探究学习内容的根据和条件,但其作用不可小觑。该结构模型将过程分为三个维度,由下往上排列成五个层级。下层成分和知识结构模型不一样,但上面两层是一样的(见图4-3)。其中,技能是嵌入策略中的较小的操作或行动,起到支撑策略的作用。策略是实现目标的方案集合,是根据形势发展而制定的行动方针和工作方法。它定义了需要做的事情,一般比较复杂和抽象,包含很多技能。例如,"推断"这一策略需要学生拥有运用背景知识、作出预测和得出结论等技能。过程是产生结果的行动,是连续性的,会经历不同阶段。不同阶段输入的材料、背景、建议、时空等实践情境会改变问题解决或任务完成过程,过程的最终效果取决于适当的策略和嵌入其中的技能的应用。概念和概念性关系是通过过程和技能来表达的,但过程和技能又不能建构起一门学科的教学。因此,过程结构模型的上层也包括概念、概括、原理和理论,以便架构起过程性学科教学。

埃里克森在指导教师开展以概念为本的课程与教学时,采用了"概念—过程

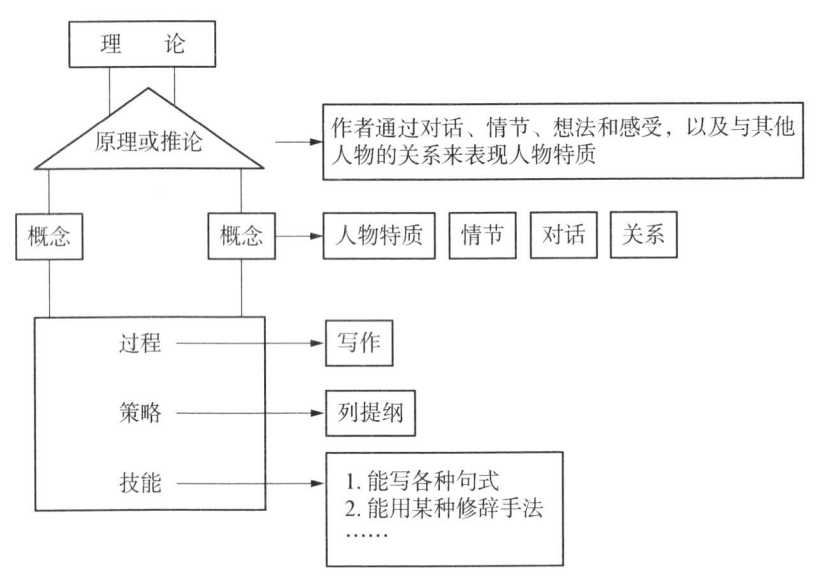

```
         理 论
          │
        ┌─┴─┐
      原理或推论 ──→ 作者通过对话、情节、想法和感受,以及与其他
        │            人物的关系来表现人物特质
     ┌──┴──┐
    概念   概念 ──→ 人物特质  情节  对话  关系
     │
  ┌──┼──┐
  过程 ──→ 写作
  策略 ──→ 列提纲
  技能 ──→ 1. 能写各种句式
           2. 能用某种修辞手法
           ……
```

图 4-3 过程的结构模型

的整合课程单元"①,并认为"对过程中的主要技能和内容知识的理解能够清晰地加以区别"②。从学术角度看,把学习内容区分为内容知识和过程技能这两个方面,或许不够严谨,但有利于教师开展教学设计和教学活动。一是因应学科课程和学习领域的特点。有些学科课程或学习领域,以内容知识为主,是概念主导的,如数学学科;有些则以过程技能为主,如语文学科。这两类课程各有特点,教师在教学设计和活动开展中应该有所区别,从而丰富教学思路。二是有助于解决知识和过程分割的问题。学科内容知识和过程技能是互补的,存有共生关系,犹如双人舞,缺一不可。核心素养导向的课程改革,强调教学的主题设计和实施,阅读、

---

① 林恩·埃里克森,洛伊斯·兰宁. 以概念为本的课程与教学:培养核心素养的绝佳实践[M]. 鲁效孔,译. 上海:华东师范大学出版社,2018:43.
② 林恩·埃里克森,洛伊斯·兰宁. 以概念为本的课程与教学:培养核心素养的绝佳实践[M]. 鲁效孔,译. 上海:华东师范大学出版社,2018:12.

写作、沟通等过程技能需要通过不同学科加以落实。新颁布的课程标准强调以"大概念"组织课程内容,使之结构化,并开展综合学习。如此一来,包括"获取、组织和运用信息""人际关系和社会参与"等在内的社会科学的基本技能,就成了通用技能,也是必备知识。三是凸显元认知策略的重要性,实质性地将其纳入了学习内容体系中。

在传统的知识分类中,"技能"对应的是程序性知识和策略性知识,而忽略了元认知知识。在布卢姆教育目标分类学中,元认知知识、程序性知识与策略性识分属于不同的知识类型,尽管这强调了元认知知识的特殊性和重要性,但其几乎不可能被单独进行教学,必须结合学科知识。元认知知识与体现学科思维方式的程序性知识,在实际运作中相互牵连、彼此交错,理应纳入过程技能,体现其在概念性理解中的价值。

学科在性质上是有差异的,数学、历史、地理等学科一般是研究物质、数量、结构、变化、空间等概念及其内在关系的科学,因此,概念及其关系成为教学的核心内容,一般属于埃里克森所言的"知识的结构"单元范畴,对应的是内容大概念。地理学科中的"天气和气候"就是典型的知识驱动的单元,对应的大概念具有明显的内容趋向,例如,"天气和气候影响着地理环境,使代表的土壤和植被呈现不同特征,形成不同自然带""气候和人们的生活、生产相互影响和制约,改变环境必须建立人地协调观"。

而英语、语文、体育、信息科技等学科没有那么多概念,是过程驱动的,更多的以方法、策略、要素、技能等方面的内容为主,对应的大概念是过程性大概念,多属于过程单元。但其如果没有与上位的大概念联结,很容易被忘记,或被机械使用。这就是我们常说的"授人以鱼,不如授人以渔"。"鱼"被视为知识,"渔"则是技能和方法,但若将"渔"理解为大概念也是错误的。大概念是承载方法的上位概念,是方法论层面的知识,学习"渔"只是过程结构的一个案例,背后隐藏着的大概念是与"工具创新""科技发展"相关的思想和观点。例如,统编版语文三年级上册第三单元"复述故事"就是典型的过程单元,涉及复述故事方法的大概念,如"复述故事是一种再加工过程,在忠于原文基础上可以适当调整,增加情节的生动性"等。

将大概念分为内容大概念和过程大概念方便了教师进行教学设计和实施,但根据埃里克森和兰宁的知识的结构和过程的结构这两类模式,可以发现过程驱动和知识驱动的两类大概念最后都要统一为概念性理解(包括概括、原理、理论),从而打破两者的孤立状态,使得陈述性知识和程序性知识走向一体化。两者统一形成的更加上位的大概念更有利于学生理解概念性关系,从而更有效地培养核心素养。毕竟生活中仅有极少数技能和程序性知识是靠反复修炼才能习得,大部分技能的掌握还是要靠概念、规则和原理进行指导和统筹。

(三) 从知识模式到素养模型

有学者综合了心理学的最新研究成果,构建了一个指向思维技能培养的学习行为模型(见图4-4)[1]。在行为模型的基础上,马扎诺构建了一个教育目标分类的二维模型:第一维是"知识领域",包括信息、心智程序和心理动作程序三个部分;第二维是"心智过程",分为自我系统、元认知系统和认知系统,其中认知系统划分为信息提取、理解、分析、知识应用四个层次(见图4-5)[2]。马扎诺提出,人的学习过程涉及三个主要的系统,即自我系统、元认知系统和认知系统,外加知识这一因素。学生面对一个新的学习任务的时候,首先由自我系统来判断任务的意义并决定是否愿意接受和投入的程度,这是个学习的动机问题。在解决了动机问题并决定投入学习之后,学生会依据已建立起来的元认知系统决定学习的目标、方式和策略,并监控自我学习过程,然后运用认知系统围绕新任务运用存储的具体认知技能,经历认知过程和信息加工等一系列操作并完成学习任务。所有这些都基于学生已有的知识,包括信息、心智程序、心理动作程序三类不同的知识。在整

---

[1] 罗伯特·J.马扎诺,约翰·S.肯德尔.教育目标的新分类学(第2版)[M].高凌飚,吴有昌,苏峻,译.北京:教育科学出版社,2020:12.
[2] 罗伯特·J.马扎诺,约翰·S.肯德尔.教育目标的新分类学(第2版)[M].高凌飚,吴有昌,苏峻,译.北京:教育科学出版社,2020:62.

第四章 大概念教学目标指向概念性理解

个学习过程中，这三个系统与学生已有的知识不断地相互作用，获得相应的学习结果，包括获取新知识、增强学习动机、更新元认知体系、发展认知技能等。

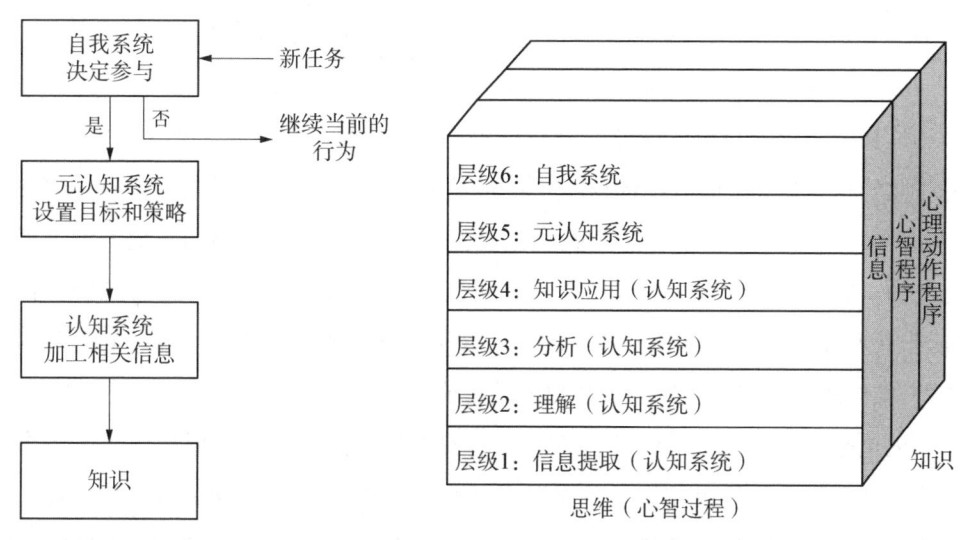

图 4-4 马扎诺和肯德尔的行为模型

图 4-5 马扎诺和肯德尔德的教育目标模型

马扎诺的教育目标的新分类模型，不仅兼顾了多个维度的目标，还试图从学习行为过程角度梳理维度之间的关系。而布卢姆、安德森以及埃里克森等提出的基于目标分类框架中的维度大多是并列关系，没有进行结构化。例如，布卢姆教育目标分类理论包括三个并列的领域：认知领域包括上述我们阐述的六个层次；情感领域包括接受、反应、形成价值观念、组织价值观念系统、价值体系个性化五个层次；动作技能领域包括知觉、定势、指导下的反应、机械动作、复杂的外显反应、适应、创作七个层次。尽管布卢姆教育目标分类理论也内含了认知、情感和动作技能，但它们是并列分离的，彼此之间的交融不够，没有形成整体，在解决复杂问题时无法形成综合作用机制，当然不能满足当下素养培养的需求。因此其只能算作一个教育目标分类框架，而不是一个有机的模型。框架的重要功能聚焦在解

85

释现象,而模型可以阐述问题解决的整个流程,可以迁移到未来的真实生活中,具有预测功能。因此,由框架走向模型是教育目标分类的第三次飞跃。"从技术方面说,模型和理论是允许人们对现象进行预测的系统;而框架则将相关的原则松散地组合起来,以便对特定对象进行描述,但无须对现象作出预测。"[1]

教育目标分类框架强调了理解的重要性,对认知维度进行分层,将大概念理解和迁移应用置于目标的中心。教育模型指向素养,将认知维度植入行为中,还原了真实问题解决的素养结构,因此看起来比较复杂,但更新了我们对目标的认知和理解。素养是建立在人们对真实世界的参与、对自我的认知和对他人的理解之上的。因此大概念教学目标应该指向概念之间关系的理解,包括情感维即对世界、自我和他人的情感、态度和价值观,认知维即对周遭世界和生活境遇的理解和体验,技能维即面对复杂问题表现出的关键能力。

无论是"双基""三维目标",还是"核心素养",它们在课程发展历程中是一个逐步扬弃和超越的过程,而不是相互否定。它们都包含"知识"这个核心的课程和教学内容,"双基"强调知识和技能,知识应用就是技能;"三维目标"中知识和方法一维中也有知识。有人会说核心素养的定义中没有知识,这是一种错误的认识。科学价值观中含有价值知识,必备能力是"能够带着走的知识",没有知识就谈不上品格。也有人说核心素养的问世意味着"三维目标"的过时,这也是一种错误认知。核心素养是固态的"知识与技能"、液态的"过程与方法"、气态的"情感态度价值观"的融合,"三态"构成了核心素养的"底座"。[2] 进一步说,核心素养的三个维度的内涵和"三维目标"的三维是对接的,只不过更加富有整体性和情境性,具有更高的迁移性。

---

[1] 罗伯特·J.马扎诺,约翰·S.肯德尔.教育目标的新分类学(第2版)[M].高凌飚,吴有昌,苏峻,译.北京:教育科学出版社,2020:17.
[2] 杨九诠.三维目标,核心素养的分析框架[J].上海教育科研,2021(1):1.

二、确定大概念教学目标的依据

(一) 中心聚焦：概念性理解

在这一环节,教师的核心工作包括两部分:明确"知道"和"理解"之间的区别、以大概念为视点建立单元学习目标。"知道"一般指向事实性知识和程序性知识(包括一般技能),表现为记忆、复述、识别等底层认知形式,涉及经验性理解。大概念教学中,"理解"是深层次的认知,是学生探求事实或现象背后的意义的结果,指向概念性知识、概括、推断、原理甚至是理论等。例如,"知道"如何修车,说明掌握了修车的技能和方法;但"理解"汽车发动机原理,不仅要掌握方法,更重要的是明白其内在规程和各种作用机制(见表4-2)[①]。正如学者所言:"掌握一个事物、事件或场景的意义,就是要观察它与其他事物的联系;观察它的运作方式和功能、产生的结果和原因以及如何应用。而那些我们称作无意义的事情,是因为我们没有领悟到它们之间的联系……方法和结果的联系是所有理解的核心。"[②]

表4-2 知道和理解

知道	理解
• 事实	• 事实的意义
• 大量的相关事实	• 提供事实关联和意义的理论
• 可证实的主张	• 不可靠的、形成中的理论

---

① 格兰特·威金斯,杰伊·麦克泰格.追求理解的教学设计(第二版)[M].闫寒冰,等,译.上海:华东师范大学出版社,2017:39.
② Dewey, J. How We Think: A Restatement of the Relation of Reflective Thinking to the Educative Process [M]. Boston: D.C. Health: 1993:137.

续 表

知道	理 解
● 对或错	● 有关程度或复杂性
● 知道一些正确的事情	● 我理解它为什么是知识,什么使它成为知识
● 根据所知回应提示	● 我能够判断何时使用或不使用我所知的内容

理解是一个连续统,呈现进阶性的特征,是认知之维、方法之维和意义之维的统一体,具有"累积性、具体性和实践性特征"[1]。在日常生活中,学生结合自身经历,通过初步探索或观察发现事物和现象的某些事实和特征,激活既有经验中有关当前事物的某种观念和特征,就形成了对该事物的某种意义的理解。这种理解通常是一种经验性理解,是事物之间表面的、现象的或功能性的联结,不是指向知识的获取和概念、理论的发展或检验,而是指向实际行动和相应的结果,因此通常无法建立事物意义的普遍性或系统性,容易导致大量错误观念形成、对事物的理解无法迁移、心智僵化和认知教条化等问题。教师需要以既有观念作为假设和工具,引导后继指向特定事实或特征的观察、判断和推理等反思过程,从而让学生形成深度理解,这种理解就是反省性理解。杜威认为:"手段—结果的关系是所有理解的中心和核心。"[2]这里的"关系"具有深刻性,指向在抽象水平上把握事物和现象的普遍性意义,即概念性理解,表现为通过建构概念间关系,从而形成科学的判断和命题。具有概念性理解能力的学生能够超越孤立的、具体的事物或事件以及它们之间表面的、即时的或有限的联系,建构一般性的概念框架和观念,在原理、

---

[1] 杨向东,黄婧,陈曦,苏小兵.论概念性理解——兼及"钱学森之问"的教育破解途径[J].教育发展研究,2022(20):54-68.

[2] Dewey, J. How We Think. A Restatement of the Relation of Reflective Thinking to the Educative Process [M]. Boston: D.C. Heath, 1933:91.

思想乃至方法论层面上把握事物之间的内在联系、机制或变化。①

"概念是一些事物的结晶,表现为一种较为稳定的理解图示,概念里包含着我们对世界的一般理解。"②大概念教学以整体性的主题、项目和情境为统领,将不同学科内容有机结合起来,在基本问题的驱动下,让学生通过完成嵌套学科知识的学习任务,建构深层次、可迁移的心智结构,实现概念性理解能力的培养。概念性理解赋予了大概念教学新的内涵,具体表现在以下几个方面。第一,大概念教学突破了一般心理学意义上的"同化",其机制是"顺应",即通过调整或重新定义原有知识的概念解决(conceptual resolution)和以完全不同的知识结构代替学生现有的知识结构的概念转变(conceptual change)③,而理解的层次性为大概念教学进阶目标设计提供了方向和操作路径。第二,大概念教学通过促进学生的理解性学习与多维知识整合,将学生已有的前科学概念和所接触的新知识与原有认知结构建立实质性联系,深入探究知识和概念背后的思想方法,不仅为概念性理解的发生和发展创造了条件,也有助于促进学习结果发生质变与实现学生精神成长。第三,大概念教学从学生已经掌握的学科核心概念确立学习起点,促进学生的理解水平由解释、领会等浅层理解走向应用、分析、创造等概念性理解;从学科实践的维度组织学习过程,使学生理解水平从经验性走向概念性;以终为始地促进素养导向学习的真实发生,促进学生实现知识的广度、深度和联结的融合。第四,大概念教学把表现性评价贯穿于学生的整个学习活动,在理解评价与理解表现改进之间实现良性循环,所产生的各级各类成果是学生对概念性理解的外显性表征,旨在显示学生概念理解的深度即教育的增值。因而,概念性理解能力是大概念教学的直接目标,也是大概念教学效果评价的依据。

大概念教学旨在发展学生的概念性理解,在方法上应该从表述生活经验进阶

---

① 杨向东,黄婧,陈曦,苏小兵.论概念性理解——兼及"钱学森之问"的教育破解途径[J].教育发展研究,2022(20):54-68.
② 刘徽.大单元教学:学习科学视域下的教学变革[J].教育研究,2024(5):110-122.
③ 袁维新.论基于概念重建的教学模式与策略[J].课程·教材·教法,2007(11):16.

为领悟学科思想；在知识上从观察具体生活实例进阶到建构学科或跨学科概念内涵；在信念上从着意学习体验到濡染科学和人文精神，并从"目标、角色、对象、情境、表现或产品、标准"①等方面进行评价设计，具体体现在以下几个方面。第一，理解事物及其本质。教学要促使学生将外在的、符号化的书本知识通过重构转化为个人知识，这是大概念教学的起点与前提。例如，学生观察到花儿红了，就要结合生物学知识探究花儿为什么红。第二，理解逻辑及思想。教学既要促进学生理解知识产生的背景、过程，表征其形成和存在的样态，以及其内在的逻辑依据，还要理解学科知识背后蕴含的学科思想和内在关系等。例如，学生能够用不同方式证明勾股定理，但会证明不等于理解，他们还需要明白勾股定理究竟为什么会成立以及它的本质是什么。第三，理解关系及规律。人是一种理解性关系的存在，教学既要教会学生理解自身与历史、社会、生活、文化的概念性关系，还需要发挥学生的主体性和创造性，让他们理解和掌握概念产生、形成、变化和发展的规律。例如，我国是一个洪灾频发的国家，这一点很多学生很熟悉，能够举出很多例子，但掌握洪灾发生的规律才是治理的关键。第四，理解他人和自我。大概念教学要引导学生理解自身与生活世界，尤其是与教师、同伴的关系。"一切理解都是自我理解"②，因此对自我的理解也是教学的重要任务，以便实现学生的精神生长，创造新的意义世界。这也是《义务教育英语课程标准（2022年版）》设置人与自我、人与社会、人与自然三大主题情境的依据。第五，理解价值和意义。大概念教学要引导学生以自己理解的知识符号及其内在逻辑和内含思想，结合生活情境，理解各种价值观与价值现象，避免人自身主体的沉沦与异化，进而从在单纯的知识消费中理解知识转向，引导学生通过概念性理解建立起概念与生活的联系，通过学习转换和生成意义。因此，教学中教师要将概念学习与生活价值联系起来。例如，

---

① 格兰特·威金斯，杰伊·麦克泰格. 追求理解的教学设计（第二版）[M]. 闫寒冰，等，译. 上海：华东师范大学出版社，2017：165.

② Gadamer, H.G. & Boehm, G. Philosophical Hermeneutics [M]. Oakland, CA: University of California Press, 1977：55.

教授职业与慈善主题时,教师不仅要让学生掌握这两个概念及其相互之间的关系,形成概念性理解,还要使其明白这两种行为对个人和社会的内在价值。

统整知能目标与转化素养目标是提取大概念的重要方式,反之亦然,解读大概念及其学习要求也是研制单元学习目标的重要视角。例如,教授高中思想政治教材中的"哲学与文化"单元时,教师可以围绕"文化传承"与"文化创新"两个概念之间的关系,通过拓展课堂教学提取学科大概念:"不同文化对于社会和个人的发展会产生不同的影响。"在现代生活中,仍然存在重物质文明,轻精神文明和生态文明的现象,"鸡汤"文化、"短平快"文化等泛滥,一些优秀的文化往往被忽略,基于此,教师提取出学科大概念:"文化发展是融汇古今中外各种优秀资源的动态过程。"教材讲述了对于外来文化有益成果的吸收与借鉴,而课程标准对于该模块的学业要求中也有"继承中华优秀传统文化和革命文化,尊重世界文化多样性,发展社会主义先进文化,增强中国特色社会主义文化的自觉与自信"的表述。教师可以对上述内容加以整合,通过梳理教材内容与解读课程标准提取学科大概念:"中国特色社会主义文化是融通不同资源并符合时代需要的先进文化。"通过分析可以发现这些大概念是通过"统整知能目标与转化素养目标"和"深化学科知识与探寻学科本质"来提取的。反之,教师通过分析并解读这些大概念的学习要求,则可以从知能目标与学科知识的角度建立学习目标:(1)尊重世界文化多样性;(2)了解中国特色社会主义文化的基本内涵;(3)掌握中国特色社会主义文化发展的基本路径;(4)了解不同文化对于社会和个人的发展会产生不同的影响等。从素养目标与学科本质的角度可以建立学习目标:(1)理解中国特色社会主义文化先进性特点;(2)养成中华文化的政治认同;(3)坚定中国特色社会主义文化的自信等(见图4-6)。

(二)进阶延伸:剖析概念性理解层级

学科大概念是一个包含多层次、多维度的复合概念。教师可以通过横向剖析绘制概念网络图,展现学科大概念中所包含的核心概念及其相互关系。

```
                    ┌─────────────────────┐
                    │ 文化传承 + 文化创新 │
                    └─────────────────────┘
             基于学科基础   观照现实生活   基于课程标准与教材
            ↙                    ↓                    ↘
┌──────────────────┐  ┌──────────────────┐  ┌──────────────────┐
│不同文化对于社会和个人│  │文化发展是融汇古今中外│  │中国特色社会主义文化是│
│ 的发展会产生不同的影响│  │各种优秀资源的动态过程│  │融通不同资源并符合时代│
│                  │  │                  │  │  需要的先进文化   │
└──────────────────┘  └──────────────────┘  └──────────────────┘
```

┌───┐
│ 知能目标与学科知识视角   素养目标与学科本质视角   │
│ (1) 尊重世界文化多样性;   (1) 理解中国特色社会主义文化先进性特点;│
│ (2) 了解中国特色社会主义文化的基本内涵; (2) 养成中华文化的政治认同;   │
│ (3) 掌握中国特色社会主义文化发展的基本路径;(3) 坚定中国特色社会主义文化的自信等。│
│ (4) 了解不同文化对于社会和个人的发展会产生不│   │
│ 同的影响等。   │
└───┘

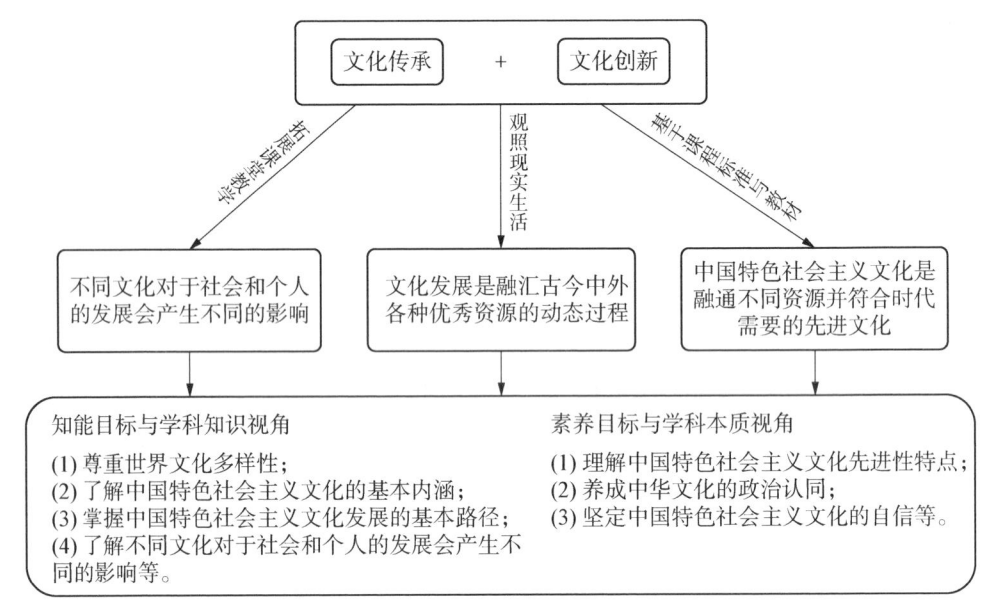

图 4-6 大概念解读生成学习目标路径

  概念网络图所呈现的是核心概念、典型事例之间的一种"平面关系",所表现的主要是认识层面的内容,而概念内含的方法和价值内容往往被割裂了,要想形成完整的概念统一体,需对其进行深层次剖析与解读,使学科大概念呈现出"立体感",为教师围绕学科大概念设计学习目标提供可供攀附的"把手"。因此,要纵向剖析学科大概念及其涉及单元核心概念之间的关系,从而建构学习目标体系,其中存在不同的划分方式,这里我们介绍两种。一种是 KUD 框架。埃里克森和兰宁建立的目标框架使认知目标由二维模式走向了三维模式,通过概念性理解将知识和技能组织了起来,并形成了明确指向概念性理解的课程与教学目标体系,即 KUD 框架。[①] 该框架认为表现性评价是指将单元教学内容及其完成过程统一起来,反映学生知道什么以及利用所知能够做什么。K 代表"知道"(know),展示学

---

① 林恩·埃里克森,洛伊斯·兰宁. 以概念为本的课程与教学:培养核心素养的绝佳实践[M]. 鲁效孔,译. 上海:华东师范大学出版社,2018:85.

生知道的(事实性知识和程序性知识);U代表"理解"(understand),理解的是概念性知识以及概念之间的关系;D代表"能做"(do),体现学生掌握复杂技能以及解决问题的能力。最后,三者的结合能够形成社会所需要的心智(即人之为人的素养)(见图4-7)。KUD框架的核心是"理解",只有理解了才能真正"知道",并付诸行动。在指向概念性理解的大概念教学中,"U"一般是指"理念",位于"知道"和"做"的上位。埃里克森为帮助教师理解KUD框架,还举了一个例子:为了知道(K)美国参与"二战"的原因以及发生的重大事件,学生要做(D)的事情包括通过网络查询相关资料和采访历史研究人员获取相关信息和知识,通过辨别史料真伪、对比其他国家参战情况、按照重要性进行排序,并综合分析和解读,最后形成对概念之间的关系的理解(U):"国际争端会引起政治、军事、经济等方面的权力和利益失衡,反过来,满足战争期间的军事需求可以促进就业、刺激经济。"

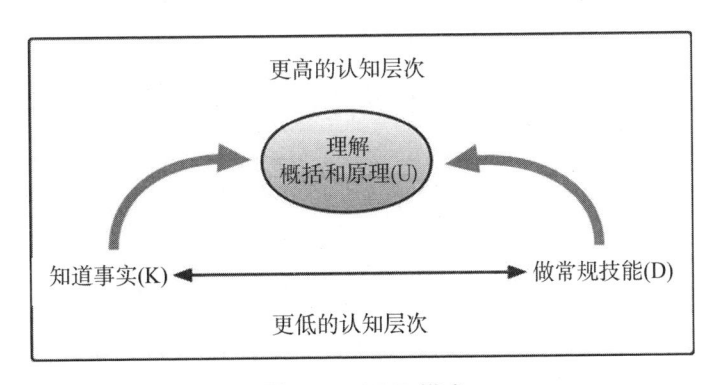

图4-7 KUD模式

另一种是内容的优先次序框架。威金斯等学者在《追求理解的教学设计(第二版)》一书中为我们提供了一个确定了内容优先次序的框架。该框架由三个相互嵌套的椭圆组成,下文将以统计学为例加以说明(见图4-8)[1]。

---

[1] 格兰特·威金斯,杰伊·麦克泰格.追求理解的教学设计(第二版)[M].闫寒冰,等,译.上海:华东师范大学出版社,2017:79.

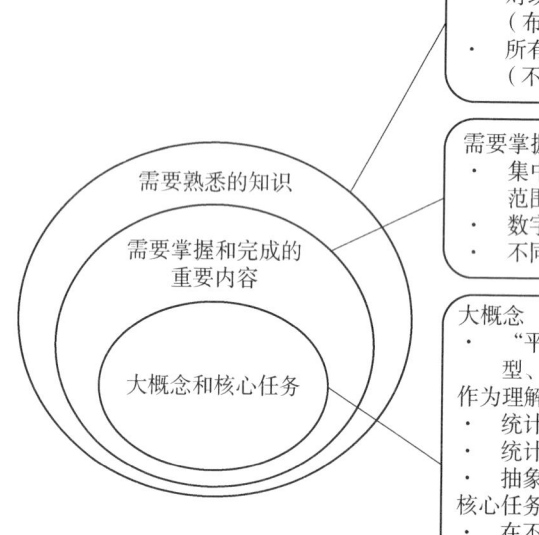

需要熟悉的知识
- 对现代统计学发展有突出贡献的关键人物（布莱兹·帕斯卡和刘易斯·推孟）
- 所有不重要的专有名词，例如：四分位差（不需要对其定义）

需要掌握和完成的重要内容
- 集中趋势的量度：平均数、中位数、众数、范围、标准差
- 数字分布：条状图、线图、箱线图、茎叶图
- 不同的统计公式和技术

大概念
- "平均"、排列、置信度、统计职能、有效模型、可靠数据

作为理解所建构的大概念
- 统计分析经常揭示被证明有用和有意义的模型
- 统计学既能用于揭示，也能用于掩盖
- 抽象的概念可以用统计来建模，如公正

核心任务
- 在不同的真实世界情境中，选择合适的集中量数
- 对真实世界中的统计分析和引起误解的图形进行点评

（同心圆由外至内）需要熟悉的知识；需要掌握和完成的重要内容；大概念和核心任务

图 4-8　明确内容的优先次序

最外层是"需要熟悉的知识"，空白空间表征该领域所有可能存在的内容，如主题、技能和资源等，因此需要整体考察，确定学生应该熟悉和掌握的知识和技能，也即要求学生通过听、读、浏览和研究等方式知晓和了解的内容，如了解对现代统计学作出突出贡献的人，这相当于单元教学中的其他学习目标。中间层是"需要掌握和完成的重要内容"，也就是通过重要的概念、知识和技能（强化与突出）最外层确定的学习内容，使学生能够完成有关理解的迁移任务。其处在"鸡蛋的蛋清层面"，与最内层关系最密切，为最内层提供滋养，相当于核心素养的情感维、价值维和认知维，由支撑大概念理解和迁移应用的知识、技能和概念系列组成，如用来描述数字分布的"条状图、线图、箱线图"等。最内层即核心层，由单元

教学"大概念和核心任务"组成,也即"鸡蛋的蛋黄",处在核心素养的内核地位。教师需要谨慎选择那些指向单元主题意义的大概念,明确处于学科中心的迁移任务,因此大概念理解和迁移应用是核心任务的目标指向,核心任务是大概念理解和迁移应用的载体,两者相得益彰。比如在统计学中有大概念:"统计分析经常揭示被证明有用和有意义的模型",对应的核心任务或关键挑战是:"在不同的真实世界情境中,选择合适的集中量数"或"对真实世界中的统计分析和引起误解的图形进行点评"。按照这种内容的优先次序框架,可以将学生通过学习活动的预期结果按重要程度分为三层:

(1) 学会迁移(学生能自主地将所学运用到……);

(2) 理解意义(学生将会理解……);

(3) 掌握知能(学生该掌握的知识是……,学生该形成的技能是……)。

其中,"理解意义"是关键一层,指向概念性理解与建立概念之间关系的过程,它是"学会迁移应用"的前提,也是统摄"掌握知能"的重要途径。

无论是埃里克森认知目标三维模型,还是威金斯等提出的明确内容优先次序的框架,对我们设计大概念教学目标都有很大启发,但在研究和实践中仍存在一些问题。有学者认为威金斯将预期结果分为掌握知能、理解意义和学会迁移三个层次,存在"实用主义"的倾向,更多适用于理科教学,对于许多目标指向价值观培育的文科教学来说,显得并不那么适合。马超在设计"哲学与文化"单元学习目标时,结合"三维目标"的划分方式,将"政治和文化"单元学科大概念纵向划分为基本知识、思维方法和价值观念三个层次。这样的划分将使文化单元的教学目标制定一方面有基础知识的支撑、思维方法的引领,另一方面又有价值观念的导向,三个层次相互支撑,可以使单元教学目标避免"上不着天、下不着地"的尴尬。[①]

---

① 马超.围绕学科大概念的单元教学目标研制[J].思想政治课教学,2023(10):42-46.

三、如何研制单元学习目标

（一）目标设计模板

1. 基于 UbD(understanding by design,追求理解的教学设计)框架的阶段一开发的简易模板

我们再次回到逆向设计技术 UbD 框架的阶段一：确定学习目标。该阶段需要教师审视官方公布的课程标准的目标，了解教学目标，明确课程实施的期望，需要思考以下问题：

什么是学生应该知道、理解、有能力做到的？

什么样的学习内容值得理解？

我们期望学生掌握哪些大概念以及概念性理解的程度？

为了帮助教师明确学生预期的学习结果，即学习目标，让不同类型的目标同时出现在课堂教学中，威金斯建立了融目标、理解、基本问题、知识和技能于一体的模板。需要强调的是，这里的目标是指向概念性理解的，是正式的、长期的目标。因此，国家课程标准中的内容标准、区域项目目标和学科目标是应该被优先考虑的，并以此为依据统领短期目标。若没有对长期目标及其明确的定位形成一致意见，就无法解答教师应该教什么、不该教什么、重点在哪等实践问题。目前，很多教师在尝试开展大概念教学的过程中，教案上反映的问题主要集中在：课堂教学重点不突出，不会应用学习任务将零散的知识和技能以及情感态度价值观联结起来，对大概念深度理解的重视程度不够，从而无法达成学生的概念性理解能力培养目的等。这也是我们强调研读和聚焦课程标准并进行整体设计教学的原因之所在。

教师可以遵循"以终为始"的方式，按预期学习结果的重要程度对其分层，将上述模板简化为一个基于概念性理解的单元学习目标设计模板(见表 4-3)。结合安德森教育目标分类的两个维度，能够设计单元学习目标设计工具(见表 4-

4),可供教师参考。在目标设计简易模板中,学习目标是按照由高阶到低阶的顺序呈现的,即学习迁移(素养目标)—理解意义(大概念)—掌握知能(即核心知识和关键技能),这样可以让教师有效规避零散目标,不至于陷入东拼西凑不知所措的困境,实现目标与任务的有效对接,不至于偏离素养的航线,尤其能够防止目标设计背离课程与教学的初衷和意义。

表4-3 基于概念性理解的单元学习目标设计简易模板

阶段一 明确预期学习结果		
课程标准规定的核心素养: 1. 学科核心素养内涵如何理解和阶段学习要求是什么? 2. 单元内容标准和任务目标是哪些? 3. 概念性理解和跨学科整体学习目标是什么?	学习迁移	
^	学生能自主地将所学运用到……	
^	理解意义	
^	深入持久理解 学生将会理解…… (大概念和核心概念之间关系)	基本问题 学生将不断思考…… (主要指向单元概念之间是什么关系)
^	掌握知能	
^	学生该掌握的知识是……	学生该形成的技能是……

表4-4 单元学习目标设计工具

目标类型	目标描述	知识维度	认知维度
迁移性目标			
理解性目标			
知能性目标			

教师要设计教学目标，首先要确定目标研制的标准。很多学者和一线教师就此提出了很多主张，积累了丰富的实践经验。我们再次强调解析课程标准的重要性，是因为课程标准本身除了是学习目标的直接来源，还可以促进教师将预期学习结果聚焦于大概念和核心任务的视野。国家层面出台的有关学科核心素养和内容标准的课程政策文件已经为单元学习目标确定了方向和基准，为运用大概念设计单元学习方案提供了目标指向并进一步指出学生需要达成的大概念学习要求：理解大概念并将其广泛地应用于其他情境中，从而实现上位目标。但在单元学习目标设计阶段，教师还需要从这些既有目标中进一步细化和确定学习过程中应该渗透与达成大概念理解和应用的具体学习要求，并根据学情分析进一步确定未尽或可以拓展的单元学习目标体系，借助单元学习中的基本问题这一纽带将其与大概念学习要求整合在一起。

例如，世界地理部分的学科学习标准围绕大概念："一个地区的地理、气候和自然资源会影响其居民的生活方式、文化和经济"，相应的基本问题是："你生活的地方是如何影响你的生活和工作的？"这样的解析为教师本人提供了一个更大的概念视角，促进学生完成核心任务："探究和比较不同地区的相关内容"，并通过特定案例探究让学生建立概念性理解，形成概念和情境迁移能力。[1]

基本问题具有明确指向性和驱动性，促使学生自觉拓展学习深度并进行深入思考，联结已有知识、技能和学习经验并产生情境性迁移，深化对大概念的理解。基本问题解决就是学生达成大概念学习要求需要的所知、所能、理解、所成。所知即学生通过学习过程掌握必要的知识，所能即掌握必要的技能，理解即形成完整的概念体系并构建意义，所成即形成必要的情感态度价值观。这样，以大概念为核心，核心素养、学科核心素养、内容标准、大概念的学习要求、基本问题、单元学习目标之间在逻辑上形成互动的迭代关系（见图 4-9）。但单元学习中的基本问题应以学生容易理解的语言进行表述，且数量要适宜，太多，就削弱了学习焦点，

---

[1] 格兰特·威金斯,杰伊·麦克泰格. 追求理解的教学设计(第二版)[M]. 闫寒冰,等,译. 上海：华东师范大学出版社,2017:67-77.

甚至成为负担；太少，就不能兼顾学习内容覆盖面。①

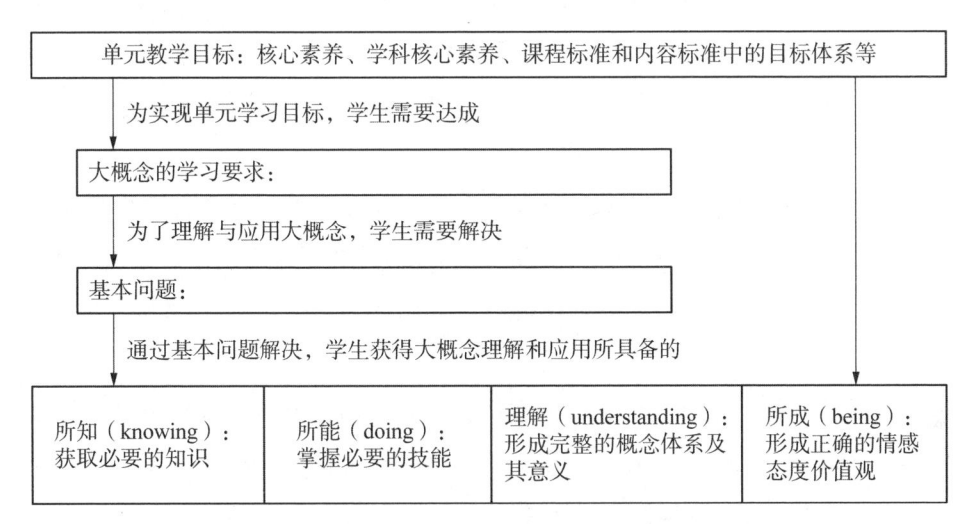

```
┌─────────────────────────────────────────────────────────────┐
│ 单元教学目标：核心素养、学科核心素养、课程标准和内容标准中的目标体系等 │
└─────────────────────────────────────────────────────────────┘
    ↓ 为实现单元学习目标，学生需要达成
┌──────────────────────────────┐
│ 大概念的学习要求：                │
└──────────────────────────────┘
    ↓ 为了理解与应用大概念，学生需要解决
┌──────────────────────────────┐
│ 基本问题：                       │
└──────────────────────────────┘
    ↓ 通过基本问题解决，学生获得大概念理解和应用所具备的
┌──────────────┬──────────────┬──────────────┬──────────────┐
│ 所知(knowing)：│ 所能(doing)： │ 理解(understanding)：│ 所成(being)：│
│ 获取必要的知识  │ 掌握必要的技能 │ 形成完整的概念体系及其意义 │ 形成正确的情感态度价值观 │
└──────────────┴──────────────┴──────────────┴──────────────┘
```

图 4-9　各层面目标的内在逻辑

统编版语文九年级上册第三单元选编了一组古代诗文名篇(《岳阳楼记》《醉翁亭记》《湖心亭看雪》《诗词三首》)，内容主题聚焦"自然山水""志趣抱负"，但在情感寄托上各有特色。语文课程标准要求是："阅读表现人与社会、人与他人的古今优秀诗歌、散文、小说、戏剧等文学作品，学习欣赏、品味作品的语言、形象等，交流审美感受，体会作品的情感和思想内涵，尝试写诗歌、小小说等。"单元导读要求："感受自然之美，领略历史文化底蕴；描写景物抒发情感的同时，也表达作者的政治理想和志趣抱负；体会古人寄托于山水名胜中的思想感情，感受他们的忧乐情怀。"基于此，教师可以基于山水文言文本质特点，在兼顾山水类文言文的人文要素——"个人情志"和语文要素"诗意化语言"的同时，提取大概念：古代文学作品是传统文化传承的载体，也是古人精神世界的映射。根据大概念，教师可以提炼本单元的基本问题：古代文学作品怎样作为古人精神与文化的关键载体，发挥

---

① 李学书,胡军.大概念单元作业及其方案的设计与反思[J].课程·教材·教法,2021(10):72-78.

其独特价值？本单元大概念学习要求是识别本单元诗文中的传统山水文化、节日民俗等元素，阐述其作用；对比古今山水诗文，总结传统山水文化的传承与演变特点；梳理范仲淹等作者的人生境遇，分析其家国情怀与志趣；结合自身，感悟古人对人生宇宙的哲思；辨析借景抒情等手法，分析其在文中的效果；运用这些手法，完成片段写作与记叙文或散文创作。

大概念和基本问题将单元文本的语言、情思、文化及其当下意义统整起来，让单元教学不再处于游离状态，有利于以问题解决导向，促进学生学习。但基本问题和大概念具有抽象性，不能以具体的行为推动认知发生。因此，教师还需根据两者设计如下单元学习目标：

（1）掌握本单元文言文中丰富的实词含义和虚词在不同语境下的用法，构建系统的文言词汇知识体系，熟练运用文言文特殊句式，增强语言的表现力与文化底蕴，提升语言表达的准确性与灵活性；

（2）归纳古人精神传承的脉络，有条理地阐述自己对作品思想内涵的理解，提升思维的深刻性与批判性；

（3）感受古典文学语言的音韵美、节奏美和意境美，体会文学语言独特的艺术魅力，理解古代文人独特的审美情趣，提升审美感知和审美鉴赏能力，在实践中展现对古代文学审美内涵的理解与创新运用；

（4）深入理解古人的道德追求与人生智慧，树立正确的文化价值观，将古代文学作品中的文化内涵与现代生活相结合，提升文化传承与创新的责任感与使命感。

2. 素养导向的单元目标设计模板

刘徽教授认为单元目标是学生的预期学习结果，预期学习结果是结构化的素养目标，她在此基础上建构了由四部分组成的目标设计模板（见表4-5）。表格最上层是素养目标，是对单元教学目标的整体描述，回答的问题是"学完这个单元后，学生具备什么样的素养"，其主要内容来自课程标准的相关规定及对其内涵的解读，在单元目标体系中发挥系统引领作用。第二层面是单元大概念，包括学科大概念和跨学科大概念。从本质上讲,大概念教学是通过促进学生理解概念性关系,解决真实问题的教学形态,因此,素养目标是建立在大概念理解之上的。第三层面是具体单元目标,分为"情感维""认知维""技能维",但实践中应该将这三者融合起来进行撰写,这一层面是对大概念细化后形成的单元目标,两者是呼应的。这也是将两者做成关联表格的用意。第四层面是其他具体单元目标。这类目标一般是不能与大概念形成对应关系的具体单元目标,大多是简单的知识和技能,如识字、计算等,通过简单训练和练习就可以达成,而不需要理解过程。①

表 4-5 素养导向的单元目标设计模板

素养目标		
学生在今后学习或真实生活中能够具备……素养		
层面	单元大概念	具体单元目标
跨学科层面	大概念 1:…… 学生将会理解……	1.1 情感维(学生具备……的意识) 1.2 认知维(学生将知道……,理解……) 1.3 技能维(学生能够做到……)
	……	……
学科层面	大概念 1:…… 学生将会理解……	1.1 情感维(学生具备……的意识) 1.2 认知维(学生将知道……,理解……) 1.3 技能维(学生能够做到……)
	……	……
其他具体单元目标		
学会操作……;学会……动作;会写……;熟练掌握……计算;认识生字……		

---

① 刘徽.大概念教学:素养导向的单元整体设计[M].北京:教育科学出版社,2022:160-162.

(二) 掌握单元学习目标研制要素和环节

单元目标回答的是:"学生做什么事?""根据什么标准来做?""做到什么程度算合格?"通过上述分析,教师可以基本厘清大概念单元目标结构要素:素养目标、一般目标(即单元大概念)、具体单元目标和其他具体单元目标。目标撰写的基本公式即构成因素是:具体单元目标＝主体(学生,常省略)＋条件或情境(介词短语或副词)＋表现(指向理解的动词,可测量、可量化)＋内容(大概念理解和应用)＋(理解)表现程度(量词或副词词组等)。目标的行为主体,即单元学习的行为主体是学生不是教师,阐述为学生学到了什么,而不是教师教了什么。不要用"使学生……""让学生……""提高/培养学生……"等句式描述。例如,学习《山行》这首古诗时,若单元目标设定成"播放古诗的动画,帮助学生准确识读生字,感受秋景的美好和作者的思想情怀"就有问题了,因为主语是教师而不是学生。具体单元目标研制一般按照以下步骤:解析课程标准,明确上位目标——统整教材内容,明确单元定位和目标行为内容——聚焦学情分析,确定单元教学目标的"行为条件"——确定理解性动词,描述学生"行为表现"——应用学习进阶,区分单元目标的行为表现程度——一体化统筹,完善与整理单元目标,这一过程也是教师在实践中反思、调整、深化自己的认识的过程。

为方便教师撰写大概念单元学习目标,我们建构了单元目标的五要素表格(见表4-6)。

表4-6 大概念单元目标设计的五要素

目标要素	要素内涵	内涵表述举例
行为主体	学生	学生,但表述时常省略
行为条件/情境	情境、方法、手段、过程、经历等	• 借助工具书/查阅资料/…… • 通过调查/实验…… • 分组讨论/角色扮演……

续 表

目标要素	要素内涵	内涵表述举例
行为内容 (指向大概念)	核心素养 学科本质 核心知识、技能和概念	● 科学知识和操作技能 ● 情感、态度、价值观表达 ● 探究过程、方法 ● 思维特征
行为表现(动词)	水平一(知道,K)	● 识记、背诵、感受……
	水平一(理解,U)	● 感知、概括、发现……
	水平一(运用,解决问题,D)	● 掌握、分析、解读……
	水平一(综合,养成品质,Be)	● 鉴赏、评价、体验、推断……
表现程度	结果性目标	● 记住、知道、说出…… ● 设计、推断、欣赏、探究……
	体验性目标	● 认识、感受、确立…… ● 品味、领会、研判…… ● 生成、历练、培养、……

步骤一:解析课程标准,确定上位目标

解析课程标准是研制单元目标的前提性工作。在素养导向的课程改革背景下,以单元为视角解读课程标准可为教师设计单元目标提供整体背景,更好地表征课程标准在目标设计中的价值和意义;提炼出单元设计所需要的大概念,以便统领单元学习任务;在对大概念进行理解和应用中明确其学习要求,从整体上看待与把握单元教学及其目标和方法等内容。但课程标准解读是一项专业性很强的工作,首先,教师需要借助专家的解读,调用自身的知识储备和教学经验,理解标准中规定的单元课程性质和定位、核心素养内涵和要求,明确或提炼单元大概念及其学习要求,等等。尤其要在研读课程标准过程中画出描述学生的"行为动词"、应掌握的"核心知识和概念",以及表现程度的"形容词和副词"等,通过对这些关键动词进行解读,揭示其基本内涵和相应的行为动词,分析内涵的知识、技能、概念等内容并进行拓展,从而获取更具有针对性的系列动词以及提炼相匹配的行为内容或核心概念,形成目标描述的架构:行为动词+核心知识和概念+程度。其次,在设计教—学—评一体化课程教学和单元学习时,教师需要结合课程标准规定的内容和评价内容,通过学科核心素养的"降维"与知能目标的"升维"相结合的方式,提炼大概念并通过"指向理解的动词+大概念名称及其统摄的子概念等"这一架构方式,结合教材和学情分析,明确学习要求,从而形成以大概念为代表的单元一般目标,如"领会古诗词中的意境"。再次,关注与解析不同阶段学业内容要求和学业质量要求中有关学生行为表现和相应内容的描述,解读其精髓,在参考布卢姆教育目标分类法(修订版)、韦伯深度知识理论和马扎诺教育目标分类法的基础上,通过"情境+所能+应知"的方式撰写单元知能目标,如"结合实例,描述数字地图和卫星导航系统给人们生活带来的便捷"。一般目标和知能目标等经过加工与整合就能形成单元目标体系。

这里需要强调两点。一是精炼大概念。上面我们说过大概念不是单元主题,也不是一般意义上的概括,而是一个学科最为精华的存在体,具有很强的可迁移性,随着时间的推移能被应用于学校以外的新情境以及许多其他的纵向学科内情境和横向学科间情境。① 鉴于单元容量有限,大概念要符合主题意义,且统摄力要适中。如八年级物理的"重力"单元,如果大概念围绕"万有引力"展开就容易忽视对"重力"这一主题之意义的深入探究,增加学生理解难度。当然也可以基于"万有引力"的共性,选择生活中的相关现象开展探究,利用大概念派生方法提炼与"重力"相关的大概念。"精炼"意味着体现理解深度,反映专家思维方式。例如,"沙漏是一种计时工具"就不能反映专家思维方式,无需深度理解,则不能作为大概念。二是厘清大概念的学习要求。大概念是对概念之间关系的描述,反映学生

---

① Erickson, H. L. Stirring the Head, Heart, and Soul: Redefining Curriculum and Instruction [M]. Thousand Oaks: Corwin Press, 1995:221.

对单元整体意义的理解,但其名称或呈现方式往往是一个词或词组,需要在其前面加一个行为动词,以此表现其学习要求,进而转化成为学习目标。例如,"系统"是一个超学科大概念,相应的学习要求包括"记忆系统的内涵和特征""应用系统思维分析问题"等,这样就可以联结大概念学习要求的知能目标。

步骤二:统整教材内容,明确单元定位和目标行为内容

教材是单元设计和教学实施的主要载体,内含学科课程标准规定的理念和目标。当前的教材也是以单元为主体编制的,但需要教师结合课程标准规定的学业要求,进行学情分析,整体把控与分析教材内容,明确单元教学在学科核心素养培养中的定位。最重要的是,教师需要明确单元主题意义和阶段目标指向什么,统揽整个单元教学的核心内容(包括章节划分和前期教学储备、后续教学内容要求等),借助教材中的"单元导语""学习提示""配备练习"等素材,将学习任务、核心知识和相应概念体系结合起来,明确它们与核心素养的内在关系,确定相应的大概念,借此确定单元目标的行为内容。

统编版语文高一必修上册第二单元的主题是"劳动光荣",收录的六篇作品包括三篇人物通讯、一篇新闻评论和两篇描写劳动的古诗。本单元在整个高中语文教学中的作用是承上启下。"单元导语"对媒介素养的形成提出要求,并指出要从不同角度彰显劳动的伟大意义,体现对劳动精神的传承和发展。"学习提示"部分则针对具体课文提供了基础性的阅读理解,并对学习方法和学习资源等提供参考建议。单元学习任务是围绕"劳动光荣"的主题研讨,指向培养实用性表达与交流能力,在此基础上可以明确单元教学目标的行为内容[①]:

(1)正确的劳动观念;

(2)通讯的报道角度;

(3)事实与观点之间的关系;

(4)新闻评论的观点和阐述观点的方法;

---

① 高翀骅,王纪田,于海生.素养导向的高中语文单元教学目标的研制与表述[J].基础教育课程,2023(6):24-33.

(5) 新闻的报道立场；

(6) 媒介素养；

……

这些行为内容本身就由一些概念组成，是各种关系的核心，又是使事实变得容易理解和有用的一个个概念锚点，但它们本身不是目标，而是构成目标的基本元素，借助动词和相应的条件副词或状语加以链接就成为具体的单元目标。例如，将"事实与观点的关系"与"理解"联系起来，形成"结合教材内容，理解事实与观点的关系"这一目标。

步骤三：聚焦学情分析，确定单元教学目标的"行为条件"

学情分析是设计单元目标的重要基础，也是所有学习任务和活动设计的基本保障。因此，教师不仅要专业地解析学科课程标准，熟练地驾驭教材，更要真正了解学生已有的知识经验、心理认知基础、生活经历、学习能力和风格以及学习资源等特点，从而将目标确定在学生的"最近发展区"，明确目标达成的行为条件，从而开发出适用于不同领域、不同学科的不同学习任务。学情分析的方法包括教师的日常观察、部分学生的访谈、数据调研和作业批改等。

行为条件表明学生达成学习目标的特定限制条件，即在什么条件或情境下、在什么范围内以及借助什么辅助手段完成指定的学习任务。"有时单靠行为动词无法将目标清晰地表达出来，因此需要一些附加限制条件，如学习情景、工具、时间、空间等的规定"[①]。常用的句式包括："通过小组调查和讨论后，制定……""借助小实验，体验……""用所提供的材料探究……"，等等。大概念教学中的条件和情境应该是开放的、逼真的，这样有利于学生深入进行概念性理解。

可以从沪教版《体育与健身》教科书中提炼出"足球：传接球—防守及基本战术组合"这一单元，以"健康第一"为理念，教科书中有关足球的教学内容包括传接球、个人防守技术和基本战术配合等。阶段学习要求是进一步提高学生足球基本

---

① 崔允漷.教学目标——不该被遗忘的教学起点[J].人民教育,2004(Z2):16-18.

技术,提高战术应用能力和团队配合的意识;促进学生身心发展,激励学生积极主动探索,逐渐培养学生创新思维能力;在掌握了核心技术的基础上,深入到真实的对抗比赛中,能够合理运用两人间配合,提高学生灵敏度和速度力量等体能。授课对象是八年级学生,他们的身体处于发展速度力量和爆发力的起步阶段,乐于接受新鲜事物,敢于自我挑战;通过在六、七年级的足球学习,已有了传接球技术基础,但对基础战术配合了解不多,在实战中配合的运用较少;部分同学基本脚型不固定,存在传球准确率不高、传跑时机把握不好等问题,需要在学习中不断改正提高。基于以上定位解读和学情分析可以确立大概念:"防守是进攻的基础,恰当防守能够阻止对手的进攻,赢得自己的进攻机会",基本问题是:"如何选择合理的防守方式有效阻止对手的进攻从而取得比赛胜利?"综合考虑,以下"行为条件"可以进入单元目标:(1)在了解足球基本文化、基本技战术和足球裁判基础知识的前提下,能够熟练运用足球传接球技术和防守技术,提高局部攻防战术配合能力和团队精神;(2)根据球队和对手特点明确分工、安排恰当的防守组合;(3)在对抗和比赛中自觉遵守运动规范和比赛规则,并将遵规守纪的习惯迁移到生活之中……

步骤四:确定理解性动词,描述学生"行为表现"

大概念教学要求教师围绕大概念设计挑战性基本问题,继而围绕问题解决设计单元学习任务和活动,并结合学生可能会遭遇的难点设计引导性问题,促进学生在完成学习任务的过程中选择、运用、调整、生成方法并组织学习资源,这些行为历程也就是教学目标中的行为表现。

素养导向单元目标指"理解了什么"而不是"学了什么"。目标的撰写要围绕大概念理解和迁移应用,用"能认出……""能解释……""能设计……""能对……进行评价""根据……对……进行分析和解读"等"使能"动词表述。而传统的行为动词"掌握""了解"相对来说比较模糊、笼统,虽然表达了学生的内部心理过程,但往往难以检验。相对而言,"分析""说明""解释""认/说出"等行为动词意义明确,表明"理解"程度,且易于观察和检验。用可观察、可操作、可检测的行为动词来表述单元学习目标是课程标准规定的,也是素养目标与评价有效对接的方法。"不同类型的目标所使用的行为动词不同……目标表述所使用的行为动词代表可观察的学生的行为表现。采用不同的行为动词,可以拉开目标达成的档次,区分实现目标的层次。"[1]下面表格列举了情感、认知和技能三类目标的行为表现和案例(见表4-7)

表4-7 情感、认知和技能三类目标的行为表现和案例

维度	水平	动词或关键词	事例
情感目标	接受	愿意或不愿意、体会、重视、关注……	重视……问题;体验……效果
	反映	主动或被动、好奇或厌恶……	对……产生好奇和欲望;主动……
	价值	自觉或不自觉、个性、主体意识、价值观……	不自觉地将……;具有……意识;形成……观念
	……		
认知目标	低阶	列举、记住、再认……	记住……单词;背诵……古诗;模仿样例……
	高阶	推断、理解、解释、比较、归纳、应用……	理解……原理或复杂现象;比较区别
	元认知	自省、反思、评价、总结……	提炼……要义;用SWOT工具对……评价
	……		

---

[1] 李冲锋.确定语文教学目标要以学生的语文学习为中心[J].云南教育(中学教师),2020(3):46-48.

续 表

维度	水平	动词或关键词	事例
技能目标	单一	操作、观察、使用……	观察……现象;使用实验仪器
	决策	选择、决定、预测……	选择……路径;预测……趋势
	创作	设计、建构、规划……	设计一个旅游方案;应用……进行职业规划
	赏析	欣赏、辨识、对比……	批判地欣赏鲁迅的作品;比较两类事件性质
	探究	调查、发现、解决问题……	通过调查发现……;解决……困惑
	……		

例如,可将语文单元学习目标确定为:"汲取经典中的思想智慧,从不同的角度思考传统文化的现代价值,选择合适的说理方式表达自己的观点",其中,"汲取""选择"等动词明确、具体,且主语是学生,"从不同的角度""选择合适的说理方式"等状语描述的则是目标中的条件。

步骤五:应用学习进阶,区分单元目标的行为表现程度

学习进阶作为当代基础教育科学课程改革的核心理念,是对学生连贯且逐渐深入的思维方式的描述,表现为学生对大概念理解的逐级深入和持续发展的过程。大概念单元目标设计可以借助该理论,使教师深刻认识到单元目标不应只是对课程标准规定的理念和目标、教材编排中的学习目标的简单线性排列,而是需要借助一体化的目标,深度整合学习内容和任务,有效避免仅关注目标要素的逐一梳理罗列。同时,教师要关注学生知识运用能力、学习能力的进阶,体现出各项目标间的层次关系,而不能无视学生素养发展的层级性、阶段性和连续性特征。

行为表现程度意味着大概念单元学习目标需要明确完成相应的学习任务后

学生所达到的表现水准,借此评价或测量学生学习成效,即大概念理解的程度。这种水准或程度一般可以通过行为本身的进阶性或借助副词和状语句子这两种方式加以表述。前者可以参考以下三种方式:一是 KUD,即"知道""理解""做";二是逆向设计中的"掌握知能""理解意义""迁移应用";三是对三维目标的升维改造的"情感维""认知维""技能维"。这些维度划分只是为了方便教师理解,帮助他们明确任务撰写的方向,实际撰写中应该将它们融合起来而不是泾渭分明地截然分开。

例如,高二思想政治必修 4《哲学与文化》中的单元进阶目标的设计可以借鉴 KUD 模型中的"知道""理解""做",描述具体行为表现(见表 4-8)。

表 4-8 高中思想政治必修 4《哲学与文化》中的单元进阶目标

	大概念:文化发展是融汇古今中外各种优秀资源的动态过程
知道	(1)了解文化多样性的表现及其发展的基本路径;(2)掌握中华优秀传统文化和民族精神的内涵与表现
理解	(1)意识到中华文化和中华民族精神的重要性,认同中华文化和中华民族精神;(2)分析文化是不断发展的动态过程,树立与时俱进的观念;(3)尊重外来文化和文化多样性,树立文化平等意识,自觉推动文化交流与交融
做	(1)用一分为二的观点看待传统文化和外来文化;(2)坚持用矛盾普遍性与特殊性的辩证统一的观点看待文化的世界性与民族性的辩证关系;(3)用发展的眼光全面地思考文化发展要融汇各种资源

理解目标的行为表现程度可以采用"详细地写出……""正确地说出……""客观评价……""根据/选用/……原则/工具"等进行描述,这样就限定了理解目标水平的表现程度,以便加以检验。例如,《义务教育艺术课程标准(2022 年版)》中有一条学段目标:"能运用身体语言,感知、体会、有创意地表现不同体裁和风格的舞

蹈,提升艺术表现能力。"其中,"运用身体语言"是理解行为表现条件;"表现"是理解行为本身;"不同体裁和风格的舞蹈"是行为内容;"有创意"是理解行为表现程度;"提升艺术表现能力"是目的,也是理解表现程度。

步骤六:一体化统筹,完善与整理单元目标

单元目标设计的完成只是单元教学的开端。但作为一种假设,单元目标是处在变化之中的,而不是凝固的、静态的,与教学设计和实施之间有着复杂的辩证关系。单元目标在具体的教学设计和实践中,应基于大概念的一般目标,但绝不能对其照抄照搬,需要时时以单元教学目标为"锚点",确保"教—学—评"一致,共同促进学生发展核心素养的落实。值得一提的是,布置作业时应避免围绕已经达成的单元目标进行设计,否则会增加学生的课业负担。另外,教师应该处理好单元目标的预设与生成的关系,在整体设计的基础上适时适当地超越,并在实践过程中不断探讨、修正与完善。

教师要有大概念视野,否则目标撰写就会出现误区,导致目标过高、过低或偏离。目标过高主要表现在将单元目标等同于学科核心素养或大概念。例如,基于大概念的合作式教学中大部分教师会直接把"合作能力、批判性思维"作为目标,但这其实是核心素养目标,如果教师忽略了将其转化为大概念的学习要求,没能结合学科教学内容和重点对其进行细化,那么就会导致可操作性变差,实践中自然会引发问题。目标过低表现在将核心素养降格为知能目标,或者将目标局限在课时、单个主题或项目中,忽略大概念以及跨学科概念性理解的跨学科性、跨领域性。目标偏离最主要的表现是脱离学科和内容,更有甚者,直接将学习任务或活动视为单元目标,如"写500字短文"等。在实践中教师要把有限的时间放在关键的素养目标上,聚焦单元大概念理解和迁移应用。

学习具有培养学生核心素养、评价和诊断学生高阶能力的多重功能。因此,教师如何设计与实施体现核心素养导向的学习目标,不仅是落实新版义务教育课程标准的难点所在,也是落实"双减"政策的关键。鉴于核心素养的抽象性和发展性特征,对其达成度的判断需要通过表现性目标加以体现。表现性目标指向学生采用模仿的方式或创造性地完成学习任务的过程和结果,是与表现有关的开放性目标,聚焦学生的动作表现,借此可以描述学生核心素养的达成度,主要应用于艺术、探究操作、学科实践等领域。表现性目标水平主要包括复制和创作,分别通过相应的行为动词和行为对象进行设计和描述(见表4-9)。[1]

表4-9 表现性目标的设计和表述案例

目标水平		行为动词	行为对象
复制	按照教师提示重复某项活动,根据现有资源复制某项产品、作品或创造活动,按要求利用多项简单技能从事某项任务等	从事、做、说、画、写、表演、模仿、表达、演唱、展示……	背唱歌曲、复述课文……
创造	根据提示从事某项复杂的创作,按自己的思想和已有资源完成某项任务,利用多种技能创作某种产品等	设计、制作、绘画、涂染、编织、雕塑、收藏、编写、创作……	绘制童装、设计效果图……

---

[1] 吴刚平,郭文娟,李凯.课程与教学论[M].上海:华东师范大学出版社,2023:78.

第五章　基本问题是通向大概念的航标

如何充分结合学生生活中既有的经验，将学校所学知识、技能和概念等迁移到真实问题解决中去，防止学生孤立于生活之外，一直以来是教育领域的一大挑战。因此，核心素养导向的课程与教学改革提倡基于问题的学习、项目化学习和跨学科整体学习等，要求教师要充分把握问题解决的机制，培育学生有效地运用知识和概念解决真实问题的能力。大概念教学的理念和模式利用基本问题激发学生探究欲望，促进大概念理解和迁移应用，通过复杂问题解决打破学校教育和现实世界的隔离。

一、问题是什么

将学生置身于真实的问题情境，促进其在完成项目任务或分析和解决问题的过程中产出实际成果，从而接触、掌握与理解学科或跨学科的大概念和原理，是新版义务教育课程方案和课程标准提出的要求，也是基于问题的学习（problem-based learning）、基于项目的学习（project-based learning）、基于设计的学习（design-based learning）等教学模式或教学方法践行的学习理念。

（一）基于问题学习中的三类"问题"

传统教学认为，学生只有掌握所有内容才能应用所学知识解决问题。基于问题的学习范式颠倒了该顺序,认为学生解决有意义问题的过程就是在掌握学习内容。[①] 这里的"问题",对应英文中的 problem(难题)、question(提问)、doubt(困惑)、trouble(麻烦)、issue(有争议的议题)等词汇。基于问题的学习主要有三种问题模式:一是解决真实情境的实际难题(problem),二是聚焦社会和个人的议题(issue),三是解释自然现象中的困惑(doubt,trouble 等)。在教学领域,很多问题含义各异,导致在具体做法上产生了诸多不同的教学模式或教学方法,但这些问题都具有核心性、整合性、开放性和意义性等特征,都强调把理解现实生活中的真实任务作为学习和教学的驱动力,都需要通过真实学习任务完成加以解释或解决。

1. 解决真实情境的实际难题

问题,指难题或障碍。在教学中,学生需要能够解决真实情境的实际难题和工作或学习中的困境,侧重于问题分析和解决方案的提出,遇到的主要是决策性问题,大致可以分为两大类。

一是学生体验到的真实困惑。例如,小学生通过观察发现水往低处流,人在雨天总是滑倒到地面等现象,结合思考和探究,能够形成"地球引力"这一概念,但当这一概念无法解释潮汐现象时他们就会产生疑惑;由学生主导的实地调查研究会遇到取样等真实问题;高中生在进行社会实践时会遇到学校所在社区的一些现实问题,诸如动物栖息地、成年人电子产品使用、垃圾分类等。这些问题的解决需要通过真实学习、调查探索和社区服务学习加以解决。

二是学生面临的复杂真实情境的难题,其解决需要模拟专家思维进行思考和解决。例如,有志于从事医学类工作的学生在实验室可以娴熟地解剖青蛙,但去医院看到人体解剖时所产生的心理问题如何克服;打算做律师的学生通过案例教学掌握了一些案件诉讼知识,但面对真实案例会感觉不适;生活中,学生发现学校食堂里的粮食浪费问题等。为解决上述问题,学生需要像专家一样描述问题背

[①] 乔纳森·H.戴维.学会解决问题:支持问题解决的学习环境设计手册[M].刘名卓,等,译.上海:华东师范大学出版社,2015:139.

景,说明和表征要解决的问题,明确自身的角色和任务,设定完成任务的期望(业绩要求)。教师的任务主要是扮演课程计划设计者,在问题解决中则主要扮演"认知教练"的角色,在必要时提供支架。

2. 聚焦社会和个人的议题(issue)

个人和社会的议题往往是超学科的,需要长期合作探究才能解决。例如,我将来从事什么职业?别人对我的想法与我对我自己的想法是否一致?地球在逐渐变暖,南极冰川会消失吗?这些议题指向跨学科大概念理解及其迁移应用,是复杂而现实的,也是需要思考和解决的。学生对这些问题的开放性思考和探究,与其说是"解决问题",不如说是通过自我主导的通识教育,能够增长学生对个人和社会议题的认知,拓宽视野,从而提高其问题解决和参与社会的能力。

近年来,人工智能技术的发展改变了人们的生产和生活。引起社会热议的聊天机器人 ChatGPT 不仅可以与人对话,还可以帮助人写代码和论文,一些学生甚至用其代写作业。于是世界各国围绕智能技术的应用和治理出台了一系列治理政策。教师可以设计大概念:"科学技术发展对教育的作用是有两面性的。"据此确立基本问题:"如何科学地利用智能技术提高学习效果""智能时代如何确保个人信息安全""如何守护学术伦理的底线",等等。借此引导学生关注周遭社会生活,引发其对人工智能科技的深刻思考。

3. 解释自然现象中的困惑(doubt)

困惑、疑问容易引发学生探究的欲望,因此成为探究式学习、发现式学习的理论基础。"探究式学习主要针对科学教育(而不是语言和数学)而提出来,但其基本前提实际上适用于任何学习内容。"①疑惑情境引发的对"为什么"这一问题的思考和探索就是探究学习的适切对象。例如,为什么一看到"乌云密布"总是会与"要下雨了"联系起来?为什么看到家里遍地狼藉就想到"小偷光顾"?这与人们习惯于将两种现象联系起来的思维相关,这也是利用推理建立一种观念的重要方

---

① 艾丽森·A. 卡尔-切尔曼. 教师教学设计:改进课堂教学实践[M]. 方向,等,译. 福州:福建教育出版社,2018:95.

法,尽管这种推理不够严密。为什么热量不是来自衣服?为什么大熊猫总是睡觉?毛毛虫为什么全身都毛茸茸的?卵经历怎样的过程就变成蝴蝶?这些问题具有开放性、抽象性,需要通过查询学习资源、实验探究等过程,对原本所困惑的自然现象作出科学的解释,从而搭建起概念与概念之间的关系,形成相应概念性理解。

(二) 项目化学习中的驱动性问题

项目化学习的核心要素和环节是设计具有挑战性的问题和疑问,即驱动性问题(driving question)。学生通过围绕项目进行提问、质询,并作出回应和探索,可以明确学习的整体目标。因此驱动性问题成为项目化学习的试金石和主要特征,是指导学生开展探究学习过程的工具,也可以帮助教师将设计和评价重点放在学生解决该问题所需的知识、技能和大概念理解上。因此,设计者必须精心创设一个源于学生真实世界的、能引导"学生接触并掌握某学科的主要概念和原理"[1]的驱动性问题。

1. 驱动性问题何以成立

一个质询的提问是否具有"驱动性",一方面取决于这一提问本身的开放性和原创性,即问题的答案不止一个,学生无法通过搜索引擎找到结果,如"水是如何进入千家万户的"。驱动性问题可以是一个是非题,但必须提供相应的理由;其答案具有复杂性,需要学生应用推理、概括、解释等理解方式加以回应。另一方面,问题应该具有启发性、趣味性和探究价值;与学生知识基础、身心特点和条件相符,而不是教师或教材中经常提及的所谓典型问题;要能够与当地场景相关联,激发学生行动的责任感,提高项目的参与度;以"我""我们"而不是"你""你们"提出,使学生自觉"卷入",增强学生的主人翁意识,如"为什么社区垃圾分类那么难推

---

[1] 琳达·达林-哈蒙德,等.高效学习:我们所知道的理解性教学[M].冯锐,等,译.上海:华东师范大学出版社,2010:23.

行"。另外,问题要与学习目标建立链接,问题的回答和解决指向学习项目中的大概念理解和迁移应用以及对学科知识和技能的掌握;问题并非简单地复述课程标准内容,而是需要结合教材内容加以提炼;问题表述不能太长和宽泛,所涉及的概念性理解不能超出学生合理学习的时间和难度。如对地理学科的"气候"单元进行项目化学习时,可以开发驱动性问题:"全球变暖会给人类带来什么样的影响? 为什么?"

总之,驱动性问题最好是一个有争议的话题或哲学命题,或者一个耐人寻味的话题;要明确需要创作的产品或解决的问题,增加学生的代入感。

此处试举一例。科学家称地球为"生物圈一号",但其面临容易恶化的生态环境,人类开始探索在仿真地球生态环境条件下人类是否可以生存的问题。美国亚利桑那州科学家建立了"生物圈二号"实验基地,历经8年,耗费巨资却以失败告终。有教师以此为背景提出驱动性问题:"人类就真的没有第二家园吗?"

仔细分析可以发现,这一问题抓住大概念和基本问题的特征,可以提高学生的参与度和探究欲望,但设计和完成难度大,且没有明确的学习任务和作品要求,对于知识和阅历较少的学生来说,需要很多支架和帮助。因此,该问题不适合作为项目化学习的驱动性问题,更适合用作复杂问题探究的基本问题。

2. 明确项目的重要作品和展示方式

项目化学习是作品导向的,作品及其展示是否是对驱动性问题的探究性作出的回应,是判断是否是项目化学习的重要标志。[①] 项目化学习成果或作品凝聚学生的大概念理解,通过展示活动学生可以复盘和反思他们所掌握的某学科主要概念和原理,即项目完成过程中的学习目标达成情况。这些作品包括书面作品,如研究报告、简报、项目建议书等;建构性作品,如机械装置、一项发明等;媒体和技术作品,如科幻花园、绘画、剪贴簿等;规划性作品,如提案、计划书、流程图等。

对于项目作品,师生需要思考一些关键问题:这个作品真实吗? 创意体现在哪里? 有真正的用途吗? 是否针对特定的用户? 另外,还要考虑作品是否提供足

---

① 克拉斯克.S. 约瑟夫,等. 基于项目的学习[M]//R. 基斯·索郁. 剑桥学习科学手册. 徐晓东,等,译. 北京:教育科学出版社,2010:373.

够证据证明学生达到了学习目标,或通过多种作品体现大概念理解;作品是否体现可用性、科学性和独特性;作品是个人创作还是集体合作完成;作品的展示方式是否多样:演讲、辩论、展览、现场演示、公开活动等。

我们引入巴克教育研究院项目式学习计划中的一些典型的驱动性问题的初稿及其改进建议,供广大教师设计大概念教学时参考(见表5-1)[①]。

表5-1 驱动性问题初稿及其改进建议

驱动性问题初稿	评论	改进后的驱动性问题
动物为了在不同栖息地生存会作出哪些适应性调整?	不够吸引人,听起来好像是教师提出的或教科书中就有问题	狗能在沙漠中生存吗?
如何有效地编写儿童故事?	不够吸引人,语言可以更生动一些,和当地的实际情况相结合可能更好	我们如何才能为社区中孩子创作生动的故事?
如何在统计篮球数据时应用数学知识?	不够吸引人,太宽泛,缺乏激励性	勒布伦·詹姆斯是有史以来最好的篮球运动员吗?
我们县哪些建筑因承载了重要的过去,而应被列入为历史建筑,并受到人们的保护?	不够吸引人,因为使用的语言比较成人化,并且对可能的答案作出了暗示	拆掉我们县城的老建筑会对当地的发展有影响?
我们是否应该开发自然区域?	如果更具体、更联系当地情况,该问题就有吸引力了	我们所在城市河边的土地上是否可以建造新的住宅?
电影和原著有何区别?	不够吸引人,加上"哪个更好?"会更吸引人	原著和电影哪个更吸引人?

---

① 美国巴克教育研究院项目式学习计划.项目式学习指导手册:每个教师都能做PBL(中学版)[M].潘春雷,陆颖,译.北京:中国人民大学出版社,2022:58-59.

续　表

驱动性问题初稿	评论	改进后的驱动性问题
人们在为上大学或买房子作财务规划时,应该考虑什么?	问题如果更具体,并让学生觉得有责任采取行动,就更吸引人了	我们会给家庭"客户"什么样的理财建议,以便他们作出正确决策?
为什么基因工程是一个不明智的想法?	吸引人,但有一定的倾向性	我们应该允许定制婴儿出现吗?
我们如何使用测量技能和几何学来规划一个公园?	陈述了学习目标,但不一定要这样做;问题缺乏目的性或为什么	我们如何规划一个人们喜欢去的公园?
作为电影制作人,我们应该如何制作一则保护婴儿健康的公益广告?	合格的问题,但可以通过添加"以此……"(表示目的的语句)或成功标准加以改进	作为电影制作人,我们如何才能制作一则保护婴儿健康的公益广告,以此对人们产生一定的影响?

基于设计的学习是以设计为中心,聚焦设计思维和创造力培养,应用设计方法解决概念性问题,或通过项目学会设计,借助物化产品和反馈建构知识,使学生概念性理解具体化和可视化,实现产品的创新设计,发展学生个性的教学方法,主要应用于工程类问题解决的教育,可以看作项目化学习中的一个特类。

二、 基本问题是通向大概念深度理解之门

科学始于问题。在课程视域中,学科核心素养的重要内容是培养学生的学科专家思维方式,通过教学培养学生的专家思维要将教学对象转化为学科问题。但每一个学科都有很多问题,因此需要教师对此加以整合,形成指向概念性理解的基本问题,借此明确专家思维即学科思维的起点,达成核心素养培养的目标。

（一）最好的问题是指向和突出对大概念的理解

2022年版义务教育课程方案和课程标准都强调促进学科核心素养的落实，要以学科大概念为核心，使课程内容结构化；以主题为引领，使课程内容情境化。大概念通常表现为一个有用的原理、思想或主题等，是基于事实和知识抽象出来的，具有中心性、统整性、意义性和可迁移性的聚合概念。中心性是指它处在学科的中心位置，是课程学习的中心、重心和核心。统整性是指它像"文件夹"和"车辖"一样将知识、技能和小概念整合在一起；意义性是指它的生活价值，通过大概念"透镜"能够理解学科本质，促进课程与教学的发展，培养学生的核心素养；可迁移性是借助大概念学生可以解释、理解和解决现实问题，面对不确定的情境能够从容应对。大概念的这些功能和特点需要学生深入持久理解与深度学习，包括对跨学科或超学科概念的综合理解和学科大概念的专题性理解。而连接这些学习活动的通道就是基本问题（essential problem），借此可以激发学生的探究好奇心，帮助他们理解日常生活中没有被掌握的关键概念、议题、理论，从而加深自我认知和理解。

例如，初中历史教学中，利用"为什么国际关系不是一成不变的""哪些主要事件影响了一战前后的国际关系"等问题引导学生理解大概念"国家利益是国际关系的决定性因素"。中学数学"轴对称"单元教学中，利用"如何理解图形变换中的变与不变"这一基本问题引导学生理解大概念"图形变化专题研究指向变换中的不变"。同样，利用"我们多大程度上可以正确预测未来"这一问题，可以形成与检测和统计相关的大概念，如相关性与因果关系、采样变量等。因此，基本问题是通向大概念的航标。[①]

（二）基本问题是大概念教学设计和实施的枢纽

基本问题又被译作"中心问题""主要问题""关键问题""核心问题"等，指

[①] 格兰特·威金斯，杰伊·麦克泰格.追求理解的教学设计（第二版）[M].闫寒冰，等，译.上海：华东师范大学出版社，2017：121.

能促进学生对某一特定主题单元内容的理解,也能激发知识间联系和迁移的问题。① 在大概念教学中,基本问题的功能主要表现在以下几个方面:一是便于教师在教学设计时,以大概念的理解和迁移应用作为单元目标,利用基本问题这块敲门砖促进学生进行思考和探索,也为学生理解单元教学整体内容提供基石,从而建构知识之间、知识与概念之间和概念之间的联结,培养学生的概念性理解能力。因此,学生对大概念的理解就是对基本问题探究的结果,表现为核心素养的发展。二是引导教学活动的开展。大概念教学要打破学科堡垒,将整体教学目标转化为大概念学习要求,确立教学活动优先内容,整合学科知识,促进学生克服学习旅途中的重重障碍(即解决一系列问题),以基本问题为锚点,借助所设计的教学活动确保学生能通过自主探究活动和教师的具体教学行为来持续探究,让该领域的大概念在学生的头脑中"变大""变强"。三是激发学习动机,促进元认知的习得。"如果课程是围绕问题而设计的,那么学生会清晰地感到你正在和他们一起探讨问题。"②基本问题源于学生的生活经验,指向社会热点议题,容易激发学生探究的兴趣,并在此过程中使学生形成一种思维模式,帮助学生开展自我反思,建构问题解决的洞见和思考策略。

(三) 大概念与基本问题是"里"与"表"的关系

大概念教学设计和实施,以实现概念性理解为核心目标,是素养导向课程改革的要求,也是促进传统知识本位的教学转型的重要方式。因此,大概念作为单元教学的灵魂,是通向概念性理解的锚点,是大概念教学的"里"。但大概念具有中心性、复杂性、高阶性的特点,往往高度抽象,不易为学生所理解。基本问题是大概念的外化和载体,好的问题更容易为学生所接受,成为驱动学生持续理解大

---

① 格兰特·威金斯,杰伊·麦克泰格.追求理解的教学设计(第二版)[M].闫寒冰,等,译.上海:华东师范大学出版社,2017:121.
② 林恩·埃里克森,洛伊斯·兰宁.以概念为本的课程与教学:培养核心素养的绝佳实践[M].鲁效孔,译.上海:华东师范大学出版社,2018:4.

概念的过程性载体,即大概念教学的"表"。以大概念理解和迁移应用为旨归,凝练基本问题,设计进阶性学习任务,可以保证大概念教学"表""里"如一,从而充分发挥其在培养学生高阶思维、落实核心素养上的作用。反之,表里不一,大概念教学则会陷入"新瓶装旧酒"的误区。进一步说,对抽象大概念的理解需要整个单元学习内容作为支撑,而对整个单元内容的学习如果没有信息反馈和刺激给予必要的持续引导和提醒,学生很容易陷入对知识和技能简单掌握的困境,而忽略大概念的理解。另外,如果没有探究好奇心的持续激发,学生高投入的学习很难维系。因此,将大概念理解转化为一个可以不断被学生回答的问题,则可以促进他们持续完成有关大概念理解的学习任务。可见,大概念和基本问题的这种"表""里"关系[①],保证了学生在学习过程中始终在问题的引导下有意识地对知识和概念体系进行解构和重构,形成自己的观点,建构相应的概念性理解。

三、基本问题满足的条件

(一)掌握"基本"的内涵

基本问题之于大概念教学设计和实施的枢纽功能,源于"基本"的四重内涵。

一是基本问题是超越时代的,伴随我们一生,具有持久性,且涉及范围大。例如,什么是真正的友谊,作者的观点对明确文本意义具有优先性吗,等等。这些问题靠自己可以形成经验性理解,但若要形成概念性理解则需要长期积累和探究。因此,终身学习能力显得非常重要。

二是基本问题指向某一学科的核心思想和探究。基本问题指向某一学科的大概念和前沿技术知识,这些概念和知识是频繁出现的,具有历史意义。如人类一直都在探究的问题:"什么是健康的饮食""针对看不见、摸不着的场,如何证实它是客观存在的",等等。对这些基本问题的探究学习可以促进学生对"场"概念

---

① 任明满.大概念与基本问题:大单元设计的"里"与"表"[J].语文教学通讯,2023(35):14-17.

本质的深刻理解。

三是"基本"指向专家具有的知识结构和思考问题方式的内容,即学生学习核心内容所需要的核心知识和技能。学生拥有专家知识和解决问题的方法就意味着其搭建好了通往理解和发现的桥梁,从而能够有效开展探究,厘清重要而复杂的观点、理论和原理。例如,"优秀作品的价值在哪""玻尔原子结构模型的局限性是什么"等基本问题能拓展学生的思维空间,促进他们展开批判性反思和建构,从而发掘主题意义和概念间的关系本质。

四是基本问题具有驱动性,能够吸引一群特定、多元的学习者开展探究和思考。大概念教学中很多教师从成人角度自认为提出了具有重要意义的问题,但这些问题本身对特定学生而言,缺乏相关经验和需求,就没有吸引力。例如,教师在进行高中语文《乡土中国》整本书研读教学时提出如下问题:作为中国最基层的乡土社会是什么样的社会?这个问题指向明确,表面上也很"核心",学生会不自觉通过阅读整本书寻找答案。一些学生试图很好地回答这个问题,尽力读懂这本书,进而形成概括和归纳总结能力,但书本上的答案是成人的思考,反映的是他们生活的时代场景,和当代学生生活经验差距较大,无法使学生形成自己的理解。因此可以将这一基本问题作如下修订:你认为当今的中国乡村是否依然是作者所描述的乡土社会?对这一基本问题的回应需要学生通过认真阅读,掌握作者所说的乡土社会的形态和样貌,并结合自己的经历和感受,对当今社会问题进行审视和思考。对这一开放性问题的探究有助于激发学生阅读兴趣,形成自己的理解。①

总之,满足基本问题条件的关键是问题本身的"基本性",基本即问题本身的"永恒""探究""持续理解",通常是那些对领域发展具有决定性影响的根本性问题。如哲学领域的物质与意识关系的问题,经济学领域的价值规律问题等。在教育领域,基本问题在某一学科中占据核心地位,可以帮助教师设计教学计划和评估任务,引导学生进行深入探究,更好地对特定现象进行详细探讨,系统地理解与

---

① 闫存林.语文学习任务设计:原理、方法与案例[M].北京:中国人民大学出版社,2022:86.

应用所学知识，掌握学科的核心概念和原理。非基本问题通常是在基本问题的基础上进行的具体化或细化，又被称作子问题或细节问题，它们可能涉及具体的技术实施、应用场景的选择等实际操作层面的问题。

（二）满足"使用意图"

教学设计和实施中，没有一个问题本来就是基本问题或非基本问题。问题不是就其本身而言的，关键要看"使用意图"。对教师来说，一个问题是否是"基本的"取决于我们为什么提出它，是想通过核心性、挑战性、意义性的问题进行开放式地探索和讨论，还是试图让学生通过简单学习行为获得一个标准答案，这也是判断大概念教学和传统教学重要区别的一个重要参照点。在大概念教学中，基本问题的重要性体现在其通过最大限度地吸引特定学生的积极探究愿望，促进学生对基本问题的理解和解决，并开展相应的学习探究活动和表现性评估，提高学生的概念性理解能力。

例如，在进行统编版语文八年级上册第五单元的说明文内容教学时，教师往往紧贴课文《中国石拱桥》，提出以下常见问题："中国石拱桥具有怎样的特征""这篇课文的说明顺序是什么""运用了哪些说明方法"等。这些问题对理解这篇课文非常有针对性和指导性，但仔细分析不难发现这些问题大多属于封闭性的，学生通过阅读就可以发现唯一正确答案，因此属于非基本问题。教师设计的这些非基本问题受到教学目的和用途的影响：将问题应用场景选择在《中国石拱桥》单一实例的实际操作层面，而忽略不同的说明文会因作者写作风格的影响，在说明顺序、说明语言上存在很大差异。

教师须将视野扩大到整个单元，指向大概念："说明文通过揭示概念来说明事物特征、本质及其规律性，具有科学性、条理性、严谨性和语言的确切生动性。"确立"说明文作为一种文体既有鲜明的共性特征，也有一定的个性特征，是哪些因素使不同类型的说明文都能成为经典？""说明对象的特征、作者的写作风格与说明文的说明顺序、语言特点具有怎样的关联？""说明文如何通过揭示概念来说明事物特征、本质及其规律性,体现出科学性、条理性、严谨性和语言的确切生动性?"等开放性问题,指向说明文的本质特征和学科核心的概括性知识,就可以促进概念性理解由粗放肤浅走向细致深入,从单篇知识到多篇规律,从而具备了基本问题所应满足的条件。

(三) 明确判断标准

基本问题是指那些能够揭示事物核心本质的问题,通常是重复出现的重要困惑和议题,也可以是指向某一学科的核心思想、探究对象以及方法论。对基本问题的判断,实践中大都围绕其能否引起对大概念的持续探究、能否整合不同的观点和问题、能否促进学生对知识进行批判性反思和理解从而理解概念性关系等标准。

威金斯和麦克泰格提出的六条判断指标[①],可以为教师在大概念教学中设计和开发基本问题提供参考:

(1) 真正引起学生对大概念和核心内容的相关探究;

(2) 激发学生对更多问题的深度思考、热烈讨论、持续探究和产生概念性理解;

(3) 要求学生考虑其他不同观点,权衡证据,论证自己的思考和回答;

(4) 激励学生对大概念、假设和已有经验教训进行必要的持续反思;

(5) 促进学生把所学知识和个人经历建立有意义的联系;

(6) 能够在概念性理解基础上,创造将概念迁移到不同情境和学科的机会。

基本问题的"基本性"是相对的。对于上述判断标准,教师需要谨慎,要反复思考:我需要学生用这些问题做什么?是想借此对某些现象和观点进行质疑还是寻求一种常规的解释?不能仅从问题本身的表达来武断判断和界定。

---

① 格兰特·威金斯,杰伊·麦克泰格.追求理解的教学设计(第二版)[M].闫寒冰,等,译.上海:华东师范大学出版社,2017:137.

例如,"情节是什么"这个问题,表面上看是一个探究常规事实的问题,指向常规思维和经验,没有考虑其使用目的和用途,也没有观照整个问题情境和评估方案。如果只是说出一篇小说的人物关系、事件发生背景和主题,就不能成为一个基本问题,但如果要求学生结合现实生活,抽取著名案例中的核心元素,从而进行定性判断和说出理由,并针对"情节"作出处理,就能形成一个不错的基本问题。

四、基本问题来源和描述

基本问题的来源和大概念一样具有多种途径,需要教师关注教学生活,捕捉机会。例如,在苏科版初中数学七年级上册第四课"有理数和无理数"的课堂教学接近尾声时,一位教师"象征性"地提出一个问题:"同学们,还有什么问题?"出乎意料的是,一位学生站起来问道:"老师,我们学习了有理数,为什么还要学习无理数?两者有何联系?"同学们将目光聚焦到这位提问者身上。此时救场的下课铃响起来了,这位老师镇定地说:"你的问题很好,值得深思,请大家下课后讨论一下。"这个学生提的问题经常被忽视,但切中要害,其背后隐藏着一个值得探究的数学科学奥密,学生们有很多想法和思考,但一时又不知道如何说起,不好回答。这就是基本问题的雏形,结合教学经过"加工"即可引导学生深入理解。

(一)基本问题来源

1. 大概念的转化

上文提到在大概念教学中,大概念是"表",基本问题是"里",表里如一才能提高学生的概念性理解能力。这也意味着大概念理解和迁移应用是基本问题设计的来源和依据。基本问题和大概念如同一枚硬币的两面,一面指向教师大概念的提炼,一面指向学生基本问题的探究,以便达成大概念学习要求,因此两者应该秉持高度一致,不能大概念指向一个意思,而基本问题却指向另一个意思。

例如,教师在进行统编版地理八年级上册第二章"中国的自然资源"教学设计时，通过研读课程标准，在分析教材和学情的基础上提炼了单元大概念："地理、气候和自然资源影响居民的生活方式、文化和经济。"这一大概念具有抽象性、中心性和统摄性等特征，需要借助基本问题引发学生持续地理解和探究。教师根据气候对世界经济发展的影响，并联系1998年洪水对我国经济发展的影响，设计了基本问题："气候变化为什么会长期影响全球经济发展？"这固然与本单元的大概念相关，但未能准确反映大概念的细节和具体应用场景，并不直接关联到特定地区（中国）的具体影响，进一步说，没有将共性和个性有机结合，导致基本问题和大概念不一致。因此根据大概念可以将这一基本问题修订为："一个地区的地理、气候和自然资源是如何塑造其居民的生活方式、文化和经济的？"这个基本问题就可以直接关联到大概念的核心理解。

基本问题是对大概念的"翻译"，这个"翻译"是一个针对大概念学习要求和教学目标，结合课程标准和学科教材的"专业转换"，它不仅是一个技术活，还是需要以教师专业素养为支撑的规范行为。例如，统编版高中政治必修2中的"使市场在资源配置中起决定性作用"这一课题中的大概念可以被确定为："市场机制是理性的"，教师可以借助专业技术手段将其"翻译"为"在多大程度上市场机制是理性的"这一基本问题，其有助于学生理解市场调节、市场体系、市场缺陷以及政府在社会主义市场经济体制中的作用，探究如何在生活中应用这些理论，建构理论与实践的概念性关系。在大概念教学中，把基本问题命名为"指向问题"[①]，可以更加突出其指向"大概念"这一教学功能。

2. 通过课程标准提炼基本问题

学科核心素养是代表着学科立场的大概念，围绕大概念生成基本问题意味着，我们可以通过解读课程标准中的学科核心素养、内容标准和学业质量标准发掘基本问题。教师可以通过课程标准中反复出现的概念（关键名词）导出基本问题，使之从陈述句变成疑问句。例如，初中生物学教科书中"细胞是生命活动的基

---

① 奈特·吉姆.高效教学：框架、策略与实践[M].方彤，等，译.上海：华东师范大学出版社，2017：26-39.

本单位"这一单元属于《义务教育生物学课程标准(2022年版)》中七大主题之一的"生物体的结构层次",对应"细胞是生物体结构和功能的基本单位"这一大概念。本单元内容框架是:"生物体具有一定的结构,是一个有机整体。"学习要求是:"学生能够将对细胞的理解应用到多细胞生物的运作中,如细胞如何生长、发育、繁殖等。"教师可以确定与大概念对应的基本问题:"如果我们是由细胞构成的,为什么我们都不一样? 科学家是如何证明生物体是由细胞构成的?"

3. 借助 KWH 表格提炼

让学生参与基本问题的设计是赋予学生学习自主权的重要方式,其前提是教师可以采取告知方式,让学生知道、理解基本问题对他们学习的重要性。教师可以设计一个包括"已知""须知""下一步"三栏目的表格,即 KWH 表格(即 know——"我已经知道什么",what——"我还要知道什么",how——"用这些知识、技能和概念解决什么问题"),用来明确学生已经具备的知识和技能,记录学生思考过程,但这需要给予学生充足的思考时间,提醒学生不要在"已知"费时过多,及时转向"须知",推进学生不断分享自己的想法,促进学生及时修改和完善,同时明确解决问题需要了解的知识、概念和技能,形成书面问题并进行归类和提炼,不断回顾问题列表中的问题并进行思考。教师要配合学生不断追问:

我为什么这么想?

我觉得为什么会出现这种情况?

为了……需要改变什么?

例如,教师在进行统编版语文六年级上册第八单元的群文阅读教学时,可以以"走进鲁迅"为主题,选择《少年闰土》《故乡》《好的故事》《我的伯父鲁迅先生》等文章,构建群文议题"不同人眼中的鲁迅",达成借助相关资料理解课文主要内容的目标。教师可以动员学生借助一组表现鲁迅不同形象的文本,按照 KWH 表格呈现问题,经过教师选择和优化确立基本问题:"文中的鲁迅什么样?"引导学生认识一位忧国忧民、关心百姓疾苦、无所畏惧又具有乐观精神和童心的文学巨匠,呈现一个丰满的、立体的认识,从而达成概念性理解:"人物形象需要多视角分析才能全面呈现。"通过这个单元的学习,学生能够树立更远大的理想,实现更高的人生价值,达成育人目标。

4. 基于真实情境获取

知识来源于生活,概念建构可以源于学生困惑的情境,采用自下而上的方式从真实生活情境出发提出基本问题,这有助于让学生在基本问题的解决过程中习得概念和概念性理解,实现"做中学""用中学""悟中学"。

例如,某中学对面有一片空地,开发商和地方政府协商后准备利用其建一栋商务楼,环保部门以这片空地中有一片湿地需要保护为由否决开发商的规划。利用这种真实情境,教师可以提取"环境生态"的本质特征,提出问题:"为什么不能破坏城市湿地?"引发学生思考的同时,结合这一问题涉及的概念,形成基本问题:"湿地生态系统具有哪些功能?"从而将湿地的地貌、气候、水文、植被等要素联系起来系统思考,建立这些因素和生态概念之间的关联,理解湿地在保护生物多样性、调节径流、改善水质、调节小气候等方面的价值,从而建构与"环境生态价值"相关的大概念。

(二)基本问题的描述

基本问题的表述通常通过"是/否""何人/何时/何事/为什么/怎么样/如何"等疑问代词或副词来形成。例如,"什么是伟大的友谊""如何才能防治环境污染"等。但这种句式能否真正表达基本问题的"内涵",达成其使用意图,关键在于能否引起学生探究、质疑、推理和论证等行为的发生,而不是复述、巩固已学知识和技能。例如,"ChatGPT是助力学生学习还是阻碍学生思维发展"这一问题表述暗示了一个事实性答案,但如果刻意提出模棱两可的预设,指向智能技术趋利避害的价值倾向,则能够形成一个很好的基本问题,借此可以激发学生激烈讨论、持续思考和洞察效果。再如"在多大程度上……""在哪些方面……"之类的问题,看起来是开放的,可以引发学生思考,但如果最终没有走向大概念理解和任务的完成,这样表述也是有问题的。

需要指出的是,大概念具有抽象性和复杂性,而基本问题作为大概念的"谜面",应该建立在学生已有知识和经验的基础上,将专业的大概念"翻译"成对学生而言通俗易懂的、有意义的问题,否则就无法达成大概念理解和迁移应用的目的。

例如,统编版数学八年级下册"平行四边形"单元中,教师可以提炼大概念:"组成图形的基本元素间的数量关系和位置关系决定图形探究方向和内容。"这一大概念的表述中有三个关键词:"基本元素""数量关系""位置关系",对初中生而言比较专业,甚至是晦涩难懂,需要应用通俗语言将其转化为如下基本问题:"我们应该怎样研究一个几何图形?"这样的表述与学生的认知水平相匹配,具有亲和力,能够激发学生探究的欲望,不至于产生望而却步、无所适从的窘境。

五、问题链设计

基本问题具有统摄性和开放性的特征,往往和大概念一起出现,学生尝试回答时可能存在困难,需要根据学生认知规律和教学要求,结合教材特点将其分解成若干子问题。这些下位的问题与学科知识或跨学科知识紧密对接,和基本问题一起形成彼此关联而又有序的问题链,能够有效克服提问的细碎、离散、低认知及随意等不足,帮助学生完成知识体系建构,形成整体性概念性理解。

大概念教学可以利用问题链从宏观角度构建整个大单元、大主题、大情境和大任务,将原本零散的知识、信息聚拢,帮助学生构建起对单元大概念的综合理解,从而超越传统的知识点教学,让学生逐步学会整体而有层次地进行分析和思考,从微观角度解决课堂教学的某个环节中的教学任务或者重难点问题,实现结构化的深度学习。教师可以根据学习目标,结合学生学习经验,针对不同学科设计不同类型的问题链,刻画出一条"学习之路",为教学活动的高效开展提供引领和支撑。

问题链是学生完成学习任务时推进思维进程的脚手架,在设计时一般围绕大概念对基本问题或核心议题进行分解和细化,形成一个有机结构体系。这种结构体现进阶性、策略性和开放性的特点。进阶性是指围绕基本问题序列化地组织子问题,主要考虑知识、技能和概念的覆盖面与深度,由易到难排序,体现基本问题的核心地位。策略性是指问题链要能够激活学生已有经验,将学习内容和方法应用到新的议题探究中。开放性是指问题设置和讨论应该具有开放空间,能激发学生的"头脑风暴"和认知冲突,引导学生进行反思和批判。根据问题链的结构特征,大体上可以将其分为两种类型:辐辏聚合式、纵向进阶式。

案例1:基于核心议题设置辐辏聚合式问题链

这一类型的问题链就像一个车轮,基本问题就是车轴,子问题就是车辐,共同构成一个辐辏式的问题链结构,不同的子问题指向基本问题的不同方面,体现思维逐渐聚焦的过程,最终通过解决基本问题达成大概念的理解和迁移应用的目的。

例如,在教授音乐学科"多彩的民族——走进蒙古族"这一单元时,教师可以围绕单元教学目标和教学内容,提炼大概念:"音乐作为民族文化关键载体,借由节奏、旋律、音色等多元音乐要素,塑造出如蒙古族音乐这般独特的风格,生动反映民族生活状态与情感,深刻彰显其与民族文化的紧密关联。"并将这一大概念转换成基本问题:"音乐如何全方位展现蒙古族的民族文化特质?"相应的子问题如下:

(1)蒙古族音乐里的节奏、旋律和音色等要素,是怎样组合形成独特风格的?

(2)像长调、马头琴演奏等蒙古族音乐形式,承载了蒙古族哪些历史文化和生活方式?

(3)从《牧歌》这类蒙古族歌曲中,能看出音乐是如何反映蒙古族人民对草原生活的情感与向往的?

(4)与其他民族音乐相比,蒙古族音乐在音乐要素运用上有哪些显著差异,这些差异又如何体现蒙古族独特的民族特质?

(5)如果蒙古族的生活方式发生改变,其音乐可能会在哪些方面随之产生变化,以持续展现民族特质?

这样的问题链中,基本问题扮演着平等的首席角色,发挥统领作用,形成的问题链就像人体的神经网络,遍布在这个单元的学习内容和任务中,教师要引导学生完成单元学习活动,建构和理解单元大概念。[1]

案例2:基于核心素养设计纵向进阶式问题链

思维品质是英语学科课程核心素养的重要内容,内容涵盖理解、分析、比较、推断、批判、评价、创造等大概念理解和迁移应用的过程与环节。首先,教师可以基于教材中有关思维品质的核心内容,结合学生的年龄与思维发育水平,由浅入深、逐步深入地设计问题链。其次,设计问题链时要利用学科大概念促进问题与教学内容深度融合,切合文本的主题意义和核心目标。最后,要关注问题之间的一致性、进阶性和创新性,促进教师通过问题链教学帮助学生解答连贯的问题,使得思维沿链拓展,提高自身的概念性理解能力和创新思维能力,使思维品质的培养在英语课堂落地。

在英语学习活动观理念的引领下,可以结合与概念性理解相对应的思维训练形式与内容,将问题链的类型划分为学习理解类问题链、应用实践类问题链和迁移创新类问题链。教师可以借助PSR(problem,solution,result)思维生成路径设计上述三类问题,借助插图、核心句型等教学工具为学生搭建支架,促进和表征学生思维品质发展。PSR思维生成路径中的problem指向学习理解类问题,solution指向应用实践类问题,result指向迁移创新类问题。

淄博市张店区齐悦实验小学周娜老师,以山东科技出版社版英语五年级下册"Health"单元为例,利用PSR思维形成路径,探讨如何设计和实施问题链教学,培养思维品质。[2] 该单元涉及"人与社会"与"人与自我"两个主题,话题为健康问题,主题意义和总目标为:学会用英语表达自己的身体状况,形成合理健康的饮食观和体育锻炼的习惯,养成爱自己和热爱生活的积极态度,以及尊重生命的人文情

---

[1] 章巍.大概念教学15讲[M].北京:中国人民大学出版社,2023:113.
[2] 本案例由山东省淄博市张店区齐悦实验小学周娜老师提供,在此表示谢忱!

怀。单元情境为：小学生的身体健康是我们关注的重点问题，学生之间，学生与父母、兄弟姐妹之间会因健康饮食的方式产生不可避免的矛盾。教师可以根据单元话题挖掘单元主题育人意义，对文本进行整体设计，并根据教学目标达成的需要进行适当补白，确定核心问题："当小伙伴们之间或与家人之间因为饮食出现矛盾时该如何做？"并将其分解为如下三类问题链（见表5-2）。

表5-2 运用PSR归纳性问题链提高思维品质

思维路径	问题链	思维能力 （大概念理解能力）
引导学生发现问题（problem）	Q1：Look at the picture and think: what happened? Q2：How do they feel?	通过图片感知文本内容，结合生活场景和经验，激发学生探究欲望和情感体验
帮助学生找到解决问题的办法（solution）	Q3：What do you think of their behaviors? Q4：Are they right? Q5：How do they solve their problems? Q6：If you have this problem, what would you do? Q7：How do you calm down? Q8：Do you think the two sisters/brothers will get on now? Why?"	通过归纳、辨析、推断等思维方式，理解问题内在关系，形成情境问题解决能力
优化的解决方案（result）	Q9：What do we learn from this story? Q10：When we not get on well with our family members, what should we do? Q11：What rules will we make at home or at school? And How to make it?	通过评判、演绎、创新等思维方式，修订问题解决方式方法，提高迁移处理能力，形成概念性理解能力

在实际教学中,教师可以根据单元主题提炼并设计基本问题(或主问题群),围绕基本问题进行问题细化与拆解,并对这些问题进行整合加工和系统编排,使之合理地分散到单元各个课时中,形成紧扣目标、前后勾连、层次递进的问题链。

第六章 核心任务完成就是深度理解并迁移应用大概念

一、从课堂乱象说起

为了改变"双基"背景下"一言堂""满堂灌"的课堂形态,21世纪初,国家启动了第八轮课程改革,其中最大的亮点是变革学习方式,倡导"自主、合作、探究"理念,促进学生积极参与、自主探究,以此推动了教学转型。但二十多年来的实践中,一些教师倾向于认为好课就是要让学生在课堂教学中"动起来","动起来"就是合作学习、探究学习,如此一来就能取得"一言堂"的讲授难以达到的效果,于是就出现了"满堂灌"变成"满堂问"、为探究而探究等乱象。

活动1:在统编版语文五年级上册第一、第五单元教学时,围绕主题"我的心爱之物",学生围坐在一起,开展小组合作学习,学生或大声争论,或窃窃私语,或放声大笑,教师不时穿梭其中,整个教学过程异常热闹。

活动2:苏教版初中七年级生物学上册第二单元"植物细胞的结构和功能"教学课堂上,教师改变了教授和演示的教学方式,让学生利用橡皮泥制作细胞的结构模型,来提高学生的参与热情,试图帮助学生理解细胞结构和功能。

活动3:在北师大版高中数学必修一"指数函数的图像和性质"教学中,教师发现通过枯燥讲解和练习容易让学生打不起精神,于是设计了一个游戏活动:分组答题,回答正确得5分,错误则扣3分,看看哪个小组成绩最佳。

这些活动场景的初衷是让学生通过小组合作探究,发挥学习主体性;将知识具体化、形象化,帮助学生理解知识;借助游戏竞赛,提高学生参与度。但仔细琢磨会发现,这些活动设计还局限在知识点掌握的层面,不足以引发学生的深度理解,无法达成"老师教下去的是知识技能,给学生留下的是核心素养"的教学追求。进一步说,一些缺乏严谨性与学科典型性的"虚假探究",思维含量少,探究学习的质量无法保证,真正指向素养和能力培育的环节难以展开,无法实现"探究"育人的目的。

核心素养是知识技能、过程方法和情感态度价值观的综合体,表现为学生解决复杂问题的能力,其培养需要以综合的任务为载体,通过学科实践或跨学科实践,让学生"像学科专家一样理解和思考",在教学情境中运用学科的大概念及其内含的思想与工具,促进学生学习的心理过程、操控技能能力和社会文化整合度,实现教学目标。

二、自带动力的核心任务开发

(一) 核心任务的"核心"

核心任务是实现概念性理解目标的重要载体,是贯穿学生整个单元学习的、相对复杂的表现性任务,是教学的"发动机",完成核心任务的过程就是促进学生理解、应用和迁移大概念,从而解释真实现象和解决复杂问题的过程。核心任务具有整合性与连贯性特征,它不是通过一节课就能完成的"短、平、快"的课堂活动。"核心"体现为其在理解性学习中的统摄地位,核心任务是通过长时间"做事情"才能完成的综合任务,借此可以整合学习因素、条件和过程,避免知识过于碎片化,引导学生逐步深入理解和掌握学科大概念,从而形成完整的知识体系。核心任务的复杂性与驱动性意味着任务本身不是指向知识和技能本身,而是通过大概念的理解和应用带动知识和技能学习,从而激发学生的探究欲望和思维活力。教师可以通过设置具有复杂性的问题或情境,引导学生深入地思考和探究,培养他们的创新精神和实践能力。核心任务具有的真实性和表现性源于现实生活中"逼真"的任务,它让学生感到亲切、有意义,自然产生代入感。核心任务的可测量特征是指学生通过完成核心任务,可以收集外显行为的数据和成果,发现自己通过学习达成的"所知""所能""所成"情况,并在一定程度上表征自己对单元乃至学科大概念的理解和应用情况,以及知识迁移水平。

（二）核心任务设计路径

核心任务设计与大概念和基本问题设计一样,没有最佳、最便捷的路径,是个仁者见仁、智者见智的专业工作,需要教师结合学情和教学内容分析,根据核心素养目标进行设计。但教师可以从上文提及的核心任务特征及其与大概念和基本问题一致性的角度进行模仿设计,利用自己的教学素养和创造力,将核心任务描述清楚,明确要求,充分体现学生对大概念的理解和应用。核心任务设计一般要经过明确学习任务在单元教学中的定位、围绕主题意义开发学习活动、修订学习任务、完善核心任务、使任务完成结果可视化这几个步骤。①

教师可以借鉴威金斯和麦克泰格提供的GRASPS模型②（见表6-1）为参照,尝试设计核心任务。

表6-1　GRASPS任务设计图示

目标
你的任务是＿＿＿＿＿＿＿＿＿＿＿＿＿＿＿＿＿＿＿＿＿＿＿＿＿＿＿＿＿＿＿＿＿＿。
目标是＿＿＿＿＿＿＿＿＿＿＿＿＿＿＿＿＿＿＿＿＿＿＿＿＿＿＿＿＿＿＿＿＿＿＿＿。
困难和挑战是＿＿＿＿＿＿＿＿＿＿＿＿＿＿＿＿＿＿＿＿＿＿＿＿＿＿＿＿＿＿＿＿。
需要克服的障碍是＿＿＿＿＿＿＿＿＿＿＿＿＿＿＿＿＿＿＿＿＿＿＿＿＿＿＿＿＿。

---

① 李学书.大概念单元作业设计:原理、模式和技术[M].上海:华东师范大学出版社,2024:202-206.
② 格兰特·威金斯,杰伊·麦克泰格.追求理解的教学设计(第二版)[M].闫寒冰,等,译.上海:华东师范大学出版社,2017:176.

续 表

角色
你是_____。
你被要求去_____。
你的工作是_____。
对象
你的客户是_____。
要服务的对象是_____。
你需要说服_____。
情境
你发现你所处的情境是_____。
挑战包括处理_____。
产品、表现和目的
你将创建一个_____。
为了_____。
你需要开发_____。
以使_____。
成功的标准与指标
你的表现需要_____。
你的工作通过_____来评判。
你的产品必须符合以下要求_____。

该模型是 Goal（目标）、Role（角色）、Audience（对象）、Situation（情境）、Performance/Product（表现或产品）、Standards（标准）的首字母缩写。其中目标体现的是在核心任务中"要达到的目的是什么"或"解决什么问题"。目标描述要清晰、具体，学生能读懂和理解。例如小学科学学科中的任务可以是设计一个实验，用来确定多种品牌的洗洁精中哪一种能够最有效地除去棉质衬衫上的三种污渍。

角色即学生在任务完成中的身份。上例中学生是一个小小科学家,他需要从科学角度思考问题,完成实验设计任务,这样的角色具有强烈的真实感。

对象即任务面向的服务对象或客户。学生需要转换角色,从客户或服务对象视角去思考、改进和优化任务,自我确定任务的完成进程,开展反思,提高大概念理解水平。上例中学生的服务对象可以是爸爸(帮助他洗掉衬衫上的污渍),也可以是质检部门(为他们提供实验结果,以便进行科学判断)等。

情境即问题面临的挑战、困惑和具体场景等。真实情境可以给学生带来切身体验,使学生围绕大概念和基本问题完成理解性学习任务,有利于保持三者一致性,也为任务的调整提供空间。上例中学生面临两大挑战情境:一是设计实验,使主要变量(多种品牌的洗洁精)分离出来以供检测;二是清楚呈现实验流程和步骤,使检测人员能够借此开展实验,以便确定针对不同污渍采用哪种洗洁精最有效。

表现或产品即完成任务时需要交付的产品或成果,包括个人和集体的产品和成果,成果的形式可以多元化,但可视化、可衡量程度越高,任务可评估性越高,学生表现出的大概念理解和应用水平评价越具有可靠性。上例中的成果主要包括按照要求的格式撰写一份书面实验说明,以此呈现实验步骤和流程以及相应条件,还包括实验大纲和图表等。

标准即检验成果是否有效、有价值,或评估成果是否达到指标,它通常借助评价任务或量规来完成。上例中标准体现在实验设计需要遵循的最佳指标体系,学生要能恰当分离主要变量,撰写一份清晰准确的实验步骤说明书,所设计的实验要能够帮助检测人员测试出哪些洗洁精对哪种类型污渍有效。

教师在设计七年级下学期生物学"人体的营养"单元时,可以尝试利用上述模型形成核心任务。完成的六要素[①]见表6-2。

[①] 章巍.大概念教学15讲[M].北京:中国人民大学出版社,2023:141.

表6-2 七年级下学期生物学"人体的营养"单元核心任务六要素

目标	使学生养成膳食均衡的良好习惯,学会对自己健康负责,具备生命观念和科学探究品质
角色	一名营养指导师
对象	同校的小学学段的学生
情境	小学生脱离父母的饮食安排,开始在学校餐厅就餐,面对多样化菜肴,他们不知道如何选择,而且一些学生缺乏必要的饮食知识,且存在偏食问题,容易造成营养不均衡,不利于身心健康。挑战一:理解什么是营养均衡的饮食;挑战二:小学生有哪些不良饮食习惯,原因是什么
表现或产品	设计一份科学的、有针对性的中午用餐指导方案,并进行现场服务
标准	在指导师的帮助和指导下,小学生能够在一个月左右时间内做到:1.根据自身的各项指标,制定一份一周午餐菜肴搭配方案,学会对自己的健康负责;2.根据自己的饮食需求,自觉向餐厅服务人员提出合适的菜品和相应的数量,避免浪费;3.根据家人的身体状况和需求,为他们设计一周午餐食谱,学会关爱他人

将上述表格中的六要素汇总、优化,结合教材和学情分析基本上可以形成一个核心任务:做一名合格的营养指导师。

核心任务的质量直接影响学生对大概念的理解和应用,也决定着学生的学习体验和健康成长。因此,教师需要明白核心任务是为大概念理解和应用服务的,基本问题是大概念的航标,也是核心任务设计的依据,因此三者应该相互呼应。完成核心任务的过程就是不断促进学生探索和思考基本问题,深入理解大概念,建立概念性关系,从而培养复杂问题解决能力的过程。进一步说,核心任务的设计应该基于基本问题进行设计,而不是只围绕练习。以下是围绕小学数学"面积"

单元的主题和目标设计的大概念、基本问题和学习任务的案例[①]（见表6-3）。

表6-3 "面积"单元教学因素相关内容

单元主题意义和总目标:通过主题"面积"单元学习,学生初步形成几何直观的意识,建立量感和空间观念,发展抽象思维	
单元大概念:科学度量有助于认识和优化真实生活世界	
基本问题:生活中一切事物是否都可以量化和设计?	核心任务:为学校两座教学楼连廊设计铺砖方案
子问题1:是否可以使用自选单位预估和测量图形面积?	子任务1:测量连廊面积
子问题2:多样化问题解决方法如何优选?	子任务2:调查地板砖相关信息
子问题3:用什么方法可以求解图形面积?	子任务3:设计铺砖方案
子问题4:为什么要学习"面积"这部分内容?	子任务4:推介设计方案

三、作为支架的学习任务链

（一）学习任务链是何与为何

确立学习目标和基本问题后,大概念教学就有了明确方向,学生可以围绕问题解决开展学习活动。但如何支持学生在学习过程中探究和解决问题？又如何促进学生通过单元学习理解大概念进而提升核心素养？实践中学生可以利用学习任务解决或解释基本问题,实现大概念理解乃至核心素养提升。

为了让学生理解大概念,建构概念间的关系,形成概念性理解能力,教师可以

[①] 张华,任燕,廖伟.小学大观念教学:设计与实施[M].北京:教育科学出版社,2023:79-95.

设计供学生开展长期探究学习的核心任务,使教学由教师"教"转向学生"学",从而改变教师的角色。在大概念教学的整个系统中,核心任务具有的统摄性、复杂情境性等特征决定了学生完成任务的挑战性和持续性,其旨在考查学生的综合能力,需要加以分解和稀释,形成一系列学习任务。学习任务借用的是社会生活话语,如学生做一顿晚餐,写一份读书报告,设计一则宣传栏等,在这些活动过程中,行为主体、活动内容、达成目标融为一体,构成了学习任务。与核心任务相对应的学习任务被称作子任务。在教育学领域,学习任务是学生学习活动的基本单位,若干任务围绕大概念理解和应用组成一个学习任务链。学习任务链是一种立体结构,它由一系列子任务构成,需要核心任务加以统领。而子任务对核心任务起到支撑作用,扮演"脚手架"和"进阶阶梯"的角色,以此减缓学生探究难度,克服可能遇到的程序性困难。若干层级的任务链在学习内容和情境上不断整合,功能上不断拓展,目标上不断升级,最终构成教学整体框架。章巍等学者通过大量实践研究,构建了"目标—评估"对应模型[①](见图6-1)。由图可知,子任务对应单元知识和技能的评价,学生通过任务完成实现阶段性概念性理解,进而达成核心任务指向的目标。

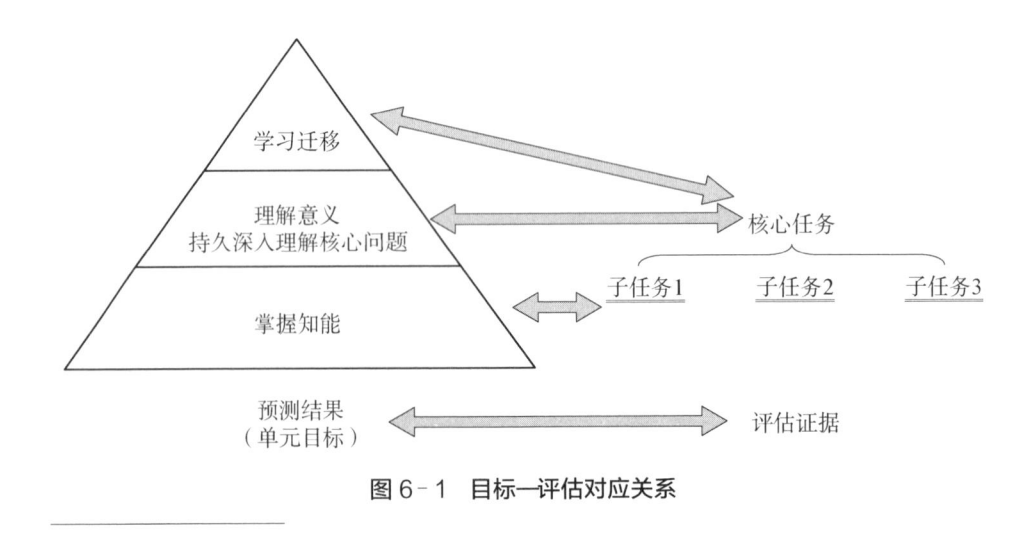

图6-1 目标—评估对应关系

---

① 章巍,等.未来教师的大概念教学设计[M].北京:机械工业出版社,2022:111.

（二）学习任务在实际操作中存在的问题

1. 任务内容和环节碎片化倾向

学习任务设计的根本目的是促进学生深入思考和解答教学中的基本问题，从而理解教学主题和大概念，因此其起点是大概念和基本问题。换言之，学习任务是达成大概念理解和应用的手段而不是目的，一些教师过分关注任务的完成而忽略大概念的理解和应用，还有一些教师利用既往经验，先入为主地想到一个自认为很好的任务，而忽略其与大概念和基本问题的内在联系，结果是任务看似完成得很完美，但学生却忘记对基本问题进行思考和解答，更不用说对大概念进行理解和应用了。这些问题主要表现为任务内容过于琐碎，沿袭知识点且较为割裂，同时，任务完成环节太简单，缺乏整体性和连贯性。例如，读一段小说，发一会儿呆，划一上午船等，这些活动只是从空间、时间、容量等外在尺度加以描述，"任务性"不强，不属于学习任务。这种碎片化的学习内容容易导致学生在完成任务时难以形成完整的知识体系，也无法深入理解知识、情境、大概念等教学要素的内在联系和应用价值。同时，碎片化的任务设计还可能使学生的学习变得机械和被动，缺乏主动思考和探索的空间，从而演变为形式上的"热闹"，但学生却没有实质性发展。

2. 任务完成过程浅表化

在教学设计实践中，很多教师不清楚活动与任务的区别，错误地将学习活动当成任务来完成，忽略学习任务本身内含的意义和生活价值，导致学生在完成任务时只需要进行简单的记忆和模仿，而不需要进行深入的思考和探究。尽管一些教师按照专家的提示围绕单元主题设计了所谓的学习任务，但忽略学生在任务设计中的参与度，且因任务之间缺乏综合性而使得任务的引导性功能得不到体现。一些学习任务与教材内容及目标联系不紧密，缺乏深度，因此不能在教学评一体化设计中发挥统整作用。高质量学习任务是学生在"内需"的驱动下完成的富有挑战性的学习任务，任务完成需要学生"跳一跳"才能摘到"桃子"，同时经历"让思维飞一会儿"的探究过程。一些教师直接不加"设计"地将教材上的例题作为任务,或将简单动手或操作视为任务的完成,虽然学生能顺利地解答问题,但这只是无内需、无目的、无猜想、无验证的"动手"和"操作"。这一过程中学生没有深刻的学习体验,自然缺乏完成学习任务的内驱力,更不可能在完成任务中"拔节"般生长。

例如小学生学习了数学学科中周长的计算后,教师设计如下练习任务。

任务一:一个长方形纸板的长是6厘米、宽是4厘米,它的周长是多少厘米?

任务二:一个正方形花坛的边长是8米,它的周长是多少米?

任务三:芳芳沿着长320米、宽120米的长方形跑道跑了4圈,她一共跑了多少米?

上述三项任务看似形成了有结构的"系列",但实质上就是习题不加整合的简单堆砌。孩子们在"纸板""花坛""操场"等情境中"跳来跳去",貌似解决了教师设计的学习任务,但这些任务并不植根于真实情境,缺少对"策略"的运用和思维训练,充其量是用简单学习活动代替学习任务,不仅无法有效提升学生的学科素养,还可能使他们对学习产生厌倦和抵触情绪。

3. 任务设计缺乏一体化

大概念教学中的学习任务和核心任务一样,具有真实性、一致性、复杂性和可评估性,但实践中很多教师将习题或练习结构化设计视为任务序列化,导致随意堆砌的现象。

例如,有教师在进行高中语文《声声慢》一课的教学时设计了三个任务:(1)根据已有的知识积累制作图片,走进本文主人翁李清照;(2)针对课文中出现的大量的叠词的使用,撰写200字左右的短评;(3)为本词撰写脚本以便拍摄短片。这三项任务各自独立,缺乏逻辑,没有聚焦大概念理解,根本无法达成教学目标。教师需要介绍李清照的生平和境遇,抓住"孤寂""悲凉""无奈"等情感来构建概念和相应的学习任务系列,并进行深入辨析和解读。从根本上说,上述三项任务之所以缺乏内在逻辑,缘起于教师对大概念、基本问题与学习任务关系的不理解,或者说理解比较浅表。上面我们说过大概念是"里",基本问题是"表",表里如一才能设计科学的、合适的核心任务及其任务群。老师可以从大概念视角,将《声声慢》这类古诗词的教学建立在促进学生理解与应用大概念"艺术品特别是诗歌作品主要是以审美意象为中心,从意象到意境,是每个诗歌创作者和阅读者追求的最高境界"之上,将基本问题设定为"为何说中国诗歌的核心是意境艺术",相应地将核心任务设计为"感受与体会诗人如何通过优美的意象组合和精心的意境营造,带来长久的艺术生命,使诗歌的力量能够震撼生命,使其艺术价值源远流传"。相应地可以设计子任务1:理解什么是意境和意象;子任务2:理解词中运用意象抒发情感的手法体现哲理;子任务3:通过意境赏析感受诗人的审美追求。这样的学习任务就可以促进学生达成建构意象与意境之间关系的学习目标。

(三) 任务链设计策略

学习任务链的设计是一项专业的教育活动,需要秉持专业精神,调动教师专业共同体力量,齐心协力,按照系统科学的程序和流程进行,通过规范和精细化的开发过程,将课程标准规定的理念、目标和学业质量要求落实到教学中,实现单元开发、教学实施、作业设计和管理一体化,培养学生核心素养。大概念单元教学中的任务链设计一般经历"根据主题提取大概念,将大概念转化为基本问题,设计统领单元学习的核心任务,将核心任务分解成为系列子任务,并加以优化形成系统化的任务链"这一过程。完成这一过程需要做好以下几件事。

1. 学习任务的分类

学习任务链设计的前提条件是学习任务分类,根据不同的目的和标准,分类的结果存在差异。2020年修订的普通高中英语课程标准和2022年版义务教育英语课程标准提出要以大语言活动观为指引,重构以学生核心素养发展为目标的课程内容组织方式,通过引导学生开展学习理解类活动,让他们获取、梳理语言和文化知识,建立知识间的关联;让学生通过应用实践类活动,内化所学的语言和文化知识,加深英语学科大概念的理解并初步应用;促进学生在迁移创新类活动中联系个人实际,运用所学英语知识、技能和概念,解释与解决现实生活中的现象和问题,形成正确的态度和价值判断。① 三类活动强调的重点不同,但体现了核心任务的进阶性和一致性原则。教师设计相应的学习活动时,要结合学生实际,加以情境化并在核心任务统领下提炼成子任务,提高学生英语学科核心素养。

用学习任务群架构课程内容是2022年版语文课程标准提出的新理念,其开拓了语文课程探索的新空间。其中,义务教育阶段语文课程将学习任务群按照内容整合程度的进阶性分为三个层面,第一层"语言文字积累与梳理"是基础型任务群;第二层"实用性阅读与交流""文学阅读与创意表达""思辨性阅读与表达"属于发展型任务群;第三层"整本书阅读""跨学科学习"是拓展型任务群。这些任务群不是固定的,教师可以也应该根据学段特点有所侧重。②

根据课前、课中与课后不同的学习目标,学习任务可分为前置任务、研学任务和展演任务三类。前置任务主要在单元学习活动开展前,唤醒学生旧知和体验,检测学生学习基础,引导学生自主发现问题,从而对新知的学习产生预期;研学任务主要指教学过程中探究新知的学习活动,学生在其中建构学科概念体系,逐步形成解决问题的思路、模型、策略等;展演任务主要指课后展示有形成果过程中的交流、分享活动,学生借此进行反思和复盘,发现存在问题和需要进一步探究的问题,从而完善学习表现和成果。③ 在实践中三项任务围绕大概念和基本问题互相交叉,教师可根据学习进展随时转换,让教学目标明确,完成过程精准高效,素养真实可见。

2. 学习活动和学习任务的区别和联系

从性质角度来看,学习活动是为了达到一定学习目标而进行的一系列有组织、有目的的行为过程,具有较强的自主性和灵活性。而学习任务则是学习者需

---

① 中华人民共和国教育部. 义务教育英语课程标准(2022年版)[S].北京:北京师范大学出版社,2022:3.
② 中华人民共和国教育部. 义务教育语文课程标准(2022年版)[S].北京:北京师范大学出版社,2022:19-36.
③ 刘娜."学习任务"设计的类型、原则与方法[J].基础教育课程,2023(2):4-10.

要完成的具体事项,通常由教师或学习大纲明确规定,具有明确的目标和要求,相对较为具体和结构化。从侧重点角度来看,学习活动更注重过程,强调学习者在参与过程中的体验、探索和成长,关注学习者如何通过各种活动来获取知识、技能和态度。学习任务更侧重于结果,关注学习者是否能够按照要求完成特定的任务,达到既定的目标。从自主性角度来看,在学习活动中,学习者通常有较大的自主性,可以根据自己的兴趣、能力和学习风格选择参与的方式和程度。对于学习任务,学习者需要按照规定的要求去完成,自主性相对较小,但在完成任务的具体方式上仍可能有一定的自主空间。但两者都是为了实现学习目标而存在的。合理设计的学习任务有助于推动学习活动的顺利开展,使学习活动更具针对性和有效性;而丰富多样的学习活动可以为学习任务的完成提供更好的情境和条件,激发学习者完成任务的积极性和创造力,提高任务完成的质量。在大概念教学中,学习活动的情境化和任务化将学生的认知活动变成实践活动,在大概念的统领下形成学习任务,有利于实现学生学习与发展综合和实践转向。[①] 学习活动任务化的路径可以根据学习目标和拥有的资源、条件等进行(见表6-4)。

表6-4 学习活动和学习任务的区别与联系及两者转化

学习内容	学习活动	学习任务	任务化途径
积累古诗	背诵古诗名句	开展"古诗周活动"	设置情境
交往	抄写一首诗歌	抄写一首诗歌送给家人作为礼物	与生活需求关联
阅读	复述经典语篇的大意	比较一组语篇的内容和特点,回答同学的提问	提问题,完成挑战

---

① 郑桂华.义务教育语文学习任务群的价值、结构与实施[J].课程·教材·教法.2022(8):25-32.

续 表

学习内容	学习活动	学习任务	任务化途径
写作	写一篇200字的英语短文描述自己的周末	组织一次英语写作工作坊	赋予社会角色
实验验证	做一项自由落体实验	撰写自由落体实验报告并分享自己的领悟	基于学生所思所想

3. 子任务之间的关系

子任务是核心任务的细化和系统化,其是实施大概念教学的路径和脚手架。它可以用并列形式展现核心任务的不同侧面,也可以用进阶逻辑通向核心任务。子任务和核心任务一体化搭建起整体教学结构。

统编版语文七年级上册第六单元的阅读课文分别为《皇帝的新装》《天上的街市》《女娲造人》《寓言四则》四篇,写作板块为"发挥联想和想象",名著导读板块的作品《西游记》符合单元主题,亦可纳入单元一并学习。单元主要目标是"理解想象在不同体式文学作品中的运用,并评价其作用;根据需要运用联想与想象进行交流表达,从而培养学生语言运用、思维能力、审美创造等核心素养"。基于学情和教材分析,教师可以将大概念确定为:"伟大的作品通过想象提供超越现实的空间,因此成为人类永远的道理",基本问题确定为:"为什么这些文本的类型不同但可以借助而且必须借助想象来表达作者对生活的理解"。根据大概念和基本问题,从阅读角度设计的核心任务为:"探究这些作品运用想象的原因、方式与效果,将其运用到写作等学习生活中。"通过这一核心任务可以实现对不同文体(童话、神话、寓言、神魔小说)的整合性教学,促进学生开展整体研读活动,帮助他们初步探究文学作品的创作规律,形成对作品本身和生活的初步体认。

鉴于基本问题设计的统领性核心任务相对抽象,教师针对不同的文本分别以"并列""进阶"两个维度拟定了任务链(见表6-5)。

表 6-5 统编版语文七年级上册第六单元的阅读课文教学任务链

子任务	文体	并列任务	进阶任务
子任务一	童话	讲述皇帝的新装故事,探索想象在童话中是如何运用的	使用 when,where,who,what 四要素简单讲述故事
子任务二	诗歌	研读《天上的街市》,探索想象在童话中是如何运用的	使用 when,where,who,what,why,how 六要素简单讲述故事
子任务三	神话	讲述女娲造人故事,探索想象在神话中是如何运用的	使用 when,where,who,what,why,how 六要素,结合表情,让故事讲述流畅、连贯,体会想象的魅力
子任务四	寓言	讲述中外寓言故事,探索想象在寓言中是如何运用的	使用 when,where,who,what,why,how 六要素,清晰、连贯讲述故事,用几句话描述寓言的寓意和启示,明确想象作品和生活的价值

江苏省溧水中学诸定国老师就本单元的写作分层设计了以下任务。①

(1) 想象类写作任务。根据是否具有科幻性为标准将想象分为非科幻类想象与科幻类想象,分别设置以下任务供学生选择(见表 6-6)。

表 6-6 统编版语文七年级上册第六单元想象类写作任务

非科幻类写作任务	科幻类写作任务
写一则童话故事	以"十年后的我"为题,写一篇带有科幻色彩的作文
从"太阳""月亮""星星""白云""银河""彩霞"等物象中,选择一至两个,运用联想与想象,写一首带有想象色彩的小诗	

---

① 本案例由江苏省溧水中学诸定国老师提供,在此表示谢忱!

续 表

非科幻类写作任务	科幻类写作任务
选择一段神话故事的文言短文,将其改写或扩写成一则神话故事	自拟题目,写一则科幻小故事
写一则寓言小故事	

(2) 实用类写作任务。①在神话、童话、寓言、民间故事、科幻故事中选择一种类型,设计调查问卷在全班开展调查,完成《七年级学生阅读情况调查》的调查报告。②在上述调查的基础上,写一篇《我们为什么(不)喜欢阅读》的分析报告,进行合理归因,并提出阅读建议。

(3) 研究类写作任务。教师可以指导学生选择自己喜欢的一部作品(或一类文本),围绕某一个方面,研究作品是如何运用想象的,写一篇带有研究色彩的文章。可提供以下选题:

① 《伊索寓言》中的想象有何特点?故事中的动物主角有何特点?这些特点设计合理吗?

② 中外神话故事中的神(英雄)有何特点?比较中外英雄本色的差异。

③ 童话这种文学体裁的"儿童立场"是如何体现的?想象在其中发挥何种作用?

④ 中国民间故事中的主人公都具有哪些共同品质?你能说说原因吗?

⑤ 科幻故事具有丰富的科学原理、科学知识。请你以《带上她的眼睛》为例进行分析,并分享和展示优秀科幻作品的魅力所在。

……

在大概念和基本问题指导下的任务链设计中,无论是并列关系还是进阶关系的子任务,都应当有助于围绕核心任务建立结构化、有层次的任务系列,减轻学生完成核心任务的难度,起到脚手架作用,促进深度学习的发生,从而实现大概念的学习迁移。

四、学会研制任务单

（一）从教案、学案再到学习任务单

教学工具承载一定的教育理念，是实现教与学目标的重要手段，并随着课程与教学发展而不断更新和迭代。教学工具的设计是一项专业活动，也体现着教师的专业素养，尤其是设计能力。传统的教案是开展教学的重要依托，是教学论视域下的产物，其设计以教师为中心，聚焦系统地传授和巩固知识，从而发展学生的技能。然而，随着教育理念和教学实践的发展，这种设计模式已逐渐显露出其局限性，无法充分满足学生能力发展的需要。随着"以学生为中心"的理念受到认同，教学由对"教"的关注转向对"学"的强调，学案、导学案等应运而生。这类教学工具设计从学生的视角出发，更加注重学生的主体性和参与性，思考学生"学什么、如何学、学习结果如何体现"等，以更好地促进学生的全面发展。教案是从教的角度设计的，而学案是从学的角度开发的，两者在实践中容易产生分歧和误解，使得教和学发生割裂，不利于教学目标的达成。2022年颁布实施的义务教育课程方案和各学科课程标准提出，课程与教学设计应基于核心素养发展要求，以大概念为统领优化课程组织与教学内容，使之结构化，并通过完成学习任务达成学生核心素养培养的目标。因此，教学实践开展也要求从传统的"教案设计""学案设计"转变为"学习任务单设计"，从而搭建起单元教学整体框架。

学习任务单作为学习的一种支架，是教师根据核心素养发展要求，结合学生学习规律和教材特点，通过设计进阶性任务和序列化活动，以文字、图表等形式开发的供学生使用的学习辅助工具。教师借此将教学、评价和学习过程融为一体，使教学形成一个协调统一的系统。学习任务单设计旨在帮助学生更好地理解和掌握学习内容，往往包括评价模块、思考题和操作提示等，以促进学生自我监控和评价，提高自主学习意识和能力，也为不同层次和需求的学生提供个性化的学习

支持。不同学科课程的教学特点及需求不同,学习任务单呈现方式也有所不同,主要包括文本式、实物式和电子式。文本式学习任务单包括文字、图表等形式,以纸质平面形式呈现,适用于基础知识、基本技能的传授和基本概念的理解;实物式学习任务单则通过学具等形式呈现,主要适用于美术等视觉艺术学科,促进学生通过亲身体验开展学习实践活动;电子式学习任务单则利用多媒体技术,如视频、微信以及智能手段(如教育元宇宙)等,提供更加丰富、逼真和互动集成的学习体验。教案、学案和学习任务单区别见表6-7。

表6-7 教案、学案与学习任务单的区别

维度	教案	学案	学习任务单
目标指向	知识、技能传授	知识技能、过程方法、情感态度价值观等	核心素养、大概念理解和应用
功能定位	教学工具	学习材料和工具	学习内容和过程整合载体
教与学的关系	关注教	强调学	重视教与学统一
设计主体	教师	学生	师生等多主体协同
教学内容形态	零散、碎片化	形成一定体系,但相对松散	结构化、系统化
设计内容	教学流程	学习框架	教、学、评的一体化蓝图

(二) 模板开发

学习任务单的设计与实施是一个系统而严谨的过程,需要教师转变传统的知识观、学习观与教学观,将知识视为动态的思维过程和解决问题的工具。学生的学习不再是被动的知识接受过程,而是主动的概念建构和概念性理解能力提升的过程。教学要通过设计具有挑战性的学习任务与提供适时的支持与引导,激发学

第六章 核心任务完成就是深度理解并迁移应用大概念

生的学习兴趣和动力，培养他们的核心素养。同时，教师还需要关注学生的学习过程和结果，采用多元化的评价方式和手段，全面了解学生的学习状况和发展需求，为他们的个性化发展提供有力保障。素养导向的学习任务单设计应该立足于学科的大概念，确保最终设计的任务单既符合新课标的要求，又能有效引导学生进行深度学习，帮助学生实现从知识学习到素养生成的转变。学习任务单设计需掌握以下关键步骤和方法。

1. 确定学习目标

确定学习目标是设计学习任务单的首要步骤，也是关键指向。学习目标应基于新课标的要求和学科核心素养，并将核心素养转化为大概念学习要求，明确学生在完成任务后应达到的必备知识、关键能力和科学价值观等方面的目标。目标应明确、具体、可评价，以便学生清楚了解他们需要达到的标准。例如，教师在进行初中历史学科《中外历史纲要（上）》第四单元"明清中国版图的奠定与面临的挑战"教学时，可以选择"明朝的兴衰"这一历史主题进行任务单设计。该主题涉及历史理解、批判性思维、信息搜集与整理等多个核心素养，并确立大概念："朝代变迁具有历史必然性和偶然性"，引导学生从纵向和横向视野看待明朝的"新轮回"与"新挑战"。

教师可以设定以下学习目标：

- 搜集、整理和分析与明朝相关的历史资料；
- 了解明朝期间的基本历史脉络和重大事件及其内在关系；
- 理解明朝兴衰的原因和影响；
- 批判性分析明朝历史中的不同观点和解释。

2. 选择内容

选择内容是设计学习任务单的关键环节。内容的选择应既符合新课标提出的理念和人才培养要求，又应紧密围绕学习目标和大概念理解，按照内容优先性原则选择相应概念和知识体系，体现学科知识的内在联系和实际应用价值，以便有效促进学生深度学习。同时，教学内容应具有代表性、典型性和实用性。此外，还应考虑学生的兴趣和认知水平,选择能够引起学生兴趣、激发学生探究欲望的内容。这里需要强调的是,教材只是教学内容的材料,而不是内容本身,知识和概念才是教学内容。在上例中,可以选择以下内容。

- 明朝的建立与巩固:如朱元璋的崛起、中央集权加强、永乐大典的编纂等。
- 明朝的辉煌与危机:如郑和下西洋、明成祖的统治、科技发展、资本主义萌芽、宦官专权等。
- 明朝的衰落与灭亡:如土木堡之变、农民起义、清军入关等。

3. 设置任务

设置任务是设计学习任务单的核心环节。任务的设置应基于学习目标和内容体系,结合学生历史学习经验,以便引导学生深入探究、理解与应用学科大概念和核心知识,培养学生的高阶思维和学习能力。任务的类型应多样化,具有层次性和挑战性等,在上例中,可以包括史料收集与整理、基本问题解决、项目设计和实施、调查研究等多种形式,以满足不同学生的学习需求和兴趣,确保学生能够完成任务并获得收获感和成就感。

上例中教师可以设计以下学习任务。

- 资料搜集与整理:要求学生搜集与明朝相关的历史资料,如历史书籍、专题研究论文、网络资源等,并进行梳理和分类;有条件的学生可以开展实地考察调研等活动,形成一个明晰的明朝历史脉络,并进行成果展演。
- 主题报告:学生需选择一个明朝的重大事件(如张居正的"一条鞭法"改革)或时期(如崇祯皇帝统治时期为挽救明朝覆灭的作为),进行深入研究,并准备一个主题报告,向全班展示其研究成果。
- 观点辩论:组织一次关于"明朝兴衰的原因和影响"的辩论会,引导学生搜集资料,整理观点,并在辩论中进行阐述和辩护,提高历史理解、批判性思维素养。

4. 制定评估标准

制定评估标准是设计学习任务单的重要步骤。评估标准应基于学习目标和大概念的学习要求,明确学生在完成任务后应达到的具体标准和要求。按照以评促学原则,将评价指标提前告知学生,让学生清楚地了解如何达到标准并获得反馈,通过收集学生表现性任务完成过程的证据,以多元化的评价方式和路径关注学生的个体差异和发展需求,确保每个学生在任务完成的过程中都能得到发展和进步。

上例中教师可以设计以下内容评估标准并赋分。

• 资料搜集与整理:评估学生搜集的资料可以根据全面性、准确性和条理性三个维度设计评价量表。

• 主题报告:评估学生对所选主题的理解深度、资料搜集的丰富性、逻辑分析能力和语言能力。

• 观点辩论:评估学生观点的明晰性、独创性、逻辑性,是否论据充足,引证恰当;在辩论中的应变能力和合作精神等。

5. 试用与修订

设计完成后,教师应邀请学科专家、教研员等对学习任务单提出修改意见、加以完善,并进行试用。试用过程中教师应关注学生的反馈和表现,了解任务单在实际操作中的效果和问题。根据试用结果,对任务单进行修订和完善,确保其科学性和适用性,使之更加符合学生的实际需求和学科教学的特征和要求。

根据上文论述的学习任务单应该秉持的价值追求和基本理念,以及设计方法和步骤,结合自身研究和实践经验,我们提供一个学习任务单,供教师参考使用(见表6-8)。

表6-8 ＿＿＿＿＿＿单元学习任务单

学生姓名		所在班级		教师评价	
学科		年级		学期	
课时		课型		作业时间	
单元主题					

续 表

主题内容		
单元大概念		
基本问题		
单元学习目标	学习目标	达成指标
单元学习任务	单元学习核心任务	结构化学习子任务
		学习任务一：
		学习任务二：
		学习任务三：
		……

学习任务一			
学习目标(KUD)		达成指标	
核心问题	任务内容	具体活动	评价标准与指标
子问题1	任务1	活动1	评价标准与指标
子问题2	任务2	活动2	评价标准与指标

续 表

子问题3	任务3	活动3	评价标准与指标
子问题4	任务4	活动4	评价标准与指标
子问题5	任务5	活动5	评价标准与指标
学习任务二……			

（三）任务单应用

学习任务单实施应该注重任务链的构建和学科实践活动的开展。首先，关注学生学习体验。学习体验包括关系体验、情感体验和思维体验，要促进学生在体验中学会理解与表达大概念，形塑文化实践的学习品格。[1] 教师要确保任务具有趣味性和挑战性，提供多样化资源等深度支持，以便激发学生的学习兴趣，维系持续学习的动力。

其次，关注任务实施的结构化与逻辑。学生需要遵循深度学习的基本规则和指导原则，进阶性地开展接受式学习、参与式学习和迁移式学习；按照大概念理解的规律开展联想与结构化学习，促进经验与知识的转化和联结；通过活动与体验，促进大概念建构和理解；借助变式推演和本质挖掘，形成概念性理解。这些规范、规则和规律可以确保大概念教学更有效，使学生在整个学习过程中的行为符合

---

[1] 伍远岳.论深度教学：内涵、特征与标准[J].教育研究与实验，2017(4)：63.

预期。

再次，关注大概念、任务链、实践活动的内在联系。确保大概念、任务链和实践活动之间具有内在联系和一致性，根据学习目标和学生的实际情况，设计不同类型的任务和问题，通过组织学科实践活动，如探究、实验、调查、项目等，让学生将所学知识应用于实际情境中，确保学生在学习过程中能够逐步深化对大概念的理解和应用，培养他们的学科核心素养和实践能力。

我们结合一线教师的长期实践，根据自己的研究，提炼任务单实施的七要素：学习场域、学习主题、学习目标、学习任务、学习活动、学习资源与支架、学习评价，建构任务单实施指导模型供参考（见图 6-2）。

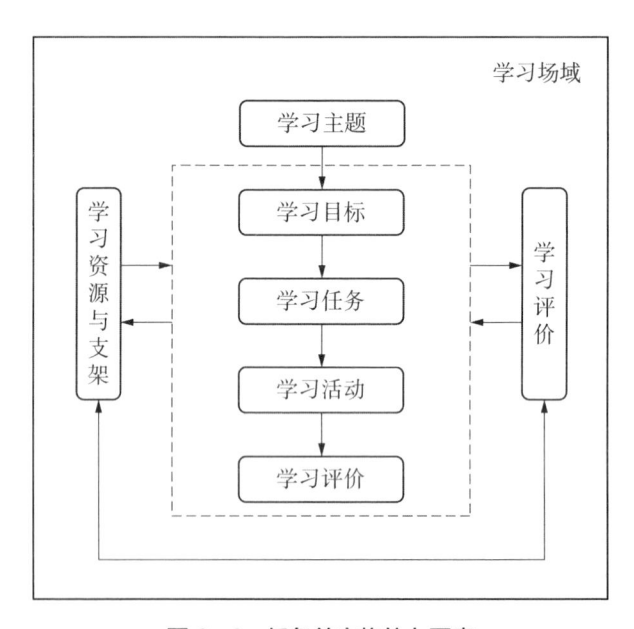

图 6-2　任务单实施的七要素

1. 学习场域

大概念教学需要兼顾学习广度、深度和关联度。学习广度需要教师借助现代智能技术,建构一个相对独立自主的活动空间,提供跨时空场域环境支撑,支持学生围绕大概念理解与应用进行协作探究学习,开展精准、个性而多元的过程评价和反馈。学习深度则需要教师借助数据回溯、交互和反馈,营造开放、适应和自主的学习生态,促进学生建立跨时空和跨情境概念性关系,以"智慧"为核心培育学生的素养。学习关联度需要教师利用大概念理解打破学校和社会之间的隔阂,打通知识与经验之间的堡垒,通过线下与线上相融合的方式形成混合学习方式,使正式学习与非正式学习得以整合,促进教学内容与相连的行为因素有效对接。借助人工智能技术,教师可以通过其生产性构建贴近学生需求的、可拓展的资源库,支持学习者定制适切的课程、时间等,满足其个性需求。[1]

2. 学习主题

学习主题是建立知识和概念、学校与社会的桥梁。在大概念教学中以学习主题为统领,可以明确教学的核心内容和学生探究的方向,其也是设定和达成具体学习目标的重要保证,能够确保目标的可操作性和可衡量性。学习主题可以依据课程标准、社会生活和学生需求进行选择和组织。

3. 学习目标

学习目标是核心素养在教学中的细化,是大概念学习要求的表征。教师要明确每个单元的大概念学习要求,根据KUD开发具体的素养目标,确保任务单的实施与课程目标紧密相连,有效达成课程目标,为学习任务的设计提供依据和抓手。

4. 学习任务

学习任务的完成要与学习目标紧密对应。在任务实施时,应充分考虑学生的实际情况和兴趣点,使任务具有吸引力和挑战性,使学生能够高投入地进行学习。

5. 学习活动

指向生活的、富有意义的学习活动就是学习任务。大概念教学要按照学科/跨学科实践逻辑和规则,确定活动的形式、步骤和方法等。活动的安排应体现循

---

[1] 余亮,魏华燕,弓潇然.论人工智能时代学习方式及其学习资源特征[J].电化教育研究,2020(4):28-34.

序渐进、多样性的原则,确保学生在活动参与中逐步实现学习目标。

6. 学习资源与支架

提供必要的学习资源与支架是学习活动成功开展的条件,是支持学生的自主学习和合作探究的保障。教师应该根据大概念教学需求,建立资源库、工具库、策略库,教会学生自主使用与开发资源和工具;建构学习社区,确保学生在学习活动中有咨询和"求救"的路径;指导学生根据学习需求选择与学习目标相匹配的学习策略,以便更好地理解和掌握知识,形成概念性理解能力。

7. 学习评价

制定学习评价方案,包括评价的内容、标准和方法等。制定基于大概念理解的学业表现标准,将评价嵌入整个学习过程,确保评价更具针对性和实效性,更好地反映学生的核心素养发展水平,及时反馈学生的学习状况,以便教师及时调整教学策略并激励学生不断持续学习。

通过以上步骤的组织和建构,我们可以形成一个完整的学习任务实施模型。该模型既体现了"教学评一体化"的教学理念,又具有很强的可操作性和实用性,有助于教师在实践中有效实施单元教学。

第七章 情境为核心任务完成提供背景和支撑

去情境化的教学往往让学生获得一种只适用于学校场景的"惰性知识"(inert knowledge),这一知识无法迁移到真实问题的解决中,阻碍素养的形成。在智能时代,人工智能等新技术赋予学习新的特点,使教育面临转型发展的挑战,教育教学生态亟须重构,通过教学情境设计和实施,促进学生学习根植于真实性情境,打破学校与社会之间以及学科之间的壁垒,培养学生在未来可以成功地解决真实情境中复杂问题的能力。

一、为什么要引入真实性情境?

从 20 世纪 80 年代以来,教育逐步从工业时代的层级模型转化为信息时代的网状模型,教师的教学也由知识技能传授转向围绕"真实生活和现实世界中的问题和机遇"展开,学习逐渐成为学生与情境互动后达成预期学习结果的过程。因此,大概念教学应该将真实性情境渗透于教学过程,并应用于评价,从而引导素养目标的达成。

(一)激发和保持学生问题解决的动机

动机是引发人从事某种行为的力量和念头,可以分为外在动机和内在动机两类。前者来自外部的驱动力,如老师的表扬、外部的要求等;后者来自学生内在的价值认同,如学生认为学习任务很重要而不断付出努力等。两者没有优劣之分,但有适用场景之别,外在动机适合推动"短平快"的行动,内在动机适合推动长期的、更有挑战性的学习行动。当下盛行的基于复杂问题的学习、项目化学习等需要学生的高投入,包括时间精力投入、情感投入和行为投入等,要利用内在动机加以维持,单靠"短暂、表面和易变的"好奇心是远远不够的。因此,在大概念教学中如何激发和保持学生问题解决的动机,显得非常重要。

"动机＝需求×价值"[①]这一公式可以为教师激发学生对复杂问题的探究提供参考。这里的需求包括从低阶的生理需求、安全需求到高阶的归属需求、交往需求、尊重需求、自我实现需求等。价值包括相互关联的自我价值(对自我的价值认知)和学习价值(对学习的价值认知),它是情境化的,同一件事物在不同情境下的价值及倾向是不同的,需要与当时、当地情境关联思考。但某个学习行为对真实生活的影响越大,学生感受到的学习价值就越多,从而表现出更明确的行动意愿,在完成任务时不断提高自我价值,从而持续性地开展学习探究。而当前教师在教学中提供的问题常常缺乏"价值感",学生体会不到学习的生活价值,从而影响他们的自我价值,尤其是当课堂上传授的是专家结论即公共知识或客观知识时,学生就处于被动学习状态,只有接受"知识"的权利,很难拥有真正的主动权,不需要、更不能使用和创造知识,体会不到自我价值。这也是为什么学生学习的知识、技能和概念仅能在教材的某个单元中被理解与应用,而换个情境学生便会手足无措。最典型的例子就是在语文课上,学生学习了说明文单元,但到了数学课上就不会说明解决问题的过程了,这是因为学生学习的是去情境的方法知识。另外,在分科教学的背景下,教师以课时为单位施教,导致学习过程大多是一个个独立的、界限分明的片段,学生在教师的驱动和帮助下,短时间里就能完成学习任务,但很难引发长期探究的欲望。

例如,进行苏教版数学六年级上册"解决问题的策略——假设"一课的教学

---

① 安德烈·焦尔当.学习的本质[M].杭零,译.上海:华东师范大学出版社,2015:69.

时,教师可以对教材例题加以讲解。

例题:小明把720毫升果汁倒入6个小杯1个大杯,正好倒满,小杯容量是大杯的$\frac{1}{3}$。大杯和小杯的容量各是多少?

按照常规问题的解决思路,教师引导学生思考以下问题:

(1) 题目中告诉我们哪些条件?(分析问题)

(2) 你觉得哪一句话是解决问题的关键?大杯和小杯的关系还可以怎么表达?(进一步表征问题)

(3) 能否直接求出两类杯子的容量?为什么?(深入探究问题)

(4) 怎样用替换策略解决这个问题?(提供策略思考问题解决路径)

学生分小组讨论交流假设的方法,选择喜欢的方法画一画,列出算式解答(发给学生练习纸张)。接下来是小组展示汇报与学生课堂检测环节,最后教师进行总结并引导学生进一步思考。

这一案例中的题目是含有真实情境的,按照一般问题的解决思路:发现问题—界定问题—解决问题,可以满足学生"短暂、表面和易变的"好奇心,而通过探究过程,学生可以掌握常规问题的解决策略,也可以理解"假设"和"替换"这两个概念的内涵与功能,但案例的问题本身不够开放,虽然能满足学习知识的需求,但却没有直接指向生活价值。

(二) 让学生经历完整的学习任务完成过程

任务是指定的、需要承担责任的具体事项,学习任务是注重认知、交往和实践的活动,是认知学习、技能学习和社会学习的重要载体。但活动和任务是有区别和联系的。我们倾向于认为,教学中的学习活动是学习任务的下位概念和支架,任务的完成具有更强烈的社会目的性和开放性,需要以具体情境为支撑,指向现实生活。例如,"背诵一首古诗"是一项练习活动,但"开展'古诗周'活动"因为植入了情境,就成为学习任务。再如,学习初中物理"电阻原理"时,完成有关电阻、电流与电量之间关系的习题是练习活动,但学生对此未必有兴趣,只是在避免被教师批评的动机驱动下不得不去做。而让学生尝试探究如何运用电阻原理将家中的普通台灯改装成可以调节亮度的节能灯,这样的学习过程就不再是对相关的物理知识的单纯记忆,而是指向生活价值的学习任务,可以将书本知识应用于实际问题解决,调动学习主动性和创造性。这些学习任务指向学生的"胜任力",需要与环境互动的过程才能解构和理解。这种胜任力是指当学生面对充满不确定性的情境,完成了一个具有挑战性的真实性任务时,会感觉到由衷的满足和自信,促使他们去挑战下一个任务。[①]

学习任务是一项问题指向性活动,需要学生"发现(感受)问题→界定问题→提出假设→进行推理→验证假设"[②]。然而在学校教育实践中,"发现(感受)问题"和"界定问题"这两个重要步骤常常被忽略,或由教材和教师代为完成,导致解决问题的过程和结果是有限的甚至是单一的,表面上看起来是学生开展了热热闹闹的探究活动,经历了完整的学习过程,但实际上他们也只是按照教师的指示一步步去操作。产生这一困境的根本原因在于教师将教学目标指向专家知识和结论,而忽略专家思维方式的价值。进一步说,在完成任务的过程中,专家的知识是条件性的,他们知道因地制宜、因时制宜地运用不同知识,这在很大程度上表明专家能在具体的情境中发现与界定问题,进而创造"条件"完成任务。

在学校教学中,教师的习惯是根据自己的经验,提供给学生包含目标、条件和途径明晰的、良构的学习任务,再让学生通过发现学习任务中的关键问题和条件,进一步表征与界定任务的性质和完成条件,如此一来,学生利用已有知识、技能和概念就可以清晰与顺畅地达成任务目标。但现实世界中存在着大量的劣构问题和复杂的任务,即至少有一个要素有待进一步明确,这些问题与任务需要创造条件和情境才能被解决,学生要经历"发现问题→界定问题→解决问题"这一过程的迭代循环。

统编版语文八年级上册第一单元是一个以"新闻"为主题的活动·探究单元,其

---

① 杰罗姆·布鲁纳.布鲁纳教育论著选[M].邵瑞珍,等,译.北京:人民教育出版社,1989:208-212.
② 约翰·杜威.我们如何思维[M].伍中友,译.北京:新华出版社,2010:14-16.

意义是让学生通过完成学习任务掌握新闻的重要性及其特点,学会就身边发生的事情撰写新闻稿。教师在进行单元教学设计时,可以基于这样一个真实生活情境:开学初,为了让新同学尽快熟悉学校环境,体验丰富多彩的开学生活,可以以"新学期,您好"为标题组织学生制作一期墙报,报道开学初学校面貌的变化和周围的感人事迹,通过消息、通讯、特写、新闻评论等不同的体裁,反映学校的真实生活和学生的精神面貌,进而让学生将所学知识运用到问题解决中,借此完成单元学习内容。

根据目标设计基本问题:如何通过阅读和收听身边的新闻,养成关注良好的社会生活的习惯?结合教学的需要,可以将其"翻译"为核心任务:制作一期"新学期,您好"墙报。确立的任务群如下。

任务1:在了解"消息"的构成要素和特点的基础上,学会摘取消息的关键信息并进行相关写作。

任务2:根据"特写"的特点和作用为这一活动提供相应的文稿。

任务3:尝试实地采访,撰写一篇通讯稿。

任务4:研制评价标准,完成墙报的设计和制作。

任务5:发布和展示墙报,并进行反思和完善。

这项核心任务是建立在学生"最近发展区"之上的,是一项情境性任务。为了完成这项富有挑战性的任务,学生要梳理相关知识和技能,完成学习任务知识清单(见表7-1);掌握采访技巧,准备相应工具进行实地采访;对教材中没有涉及的其他新闻体裁进行学习;经历墙报布局等完整的学习任务完成过程,在现实世界中创造性地解决问题,形成从现实世界中发现问题和界定问题的能力。

表7-1 学习任务知识清单梳理

要素\篇名	消息二则	首届诺贝尔奖颁发	"飞天"凌空	一着惊海天	国行公祭,为佑世界和平
体裁					

续 表

要素＼篇名	消息二则	首届诺贝尔奖颁发	"飞天"凌空	一着惊海天	国行公祭，为佑世界和平
时效性					
篇幅					
报道对象					
标题特点					
表达方式					
语言特点					

（三）建立概念深度理解

传统的教学旨在促进学生对知识点的记忆和巩固，通过每一节课零散的内容学习，试图让学生建立起知识结构，实现点状突破；学生的学习方式一般是去情境化的，只是在知识之间形成简单连接，没有经历理解这个环节，试图达到"先见树木再见森林"的目的。素养导向的单元教学强调以大概念理解和迁移应用为载体，打通知识与素养的隔阂以及学科之间的堡垒，链接现实生活和学校学习，达成既见树木又见森林的目的，从而解决真实问题，形成概念性理解能力，获得有创意的成果。相应的成果也是学生围绕生活情境对大概念进行深度理解后产生的作品，是靠传统的知识分类记忆的教学无法达成的。传统教学中的分类记忆无论是短时记忆还是长时记忆，都是学生通过"强记"零散的观点而形成的，基本上都孤立于情境之外，难以应对变化的情境。而场景或位置记忆则靠"理解"建立概念间关系，处于具体情境之中，使知识动态关联起来，开拓记忆和应用空间，学生能够自由想象和建构，形成具有弹性的"图式"，可以应对复杂多变的情境。

凯恩将分类记忆和场景记忆形象地比喻为"路线"和"地图"。例如，你驾车去了一个陌生的城市,按照导航仪设定的路线可以顺利到达目的地,但会因注意力集中在导航仪而无法欣赏沿途美景、领略地方风土人情,如果下次没有导航,或仪器出了故障,就有可能束手无策。而地图只明确了行进方向和目的地,你可以安排不同行程,甚至可以灵活变换各种路线,或漫无目的地闲逛,在此过程中,你的大脑会建构形成行程图谱,将线路、景点和目的联系起来。因此,如果将地图建构类比学习过程和环节,学生就需要组织大量的信息。对这些信息、知识以及相应技能的学习需求仅靠教材无法满足,应利用现实世界这个"伟大事物"[1],结合现实生活的需要激活各种信息和知识,进行无穷尽的探究,而教材中的信息只相当于导航。这个"地图"就是学生的"心智模式",利用大概念这个GPS发挥作用。"地图总是复杂的与个性化的,建立了信息的内在结构,它所包含的信息要远远多于包裹在练习或课本中的信息。"[2]

对同样的学习任务,如果其完成过程是让学生按照预先定好的步骤进行,学生则无需或没有机会去恰当地组织信息,也无法发现这类信息的相关联之处,难以形成对这类信息的直接需要,不可能很好地"感受"到学习本身及其指向目标的的价值,并有效激活生活体验。这使得大多数学生会用"记忆"活动的方式"应付差事",而非自觉进行概念性理解。约翰·B.彼格斯等学者开发的"可观察的学习成果结构"(structure of the observed learning outcome,SOLO)分类理论把学习成果结构划分为前结构、单结构、多结构、关联结构和抽象扩展结构五种水平[3],为教师设计教学情境从而收集学生的概念性理解证据提供参考。这五种从低阶到高阶的水平不仅与书本的内容相关联,更与广泛的生活经验相关联,有助于建立概念间关系理解,可迁移到不同情境中解决更大范围内的问题。

道德与法治课程第一学段设置的五个主题:生命安全与健康教育、法治教育、

---

[1] 帕克·帕尔默.教学勇气——漫步教师心灵[M].吴国珍,等,译.上海:华东师范大学出版社,2013:118.
[2] 雷纳特·N.凯恩,等.创设联结:教学与人脑[M].吕林海,译.上海:华东师范大学出版社,2004:34-42.
[3] 约翰·B.彼格斯,凯文·F.科利斯.学习质量评价:SOLO分类理论(可观察的学习成果结构)[M].高凌飙,张洪岩,主译.北京:人民教育出版社,2010:25-32.

中华优秀传统文化教育、革命传统教育、国情教育,确立了政治认同、道德修养、法治观念、健全人格和责任意识五大核心素养,旨在通过教育使学生具备必要的生活技能和法律知识,同时培养他们的文化素养和爱国情怀。教师可以借助SOLO分类理论,结合学业质量要求:"在日常生活中,能够自己的事情自己做,承担力所能及的家务劳动",通过对"探究与建构"这一学科任务进行示例分析,建立学生学习行为、概念性理解与相应情境之间的连接(见表7-2)。

表7-2 基于SOLO分类理论的行为表现进阶

结构水平	行为表现	核心素养	任务情境
前结构	拒绝回答,对问题进行简单的重复,问题线索和解答混淆;随意作出判断	无	无情境
单结构	举出一项自己要负责的事/能够展示一项自己做事的技能	责任意识	学科情境
多结构	举出两项及以上自己要负责的事/能够展示两项及以上自己做事的技能	责任意识、道德修养	学科情境+跨学科情境
关联结构	日常生活中自己的事情自己做,承担力所能及的家务劳动,懂得做家务的意义	责任意识、道德修养	学科情境+开放情境
抽象扩展结构	自己的事情自己做并承担力所能及的家务劳动,能理解其意义,换位思考,有做家庭小主人的责任感和主人翁意识	责任意识、道德修养、健全人格	学科情境+开放情境

二、如何理解情境?

(一)情境中内含知识及其建构

德国一位学者有过一个精辟的比喻:将15克盐放在你的面前,你无论如何也难以下咽,但将这些盐放入一碗美味可口的汤中,你就会在享用佳肴时将它们全部吸收。情境之于知识,犹如汤之于盐。盐需要溶入汤中,才能被吸收;概念需要融入情境之中,才能显示出活力和美感,从而被理解和迁移应用。

这则比喻用了一个具体、浅显、熟悉的情境来说明相对抽象、深奥、生疏的现象,其将两个领域的事件(日常生活和学习科学)联系起来。反观当前的教学还存在大量去情境化的情形,很多教师没有充分认识到"情境性(situativity)是认知活动最根本的属性"[1]。为了将概念学习的成果应用于日常生活,需要借助"迁移"这一概念搭起二者之间的桥梁。在教学领域,教师可以根据概念性理解能力的"习得—关联—迁移—融会贯通"这一形成机制,利用迁移将情境与大概念理解和应用乃至核心素养建立联结,同时利用情境变化搭起概念之间的关系(我们称之为"概念性关系"),促进学生解决真实问题能力的提升。教学中,学生通过探索嵌入情境的基本问题(也即"概念性问题")来理解概念性关系,精炼与深化对真实生活更深层次的理解,在此过程中他们的概念性理解能力可以得到提升。这一过程包括两个部分:(1)教师提出概念之间如何联系的抽象问题,以引起学生对深层结构的注意和建构;(2)学生探索一个特定的情境,例如解决一个数学问题、开展科学实验、解读历史时刻等,理解概念所发挥的主要作用。[2]

因此,教师在教学中要不断为学生提供探索特定情境的机会,促进学生尝试回答概念性问题,并将自己的概念性理解应用到不同情境中(见图7-1),从而提升对复杂的真实问题的解决能力。这里的概念性关系问题是一个坚实的起点,它将不同学科的视角联系起来,从而建构起一个概念框架,随着学段延伸,这个框架的复杂性和解释力也会增加。

---

[1] 雷纳特·N.凯恩,等.创设联结:教学与人脑[M].吕林海,译.上海:华东师范大学出版社,2004:34-42.
[2] 朱莉·斯特恩,等.可迁移的学习:为变化的世界设计课程[M].屠莉娅,等,译.杭州:浙江科学技术出版社,2023:19-20.

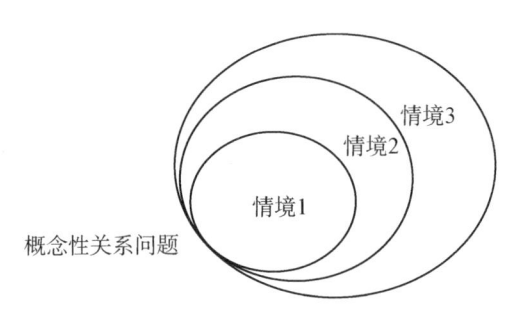

图 7-1　深化学习的学习迁移循环

（二）不同的情境不同的理解

《义务教育课程方案（2022年版）》强调："加强知识学习与学生经验、现实生活、社会实践之间的联系，注重真实情境的创设，增强学生认识真实世界、解决真实问题的能力。"[①]《义务教育英语课程标准（2022年版）》关于创设情境的理念强调学习过程，注重语言学习的实践性和应用性，学生在语境中接触、体验和理解真实语言，并在此基础上学习和运用语言；各科语言知识的呈现和学习都应从语言使用的角度出发，为提升学生"用英语做事情"的能力服务；尽可能多地为学生创造在真实语境中运用语言的机会，培养学生基本的英语素养。[②] 这里所说的素养指的是学生在语境下的语感和自然反应能力。

情境是在一定时空范围内各种条件的结合，是问题（任务）的物理的、概念的结构，以及与问题（任务）相关的活动目的和社会环境。情境蕴含着事件发生与发展的内在和外在逻辑，它既可以解释事件，也包含了解决事件的内在因素。情境包含着问题，负载着意义，召唤着行动。大概念教学中教师要学会根据不同的学习内容创设合适的教学情境，激发学生的认知冲突，使学生的思维深度参与到学习过程中，发展学生的概念性理解能力，培养学生的核心素养。

---

① 中华人民共和国教育部. 义务教育课程方案（2022年版）[S]. 北京：北京师范大学出版社，2022：14.
② 中华人民共和国教育部. 义务教育英语课程标准（2022年版）[S]. 北京：北京师范大学出版社，2022：34-41.

根据对情境的不同理解可以将其分为不同类型。

1. 按照来源分类

（1）现实生活情境。这类情境与家庭、工作场所等日常生活密切相关,它关注学生如何运用所学知识、概念解释生活中的现象和解决实际问题。

（2）人为创设的教育情境。这种情境通常根据达成教育目标的需要,由教师开发设计,如引入相关材料、设计课堂讨论、实验环节等,帮助学生通过特定的学习任务掌握新知识、技能和特定概念。

（3）自然情境。涉及生态系统、自然景观等自然环境中的情况,这类情境的引入有助于学生理解概念性关系和自然世界的运行规律。

（4）社会情境。这种情境涉及社会关系、文化背景等社会结构和互动,相应的分析和建构有助于学生理解社会行为和文化的形成,建构大概念理解。

2. PISA测试中的情境分类

根据阅读的目的或作用,PISA将阅读素养的评价情境分为四类(见表7-3)。

表7-3　PISA对阅读素养的评价情境分类

评价内容 \ 评价情境	个人的	公共的	职业的	教育的
作用或用途	为了满足个人兴趣,如好奇心等与他人交往、审美方面的好处	为了获取公共信息或参加大型社会活动	为了完成某一工作任务	为了学习新知识,理解概念间关系
举例(有的阅读材料可以归到不同情境,这要看具体情况)	书信、电子邮件、小说、传记、杂志、地图、博客	通告、规划、计划、小册子、报纸、表格	说明书、手册、时间表、备忘录、报告、数据表、图表	文章、地图、图表、数据表

PISA 在数学素养测试中根据情境与学生的距离、情境中数学问题的明确程度,将情境分为四类。

(1) 个人。与学生个人的日常生活直接相关,其核心在于学生解决数学问题时影响个体的行为方式和个体知觉问题背景的方式。类似情境一般需要在问题解决之前进行大量解释。

(2) 教育或职业。该类情境出现在学校生活或工作场景,其核心在于学校或职场工作可能要求学生面对一些需要教学解答的特殊问题。

(3) 公共。与所在社区或更大范围的社会相联系,其核心在于了解周围环境各因素之间联系的方式。

(4) 科学或数学类。可能涉及一个技术问题,是纯理论、高度抽象的情境。

3. 按照明确程度分类

作为问题情境的自然和人文事象具有复杂多样性,在不同的情境下人们对概念和问题本身的理解及其生成的认知过程会有差异,可以依据错误、不协调、矛盾等问题事件性质的存在状态分为三类。

(1) 明确的问题情境(evident problem situation)。即情境中有明显存在的问题事件,只需要简单观察和阅读即可发现答案或问题解决方案,不需要刻意挖掘,如根据教材内容完成简单的填空和搭配练习,描述学校楼房布局等,这类情境一般没有情境迁移。

(2) 隐晦的问题情境(implicit problem situation)。即存在不明显的问题事件,需要感知、分析情境的信息和其内含的条件,从不同视角进行挖掘,如数学中图形关系的证明问题需要添加辅助线才能求解。这类情境一般在表征问题的基础上,促进学生知识情境迁移。

(3) 潜在的问题情境(potential problem situation)。即情境表面不存在问题,需要建构、创造和发现问题事件,如设计校园中两个花坛之间的铺砖方案,就涉及不同学科领域的内容和问题,需要自主建构。

面对这些不同类型的真实情境,个体会产生不同的困惑、生成不同的情境,自然也会涉及不同的认知活动,表现出不同的认知、情感态度和行为,应用不同层级的知识、技能和概念进行解决与解释(见表7-4)①。

表7-4 不同问题情境下问题生成和解决的认知活动

问题情境	问题	认知活动	问题解决
明确的	看出情境中的问题	感知情境(识别)	认识到有现成的解决方案
隐晦的	找出隐藏的问题	分析数据/资料(发现)	寻求解决方案
潜在的	根据情境创造问题	建构问题事件(创造)	产生解决方案

威金斯等人提出真实性问题情境的三个特点:具有现实意义、复杂的境脉、开放的学习环境②,并根据真实性程度将其分为四类:虚假真实、净化真实、模拟真实、现实真实(见表7-5)。真实性问题可以是对真实世界中问题的修订、改编;也可以从学科出发设计跨学科问题,但不要从低阶的,只需要计算、背诵、默写等的认知角度来设计,以便带动不同学科知识和技能的融入,带来多元视角、观点和问题解决路径。

表7-5 按照真实性程度对情境分类

类型	具 体 内 涵
虚假真实	为了某个知识点而人为构造的假问题,情境与现实生活不相符
净化真实	基于真实情境提出的简化的问题,为知识的习得设定、简化了特定的条件

---

① 苏小兵,杨向东,潘艳.真实情境中地理问题生成的学习进阶研究[J].全球教育展望,2020(8):44-62.
② 格兰特·威金斯,杰伊·麦克泰格.追求理解的教学设计(第二版)[M].闫寒冰,等,译.上海:华东师范大学出版社,2017:19-20.

续 表

类型	具 体 内 涵
模拟真实	模拟过去、现在或未来的情境中的各种因素和限制条件而提出的问题,提出模拟问题解决的成果,进行模拟检验
现实真实	源于现实世界的问题,在现实情境中可以应用和操作,面对真实的受众,形成可应用于现实世界的设计或方案,并接受来自真实世界的受众或专家的检验

三、 什么是好情境?

(一) 是"逼真的"而不一定是"真实的"

很多教师和专家都在强调和认同情境真实的重要性,却受到二元对立思维的影响,对教学中情境的真实性存在误解。强调情境真实的目的是使学生建构概念性关系,形成解决未来现实世界问题的专家思维,而非为了传授专家结论而人为炮制。从这一意义上说,教学中情境设计的目的是"为了真实",具有真实特征,而不是事件或事物本身的"不虚假""真正存在"。从客观条件上看,智能技术支持下的模拟情境,不仅看起来真实,借此还可以开展无障碍的、与问题解决相关的互动,而且具有成本低、风险小和可操作性强的优点。教育元宇宙和一些智慧课堂遵循学习规律,为学生提供必要的帮助和支架,可以更好地减轻学习中的心理障碍,激发学习兴趣,还可以自我监控学习进度,呈现概念性理解水平和存在的问题,从而在解决问题过程中发展核心素养。这种虚拟情境是"逼真的",但这不是载体的真实,而是表现为心理逼真、功能逼真和物理逼真。心理逼真是指模拟情境复制真实问题情境中个体所激发的心理因素,学生心理上把这类情境当作"真的",引发的心理认知与真实情境相同,如利用电脑教学生练习书法等。功能逼真度是指模拟情境以类似于真实情境的方式发挥应有的功能,比如学习英语阅读课文 *Necklace* 时让学生进行"role play(角色扮演)"等。而物理逼真度是指模拟问题情境在"看""听""摸""闻",甚至"尝"上与真实问题情境相似。①

在数学学科"反比例函数"章节的教学中,教师铺设了妞妞用阻力臂为3米的木棍撬大石头、冲冲不小心把一块正方形玻璃摔成了两个三角形等情境。可以发现,在前者中,小女孩妞妞不可能拿起三米长的木棍,在后者中,现实中的正方形玻璃不可能完美地摔成两个三角形,绝大部分情况下它们会碎成不规则图形,因此两个情境都不具有物理逼真性。在生物学科"细胞的能量通货——ATP"教学设计中,教师根据自己的经验引入国外某萤火虫童话公园里"萤火虫发光"的问题情境,设问"萤火虫发光需要的能量由什么物质直接提供"。但很多学生没有见过这样的公园,缺乏相应的感受和体验,这样的情境因心理逼真度不足而徒增学习负担,自然无效。

(二) 是"开放的"而不是"封闭的"

生活中人们遇到的问题和困惑常常超出学校范围而根植于现实世界,对应的情境必然是开放的,包括条件开放、资源开放和反馈开放等。条件存在显性和隐性、静态和动态、现成和获取、清晰和模糊等不同形态,资源包括物的资源和人的资源等,反馈包括正向、中性和负向等,需要教师根据教学目标加以取舍。在教授"The Internet Makes the World Smaller"这节课时,教师可以选择用图片或视频来呈现互联网的发展历程和应用场景,还可以发掘与获取隐性、动态、模糊的条件和相应的资源来保障任务的完成。教师要在专家的专业支持下获取专业知识和精深技术,利用不同类型的反馈激发学生的学习热情和动力,监控学习过程,让学生理解其中的细节和逻辑关系。

情境内含的问题和任务是开放的还是封闭的,决定了学生的应答方式。一般而言,封闭性情境中学生往往会采取应答性行为,不利于概念性理解形成,而开放

---

① 杰罗姆·范梅里恩伯尔,保罗·基尔希纳.综合学习设计(第二版)[M].盛群力,等,译.福州:福建教育出版社,2015:52.

性情境中学生多采取建构性行为,这种行为能够促进学生深度理解的发生。例如,完成五年级《山居秋暝》一课教学后,教师如果提出这样的情境问题:"请大家讨论为什么'随意春芳歇,王孙自可留'?"那么其已预设了标准答案,学生的回答也基本上是封闭的。如果教师将情境问题修改为"根据你对这首诗的理解,探讨一下王维的人物形象",那么很多学生可以得到不同的答案,有的学生的回答是"高洁的情怀",也有的回答是"官场失意后不怨天尤人,而是寄情山水、修心养性"。问题情境的开放导致学生的答案不一,尽管存在不全面的问题,但这都是他们理解的结果。如果教师将问题情境再次修改为"收集与整理不同人在读王维的诗歌时感受到的人物形象,结合自己的学习体验,写出你心目中的王维是个什么样的人",那么这样的情境会更加开放,需要的条件和资源更加多元,得到的反馈也存在不同差异,因此学生对人物形象的理解和建构会更加丰满。

(三)是相对"整体的"而不是"割裂的"

正因为真实性情境是开放的,指向真实社会问题解决,需要外界环境加持和资源支持,这也决定了它必然是整体的,表现为从问题的产生到解决过程的一致、领域知识与概念间关系的融通、情境中隐含着不同性质的因素整合、问题表征与理解差异的统一、解决方案中体现的学科交叉性和动态性。问题解决或任务完成的整体性在很大程度上就是要从纷繁变化的信息、条件中辨别、梳理出核心因素,从中发现与界定关键问题和环节,同时利用现有条件和资源创造潜在情境,并因地制宜、因时制宜地不断调整思路和方案。

小学社会情感教学中,教师提出核心问题:同理心与冲突如何关联?并设计了核心任务:探究同理心与冲突的关联。教师首先明确探究目标:"理解同理心和冲突这两个概念的内涵和特征,建立两者之间的关系",并提出几个概念性问题,指导学生开展头脑风暴,尽可能列举冲突类型,收集代表同理心和缺乏同理心的场景与图示并进行分类,努力探究同理心在不同情境中的共同特征。学生掌握两个概念的内涵后,持续追问,即可指向核心问题。学生通过情境的迁移与循环学习加深对概念的理解,建立概念性理解:缺乏同理心是冲突产生的主要原因,因此要学会换位思考(见表7-6)①。

表7-6 学习迁移循环案例

同理心与冲突如何关联?	
抽象的概念性问题	探究的情境
缺乏同理心怎么会导致冲突的?	学生读一篇小故事,讲的是一个弟弟总觉得被哥哥姐姐冷落,然后他们讨论了缺乏同理心对兄弟姐妹们的冲突产生的各种影响
冲突怎么会让人难以理解他人?	学生头脑风暴自己与他人发生冲突的实例,并写一篇日记,记录冲突给他们带来的感受,然后讨论与冲突相关的情绪——愤怒、沮丧、怨恨、悲伤,是如何使自己难以设身处地为他人着想的
同理心如何帮助解决冲突?	学生观看一段视频,视频中一个女孩在和她最好的朋友吵架时,通过换位思考来克服愤怒
同理心与冲突如何关联?	学生通过前三种情境来反思他们的学习,并通过反思和复盘形成同理心与冲突如何关联的整体思考

(四)是"多元的"而不是"单一的"

现实世界的情境是复杂的,也是开放的,这一方面源于现实世界的劣构性和主观性,达成的目标、现有的条件和解决的途径往往需要人们自己界定和寻找,并且个人面对问题所拥有的资源、条件等都是开放的,因此充满无限可能。相对而言,在学校教育中,有关学科的良构问题通常有固定的答案,其解决常常按照规定

---

① 朱莉·斯特恩,等.可迁移的学习:为变化的世界设计课程[M].屠莉娅,等,译.杭州:浙江科学技术出版社,2023:19-20.

好的目标、条件、途径进行,因此问题解决的价值往往是有限的或者唯一的,大多指向某些分类知识和技能的记忆与巩固。另一方面,现实生活中的问题解决具有巨大的回旋空间,充满不确定性,每一个个体和团队的兴趣专长、已有经验、专业能力、资源条件等都会影响问题的解决,因此问题解决的过程和结果必然呈现出多元性。

核心素养的本质是真实性,指向核心素养的教学要求学生通过解决复杂问题来培养概念性理解能力,需要单元整体设计,相应的,情境素材的开发和应用也应该保持连续性,并贯穿于整个教学活动过程中,明确教学任务及其内在逻辑,维系学生学习的连贯性和进阶性,促进深度学习发生。实践中很多教师认识到问题情境是一种资源,但缺乏整体有序规划和合理使用,操作中设计的情境往往是单一的,表现为事件本身的单一和因素的同质化。例如,有教师在设计"重力势能"主题教学时多次将高空坠物作为问题情境。尽管高空坠物情境和重力势能有关,但单一化和同质性的案例会让学生感到乏味。另外,这样的"碎片化"情境更适合用在动量定理的主题教学设计中,不利于学生整体把握单元大概念,影响核心素养培养。

四、怎么设计情境?

(一)情境创设的目的是什么?

核心素养是个体应对各种复杂的、不确定性的现实生活环境所必备的科学价值观、关键能力和必备品格。核心素养的培养需要学生在一个又一个基于真实情境的主题或项目中,通过体验、探究、发现来建构自己的概念体系,发展自己的关键能力,养成自己的必备品格。复杂多样的现实情境创设是培养和评价学生核心素养的重要载体。

在教学过程中,教师应该以实现核心素养培养为价值取向,利用自己的教学智慧巧妙地创设源于现实生活、贴近学生经验的专业情境,不仅发挥其"激趣"作用,还要重视其"激疑""激思"功能,帮助学生合理解决各种富有挑战性的真实任务,促进知识迁移,形成概念性理解能力。"激趣"所创设的情境不仅能够激发学生的短时间好奇心,还能促进学生内在动机的提升;"激疑"则是指通过情境的创设,鼓励学生大胆质疑,勇于提出自己的见解和表达疑问,分享自己的理解,提高批判性思维能力;"激思"意味着通过情境的创设,引发学生的认知冲突,让他们在解决问题的过程中不断思考、推理、归纳和总结,激发学生的思维活力,促使他们深入思考问题及其内含的概念之间的本质和内在联系。因此,在实践中,教师的情境创设要围绕教学目标,解决导向不够明确的问题。

例如,在教授"What's Your Favorite Sports"这一单元时,教师可以选择创设一个关于运动的情境,然而如果情境中只是简单地询问学生喜欢的运动,而没有将运动与单元主题的意义(如体育精神、健康、团队合作等)结合起来,这个情境的价值就无法体现了。再如"Keeping Healthy"单元的教学主题是保持健康。然而,有些教师在创设情境时,可能仅关注了饮食、锻炼等显而易见的方面,而忽略了其他同样重要的方面,比如心理健康与社会的关系。这样可能会导致学生对单元主题的理解不够全面。针对此困境,教师可以设计一个包含心理健康和社会关系的情境。比如,让学生扮演医生或心理咨询师,与其他学生扮演的病人进行对话。

为此,教师在创设情境时需要注意以下几点:

(1) 情境要贴近学生的生活实际和认知水平,具有代入感,让学生感到亲切和有趣,从而激发他们的学习内在动机;

(2) 情境要具有挑战性和启发性,建立在学生的最近发展区,掌握好难度,引发学生的认知冲突和思维碰撞,促使他们深入思考并主动探究;

(3) 情境要具有开放性和多样性,能够为学生提供多种思考角度、思考空间、多元化解决方案,以及不同类型的资源和支持,培养他们的批判性思维和概念性理解能力;

(4) 情境创设要注重与学生的互动和交流,学生之间要互相接纳和换位思考,教师要及时关注学生的反馈和疑问,提供真实性评价,并给予适当的引导和帮助。

(二) 创设情境的机制和路径是什么？

核心素养培养是情境创设的价值指向。而核心素养是"可迁移的 21 世纪素养"[1]，指向具备问题解决、批判性思维、交流、合作、自我管理等能力的人才的培养，因此，迁移是核心素养的主要特征。核心素养也是"跨越性的"[2]，这意味着个体在各种情境中面对复杂挑战时需要具备相应的素养。迁移的教学意蕴是把学习者从一种情境带到另一种情境，从而培养他们的概念性关系理解和建构能力，形成问题解决心智模式。换句话说，学生在不同情境中的"心智转换"是伴随理解的深化而进行的深度学习过程。可见，深度学习不是从传递特定知识内容的教科书开始，而是从揭示问题开始的，教师需要打破学科堡垒，让学生由学校走向真实世界。迁移的内容包括两部分：一是有广泛适用性的一般原理与策略，它们在适当的复杂情境下可以跨学科迁移；二是高级情感、态度、信念，主要包括一般性的倾向、人格特质等，有助于跨领域迁移。两类迁移内容都内含在复杂情境中，学生需要通过对概念之间关系的探究，来提高深度理解能力和人文品格。因此，迁移能力是情境创设的直接目标，表现为对概念性关系的理解能力。迁移能力的进阶性对应情境的复杂程度，由相似迁移走向相异迁移；迁移能力的高阶性决定情境创设从单学科走向跨学科、从学校走向真实生活、从学科素养走向跨学科素养，并从经验性理解转化为概念性理解。相应的理解可以参见图 7-2[3]。

事实上，学生在解决复杂、真实的问题时，要利用多个学科的知识或跨学科概念解释生活中的现象，学科学习内容自然要向真实世界迁移，这时学生需要更加真实的情境、跨学科资源和工具以及智力的支持。

例如，针对韵律、重复、意象和文字游戏对文本的影响这一问题，教师可以借

---

[1] Mayer, R. E. & Wittrock, M. C. Problem-Solving Transfer [M]//Berliner, D. C. & Calfee, R. C. Handbook of Educational Psychology. New York: Simon & Schuster Macmillan, 1996:48.
[2] Mayer, R. E. & Wittrock, M. C. Problem-Solving Transfer [M]//Berliner, D. C. & Calfee, R. C. Handbook of Educational Psychology. New York: Simon & Schuster Macmillan, 1996:48.
[3] 朱莉·斯特恩,等.可迁移的学习:为变化的世界设计课程[M].屠莉娅,等,译.杭州:浙江科学技术出版社,2023:110.

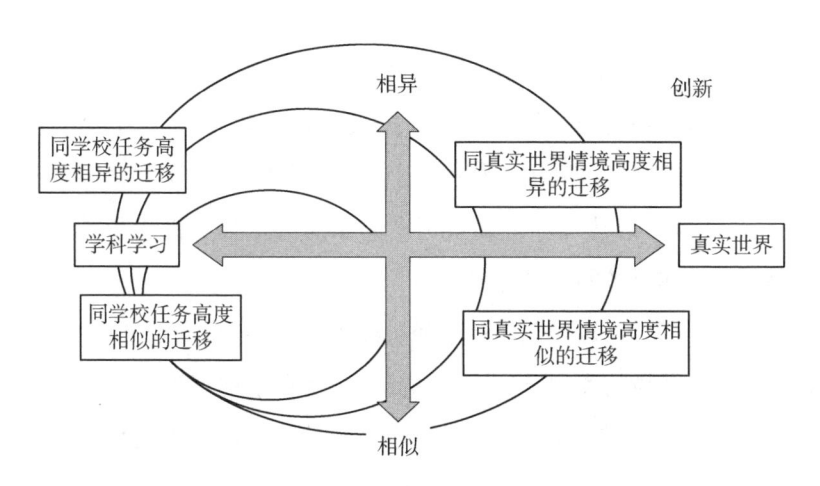

第七章 情境为核心任务完成提供背景和支撑

图7-2 学习迁移循环在学习坐标上的叠加

助从相似迁移到相异迁移的序列化情境创设,探究抽象的概念性问题:"韵律、重复、意象和文字游戏是如何影响文本的?"操作步骤包括:先从简短的常见诗歌入手,呈现难度递增的文本情境——从教材中相应的诗词、童话、寓言到生活中的谚语、成语、格言,乃至比较正式的政治演讲,鼓励学生运用自己的理解,自主监控思维过程,超越主题和事实层面的思考,建构具有普适性的思维模式,从而形成概念性理解(见图7-3)[①]。例如,对于恩格斯在马克思墓前的讲话,学生可以识别与理

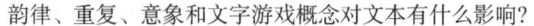

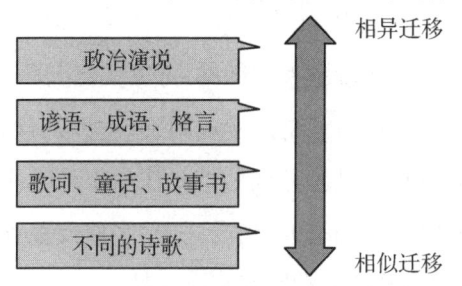

图7-3 从相似迁移到相异迁移案例

[①] 朱莉·斯特恩,等.可迁移的学习:为变化的世界设计课程[M].屠莉娅,等,译.杭州:浙江科学技术出版社,2023:24.

解更深层次的概念性关系,从而运用所学开启新的情境。

教学情境是指教师在教学过程中,根据教学目标和内容、学生的心理特征与认知水平,依据主客观条件和资源情况,创设的一种促进"激趣""激疑""激思"的、促进学生概念性理解的特殊环境和氛围。它靠的就是教学机智和灵活的决策能力,但需要通过整体思考的路径加以引导。

对大概念教学而言,情境创设一般经过以下六个步骤:确定情境的目标、寻找情境的原型、确定情境的类型、设计情境的框架、精致呈现情境、组织情境族。[①] 其中,确定情境的目标意味着,真实性问题情境的设计指向学生的核心素养和概念性理解能力,也即迁移能力,并通过大概念联结生活价值,因此在具体操作中要围绕大概念的理解和迁移应用设计"逼真"的情境,不能为了情境而情境。

寻找情境的原型是表征情境真实性的重要手段,情境不是"炮制"的"伪情境",教师需要寻找原型,并根据概念性理解的需要对原型进行改编,使生成的情境满足心理逼真、功能逼真和物理逼真中的全部或某一关键特征。原型寻找和改编的维度包括时间、空间、材料和呈现方式等方面,渠道包括日常生活、新闻报道、政策文件、研究成果、历史资料、影视文学以及可靠的网络信息等。确定情境的类型时可以依据"发现问题→界定问题→解决问题"的问题解决过程和学习难点,创设多元化情境类型,也可以根据上文的情境分类,结合教学需要对情境进行选择与创新,但情境类型要在条件、人物和任务等方面富有区别。设计情境框架的关键是要用相应的要素来勾勒出情境的整体结构,可以参照上文中的GRASPS模型来构架,但一定包括以下三个方面:一是问题或困惑,它涉及背景、资源和条件;二是人物,它涉及必选项的角色[我(们)是谁],借此让学生产生代入感,吸引学生投入到情境中去,可选项的对象(他们是谁)指委托方、客户或服务对象是谁;三是任务及其预期成果,一般表现为理解活动及其相应作品。

呈现和评价情境的目的是进一步打磨问题情境,使之更加完善,可以用评价

[①] 刘徽.真实性问题情境的设计研究[J].全球教育展望,2021(11):26-44.

的方式对问题情境进行审视,促进其精致化,基本依据是:是否符合目标、是否符合学情、是否可实现,也可以参照熟悉度、清晰度、难度、样式、相关度五个特征,以及导向学习目标、触发学习兴趣、刺激批判性推理、促进自主学习、引发阐述欲望、鼓励团队合作六个功能特征。[1] 组织问题情境族是为了使多元化情境满足核心素养培养的需要,情境越多样越丰富,形成的素养的迁移灵活性就越强。教师可以设计没有增加新的学习目标但条件和方式富有变化的横向一致的情境族,以及有新的大概念嵌入的纵向连贯的情境族。

(三) 掌握几种策略

上述的情境创设路径描述了一个完整的真实性情境设计的步骤和环节,而实践中,教师可以根据不同的需求和用途,在保证"真实性"的前提下灵活组织。这就需要教师掌握相应策略。

1. 从经验中提炼情境

日常教学如果割裂了学生自身经验与学习活动的有机联系,就会让他们感觉疏远、陌生,甚至格格不入,只能被动地接受必然的结果,势必阻碍学生潜在能力的充分发展。因此,教师应该要会创设源于学生已有的经验与知识的情境,这样可以发挥其启动效应,引入问题探究,激发学生的学习动机。

例如,为了促进学生更好地理解等比数列求和的内涵及其应用,教师可以尝试创设去银行存款、贷款的生活情境:让学生以小组为单位分享一个存贷款的实例,通过共同分析列出数学表达式,学生会发现这些实例的本质就是一个等比数列求和问题,学生通过资料查询与交流探究,得出等比数列求和公式,教师在课堂上与学生一同分析与归纳公式得出的思想和方法,进而建立等比数列求和的数学模型。学生在"情境抽象—本质呈现—公式探究—模型建立"的过程中,建构起等

---

[1] Sockalingam, N. & Schmidt, G. H. Characteristics of Problems for Problem-Based Learning: The Students' Perspective [J]. Interdisciplinary Journal of Problem-Based Learning, 2011(1):6-33.

比数列的概念性理解,真实体会具体情境数学化的历程,发展自身发现与提出问题、分析与解决问题的能力,逐步学会用数学的语言表达世界。教师在后续可指导学生应用结论计算不同背景下的存贷款问题,基于运算结果,与学生一同分析不同方案的合理性。作业也可以是以小组为单位将课前整理的案例进行建模与分析,并组织学生展示成果和思考历程,深刻感悟等比数列求和对于现实生活生产需求的实用价值。

2. 赋予社会事件情境价值

社会事件是学生生活的缩影,是由在社会上发生的各种难以预料的重大变动所造成的客观事实,内含丰富的情境教育价值,教师通过引入具有时效性、典型性的客观存在的社会事件作为情境材料,可以激发学生的学习兴趣,使他们将学到的知识运用于生活实践中,建构新的理解,获得面向不确定性的未来生活的能力。"双碳"目标是我国基于推动构建人类命运共同体的责任担当和实现可持续发展的内在要求而作出的重大战略决策,这一社会事件对我国乃至全球的经济、社会和环境都产生了深远的影响,具有很强的时效性和典型性。教师在进行九年级道德与法治上册第三单元第六课"建设美丽中国"的教学时,可以选取一些我国在实现"双碳"目标过程中的成功案例,如某城市通过推广新能源汽车、建设绿色建筑、发展可再生能源等措施,在减少碳排放方面取得了显著成效,或者某企业通过技术创新,实现了生产过程中的节能减排,提高了资源利用效率,组织学生对这些案例进行分析和讨论,让学生思考这些案例中采取的措施对建设美丽中国有哪些启示,以及自己在日常生活中可以如何借鉴这些经验,为实现"双碳"目标贡献自己的力量。通过案例分析,可以让学生将理论知识与实际案例相结合,加深对可持续发展等相关的大概念的理解,进而培养他们的法治意识、科学精神等核心素养。

3. 选择艺术视角

一件优秀的艺术作品含有丰富的信息、知识和技能,也是作者智慧的结晶,内含大量的逸闻趣事。教师通过深入、透彻地理解与体会,围绕教学目标,借助一定的艺术素材(绘画、诗歌等)或者手段(如讲故事、图画、音乐、视频)创设深切的教学情境,不仅有助于提升学生的学习体验,还有助于培养学生的积极情感和自主学习能力。

例如,教学高中美术鉴赏课"移情草木——花鸟画"时,教师可以将教学目标确定为:理解花鸟画家"缘物寄情"这一表现手法的特点,感受画家热爱自然和生活的情感,了解中国花鸟画的社会意义和审美价值等。而花鸟画往往像抒情诗一样,深邃幽远,如果仅仅将评价标准聚焦其画得"像不像"现实,则会偏离教学目标。花鸟画的"意境"只能意会不能言传,这是教学重点也是难点,教师可以通过讲述"踏花归去马蹄香"的故事来帮助学生理解。其中,"花""归去""马蹄"是有形的,容易表现,但"香"却是摸不着、看不见的,教师可以趁机抛出"同学们,如何表现'香'"这一问题来吸引学生的兴趣,并展开讨论,让学生各抒己见,用笔法表现自己的理解。学生可能会呈现自己的作品:一群蝴蝶围绕马蹄翩翩起舞的画作,并借此建构了有形物与抽象"意境"之间的概念性关系。

4. 运用模拟联想

模拟联想是一种通过模拟特定情境或环境来促进学习和理解的方法,也是创设教学情境的重要方法,不仅可以降低教学成本,还可以使抽象物具象化,从而促进学生进行概念性理解和迁移应用。

例如,教师进行小学道德与法治课程的"人大代表为人民"主题教学时,如果只是教授教材内容,或仅仅围绕教材举例,学生只能学会相关知识,且会因没有参与过人大代表选举,导致对法治价值的感悟不够。教师可以设计一个"中队长"选举的模拟情境,让学生进行模拟表演,学生借此可以通过类比了解人大代表的选举过程,思考人大代表的权利与义务,从而促进知识迁移。教师还可以将情境迁移到社会生活,如探究社区代表的选举及其责任等。

另外,联想情境要重视逻辑一致和学生的心理认同。例如,发朋友圈对于当代学生而言早已不是一件新鲜事。而在逻辑一致的前提下,可以创设"古人发朋友圈"这一联想情境。在进行统编版语文九年级上册第三单元教学时,教师可以创设古人发朋友圈的情境:你认为苏东坡游历赤壁、马致远羁旅途、徐霞客游黄山、张岱雪夜游亭心湖、欧阳修游览醉翁亭之后,他们各自会如何发朋友圈,上传什么样的图片,撰写什么样的导语和标题,以及和哪些人物交流心境?[①]

这一虚拟情境根植于学生生活,可以帮助学生在提示和评价指标的引导下,将重点放在说明古人可能会发什么内容,并进一步解说如此设计的理由,从而促进学生脑洞大开,加深对课文的理解。同时,为了防止学生仅用自己习惯的语言形式详细介绍古人所见的图景和奇遇,以自己的体验代替作者的情感感受,而忽略游历情境和移情性理解,教师可以引导学生收集古人的生平和境遇,并加以分析,抓住"独""强""痴"等关键概念进行深入辨析和解读,从而形成对写景、抒情和作者的志趣追求三者之间的概念性理解。

5. 通过实验激发好奇

实验是社会实践的重要方式,也是学科实践的重要内容,基于实验创设的情境有助于促进学生的认知冲突及其思维的发生,是满足中小学生好奇心,提高他们认识事物、理解概念的适宜途径。

例如,处在化学学习启蒙阶段的九年级学生,普遍感到实验具有神奇的魅力,充满无限的探索空间,鉴于此,教师可以通过实验情境创设,营造轻松氛围,让学生理解物质、现象和概念之间的关系。如针对温室效应,教师可以设计一个实验:分别在收集空气和二氧化碳的集气瓶中安装好温度计,再分别用反射灯照射集气瓶一个小时左右,让学生观察出现的现象。学生会好奇地发现装有二氧化碳的集气瓶的温度比装有空气的温度高得多,于是心理上会产生"为什么"的探究欲望。教师则可以趁机引入二氧化碳会带来温室效应的话题,让学生探究其原因、危害和防治方法。

再如,教师在进行"重力加速度"主题教学时,可以设计一个比萨斜塔模拟实验,让一个学生扮演亚里士多德,一个学生扮演伽利略,其他学生扮演观众,验证他们两个的结论并加以讨论,建构概念性理解:"科学是有条件的",从而培养学生

---

① 王维维. 以表现性评价理念撬动作业改革——以初中语文作业设计为例[J]. 基础教育课程,2022(17):69-75.

的科学精神。

6. 挖掘学科发展史内涵

在教学设计中,教师要设法引领学生在历史情境中开展学习活动,这样不仅可以发挥学生的主体性,提高学生的学习兴趣和效率,还能在情感和认知上加深学生对学科概念和知识的理解与体验,培养学生的历史思维和情感,促进学生的全面发展。

例如,在进行七年级数学"勾股定理"主题教学时,教师可以创设该定理的发展史情境:讲述勾股定理发展历程中的故事,如中国古代的"商高定理"以及陈子对任意直角三角形三边关系的论述,法国、比利时人所谓的"驴桥定理",等等。这样可以增加学生对数学的兴趣,让他们开拓视野,理解中国文化的精深,培养民族自豪感。

7. 利用情境生成性

教学对师生而言都是向未知领域挺进的旅程,虽然一定程度上是预设的,但随时都会发现意外的通道和美丽的风景,因此更是生成的。相应情境也应该是生成性的,呈现动态的、开放的、真实的形态,如此一来,其往往会起到意想不到的效果。

以下为一个实例。在浙教版劳动与技术六年级下册"庭院模型的设计与制作"主题教学中,教师联系学生的既有经验,设计的情境是"设计一个农家乐或民宿",学生们根据自己家的住宿情况,或通过回忆曾经住过的民宿,饶有兴趣地完成作品,并进行交流。但在交流尾声,一个学生说道:"随着社会发展,人们的住宿条件会越来越好,那么10年或20年后我们的住宿情况会是什么样的?"一石激起千层浪,同学们把目光转移到这位学生身上,教师趁机创设了新的情境:畅想15年后你们家的人居环境,并用实物或图片向大家展示,可以包括花园、凉亭等,体现人与自然和谐相处的理念,可以征求家长的意见并寻求他们的帮助和支持。

8. 问题即情境

问题是思维的原点、创新的起点,设置问题情境可以激发学生的认知冲突,促进学生思考,解决学习过程中学生的"饥饿状态",从这个意义上说,问题即情境。孔子曰:"不愤不启,不悱不发。"适切的问题情境创设可以让学生处于一个"愤"和"悱"的状态,即"心求通"和"口欲言"的状态。

"测量"这一主题在不同版本的数学教材中都有涉及,为了促进学生对数据、图表和度量单位这三个概念及其之间关系的理解,教材和教师教学中都设计大量练习,开发了应用案例,旨在培养学生的数学学科核心素养,但很少关注到通过设计相异迁移来培养学生的跨学科素养。我们在此改编一个聚焦迁移任务的逆向设计示例,供教师在后续拓展教学中设计问题情境时参考(见表7-7)[①]。

通过前期的教学,学生"习得"了数据、图表和度量单位三个概念,确定了图表选择的度量单位,建立了概念间的联结。在后续学习中教师创设问题情境1,通过嵌入新概念"互动"让学生理解不同单位对概念间关系的影响,并构建概念性理解:"没有度量单位,图表和数据没有任何意义。"在问题情境2中嵌入"环境影响"的概念,通过引入不同案例,实现由相似迁移到相异迁移的转变,拓展概念性理解。问题情境3是概念性理解的深化阶段,通过嵌入新概念"营养平衡"与"预算",促进大概念建构及其在新情境以及真实世界中的理解和迁移应用。这几个情境创设和理解迁移都包括教师主导和学生自主两种迁移互动方式,旨在发挥教师的主导作用和学生的主体性。在创设过程中,教师每一个阶段的问题情境都应该追问概念性问题,如习得阶段——学生需要哪些锚点概念才能开始他们的学习过程,联结阶段——提出什么样的概念性关系问题才能引起和支持学生探究,相似迁移阶段——学生将探究哪些相似情境来迁移对概念性关系的理解,相异迁移阶段——学生将探究哪些相异情境来迁移对概念性关系的理解,大概念关系理解和迁移应用阶段——如何让学生将理解的概念性关系迁移到真实生活以便解决

---

① 朱莉·斯特恩,等.可迁移的学习:为变化的世界设计课程[M].屠莉娅,等,译.杭州:浙江科学技术出版社,2023:215-216.

问题。

表 7-7 聚焦迁移任务的逆向设计示例

顺序与结构:设计学生学习过程			
迁移机制	习得、联结	相似迁移	相异迁移	概念性关系理解和迁移应用
问题情境	无情境	问题情境1:图表的度量单位如何影响数据的解读?	问题情境2:图表的度量单位如何影响数据的价值?	问题情境3:度量单位如何影响人们的生活?
嵌入概念	交流	互动	环境影响	营养平衡、预算
学习任务	掌握图表、度量单位、数据三个概念内涵;以小组为单位,收集各自的爱好、最喜欢的食物等数据;将结果绘制成图表;总结对于相同的数据不同组员选择了什么度量单位,以及为什么这一度量单位最适合分享他们的发现	学生探索两个图表,每个图表描述相同的数据,但使用不同度量单位;讨论为什么有人会在尝试阐明数据时选择相应的度量单位(如果想表明_____,我们会选择图表A,因为……但如果想表示_____,我们会选择图表B,因为……)	学生比较几个图表,这些图表展示了个人行为对环境的影响,如使用电动烘干机来烘干衣服(悬挂晾干),驾驶汽车(公共交通、步行或骑自行车),等等。在他们能够有效地进行比较之前,须注意图表度量单位的差异	学生探究不同食物来源对环境影响的图表(注意度量单位),以确定哪些食物是最环保的,并基于这些数据,以及他们对营养和预算限制的理解,敲定一个新的学校午餐菜单,以减轻对环境的危害
概念性理解	没有度量单位,图表和数据没有任何意义	某一度量单位的数据没有任何意义	图表、度量单位和数据之间个性影响人们的生活	合理预算是达成营养平衡的条件
迁移变化	无迁移 ⟹ 相似迁移 ⟹ 相异真实世界迁移			

第八章　聚焦深度理解的教学评价

架构和解构"理解"是大概念教学评价的前提，教师要明确，不同评价的类型和方法都有自身特点与适用场景，且应遵循整合性逻辑。评价过程要收集多样的理解证据，评价任务开发要围绕大概念理解和迁移应用，制定评分规则要考虑多维度指标和不同水平层级。

一、架构和解构"理解"

大概念教学是促进学生通过完成深度理解任务，达成概念性理解目标的过程。对大概念教学效果的评价需要"架构理解"，明确"理解"的内涵和特征、对象和内容等；还需要通过"解构理解"明确评价的视点，即行为表现的维度，进而建立评价体系。

（一）架构理解：提炼评价理解内容

"理解"是指利用已有知识、经验去发掘事实、案例和方法背后的意义并谨慎地加以运用。对一些事实、技能和过程而言，如记住我国清朝发生的一些大事件、演奏一段钢琴曲只需要"用心习得"，它们仅仅停留在"做对事情"的阶段，不是也不能作为理解的证据，因为其可能存在偶然或机械完成的情况。而面对一些智力问题、困惑情境则需要加以判断并运用已有知识、经验和技能加以解决，这些行为就是理解,因为此时行为主体会面临思维挑战。"不明白各种调料作用的烹饪,就像蒙着眼睛做烹饪……有时候怎样做也行得通,但出问题的时候,你就不得不想着如何去改变……正是理解使我们能够既有创造力又能成功。"①理解是从专家经验中得出的重要推理或论断,表现为具体有用的概括。无论是"推理""论断"还是"概括",都是抽象的且不会立即显现的,是对事实或案例背后意义的"揭示""提炼"和"聚焦",通常表现为用一个完整的句子描述特定的命题,即明确理解的内容,并聚焦在抽象的、可迁移的大概念上。在大概念教学中,和理解"配套"的内容主要是大概念,学生要能够通过大概念统领重要知识、关键技能和核心概念,促进自身思考、探究和实践,即完成真实学习任务,而不只是完成一般意义上的"习得""训练"。例如,"一个好的故事通过问题、神秘事物、困境以及接下来所发生事情的不确定性来制造价值氛围以吸引读者",这个完整的陈述句明确了需要理解的内容,但需要理解才能"揭示"其内涵。

  大概念具有迁移性,对学生的理解具有持久价值。适用于学科领域的大概念指向学生专题理解,跨学科大概念指向综合理解。例如,学生将政治学科中"宪法"的制定过程作为特定事件进行探究,不仅是为了"知道"宪法制定的过程和意义,更重要的是学生要理解与"法治"相关的大概念,即掌握我国基本法律制度、国家和个人权利,从而理解如何过好日常的政治生活。理解的内容包含抽象的、违反直觉的、容易被误解的概念。抽象概念内含的思想和意义不是不证自明的,需要学生运用已有经验和知识去"揭示和表达";违反直觉的概念可以促进学生去澄清,形成反省性理解和概念性理解;容易被误解的概念需要学生去探究和实证,帮助他们思考、提问、检验、质疑和批判。在这些过程中,学生逐步学会面对真实环境中的复杂问题进行解释和解决,而不是靠"信任","理所当然"地接受自己的错误理解,从而提高高阶思维能力。例如,日常生活经验告诉我们,在高空中轻的物体比重的物体先落地,学生针对这一问题设计实验,建立重力、质量、密度、力和移

---

① Berenbaum, R.L. The Cake Bible [M]. New York: Willian Morrow CO, 1988:469.

动等概念之间的关系,从而通过概念性问题的探究和解决,形成概念性理解能力。再如,"三角形有三条边和三个角"是一个事实,通过定义就可以检验其正确性,而"三条边相等的三角形有三个相等的角",则是一个推论,需要通过推理并提供证据加以验证其正确性。

许多技能只有成为一套灵活而流畅的策略并达到合理利用的程度时,才能表明被成功掌握。例如,体育课上学生在教师的"传授"下"知道"如何进行有效防御进攻,但是否真正"掌握"则需要在具体比赛中才能看出来。这不仅需要操练,更需要洞察力。再如,掌握"复述故事情节"这一技能意味着,讲述者不仅要讲述故事情节,还要通过多种手段和策略揭示文本内含的"意义"。这种认识为应用具体的理解策略,如总结、质疑、预测、利用上下文线索等设置了情境。因此,专注于技能发展的评价要明确包括所需的理解内容,即过程性大概念。相应的评价方法和维度应该聚焦技能的流畅性、有效性和自动化。

在大概念教学中,教师要用一个句子架构理解内容,其也是评价的内容指向。这里的内容不是事实或案例,而是对推论、观点等的概括。实践中,很多教师将"内容"等同于"主题"。例如,"了解美国南北战争""理解真正友谊"这两个学习目标中,"南北战争""友谊"都是陈述的主题或具体概念,没有指明学生应该理解的具体内容。有的教师会问,将前者改成"了解美国南北战争的原因"行不行?当然不行。我们所说的评价理解指向的是概念性理解,即学生"学到""学会"的结果,而不是更加详细的内容目标。评价应该聚焦:"就那些原因来说,你想要学生理解什么?它们为什么重要?"这样就指向了行为的价值判断。美国南北战争主题的评价应该指向专家理解。专家会将引起战争的原因联结起来,表明原因来自多方面,且具有内在联系,如奴隶制的道德问题、对联邦政府职能的不同认知、区域经济发展失衡、文化冲突等。因此,评价应该聚焦上述事实与战争之间概念性关系的建立和理解情况,而不是单一原因。

需要指出的是,用来陈述理解的命题必须是能够促进学生持久理解的。例如,"南北战争在推进美国宪政改革中发挥重要作用""美国历史上发生了奇怪的事件"等陈述提供了促进学生探究的可能性,但意义模糊,也无需通过单元设计加以完成。若将其改成"学生应该明白,历史事件的发生既有必然性,也有人为设计的因素",那么这便是一个发人深省的命题或观点,指向唯物史观、时空观念、史料实证、历史解释等学科核心素养,可以促进学生开展深入理解和探究。

(二) 解构理解:明确评价的行为表现

"理解是通过应用、分析、综合、评价,来明智、恰当地整理事实和技巧的能力。"[1]"理解意味着以正确的方式完成任务,通常反映了人们有能力解释为什么特定的技巧、方法或知识主题在特定情境下是合适的或不合适的。"[2]因此,对理解的评价应该通过学生在解决问题或完成学习任务过程中表现出的应用、分析、综合、推理、评价、解释等能力。

理解是关于知识迁移的,发展学生的迁移能力是高质量教育教学的关键。但无论是迁移还是理解都不仅仅是引入先前的知识,都要超越信息本身。知识和技能只是理解的必要元素,深化理解还需要敏锐的洞察力、缜密灵活的处事和沟通能力以及自我评估、解释和批评能力等。因此指向核心素养的大概念教学要促进学生聚焦一些关键的想法(核心概念)和重要策略进行学习,只有这样才能激发和唤醒深度理解,从而创造新的知识。"想法(核心概念)和重要策略"是理解的条件和载体,也是迁移发生的保障。例如,在体育领域,学生只有理解了"防御的时候我们需要靠近任何可能被进攻的空间"这一观点,并将其应用到任何移动的运动员上,而不是仅仅针对相似情形进行训练,才能应对所有的进攻问题。因此迁移是应用的核心内涵。要应对生活中面临的挑战不能仅仅从记忆中再现所学知识和技能,而是要形成一般观点,即大概念。直接影响迁移能力的是人们对知识的理

---

[1] Bruner, J. Beyond the Information Given: Studies in the Psychology of Knowing [M]. New York: W. W. Norton, 1960:23.
[2] 格兰特·威金斯,杰伊·麦克泰格.追求理解的教学设计(第二版)[M].闫寒冰,等,译.上海:华东师范大学出版社,2017:41.

解程度，而不仅仅是对事实的记忆或对固定流程的遵循。因此，大概念教学评价应围绕学生将知识和技能迁移到新的甚至是困惑的情境中去解决复杂问题的表现。

理解作为动词，意思是能够智慧而有效地应用知识、技能和核心概念，相应的表现行为有应用、分析、综合、推断、评价等。作为名词，理解的意思是努力地去理解（动词）的结果，表现在掌握不明确的观点、对许多无关联或不重要（相对而言）学习内容所作的有意的推断等。理解指向迁移的一个重要特点是利用大概念统领重要信息、知识、技能、概念和策略等，并使之有意义。例如，当学习我国人口迁徙时，学生激动地说："哇，这和我们看过的电视剧《闯关东》《走西口》的情境差不多。"这就是大概念教学追求的迁移，也是所有学校的教学目标。学生在学校教育的有限时间内，不可能学会所有知识和技能，况且目前知识和技能的更新迭代速度在加剧，学生自主学习的内容远比从教师那里学到的多。这种自主学习就是将所学作为工具和假设，创新知识、建构概念的过程。从这个意义上说，大概念教学应该通过评价"揭示"以下内容：

• 通过聚焦问题、反馈、诊断性评价，揭示学生潜在误解或学习过程中的"堵点""亮点"；

• 揭示学生概念性理解过程中存在的问题、疑问、假设和隐藏在教材内容和情境中的未知领域；

• 揭示对学生而言不明显的，甚至是困惑的或违反直接经验的学习内容，即学科本质的核心概念。

理解是能够灵活利用所学知识和技能进行思考和行动的能力，它完全不同于机械记忆和固守答案的方式。[1] 真正理解所学知识和技能的人比那些一知半解的人能够更好地应对真实生活中的挑战。如果大概念教学评价仅仅停留在文字层面，或肤浅的事实性知识以及与理解相关但又无关紧要的目标上，就会错过证据的收集及对其的差异性判断。理解的证据要从学生在解决情境化问题的过程中

---

[1] Wiske, M.S. Teaching Understanding: Linking Research with Practice [M]. San Francisco: Jossy-Bass. 1998：40.

进行"提取""收集",仅靠测试和观察学生运用教材或从教师那里习得的基本原则的表现,很难成功评价学生的理解,尤其是概念性理解。因此,评价应该关注学生在完成学习任务过程中的典型表现及其表明的成功理解。例如,能应用语文课上学会的说明方法描述每个事物的特点、设计一个实验分析物质构成的化学因素等,通过这些围绕大概念设计的学习任务完成情况,观察学生能否实现知识和技能迁移,再现他们的知识储备和实际效用,但不要使用诱导性提示帮助学生对相似问题作出"正确"回答。对学生理解的准确性和正确性要通过学生完成任务的证据加以评价。

2022年版义务教育英语课程标准提出了英语学习活动观理念,明确活动/任务是英语学习的基本形式,是学习者学习和尝试运用语言理解和表达意义、培养文化意识、发展多元思维、形成学习能力的重要途径,并提出学习理解、应用实践、迁移创新三类活动。其中,学习理解贯穿始终,实践应用伴随学习理解而发生,推动概念性理解向应用能力转化。学习理解类活动包括感知与注意、获取与梳理、概括与整合,对应的表现行为包括描述、阐释、分析、判断、推理、论证和评价;应用实践类活动包括描述与阐释、分析与判断、内化与运用等,对应的表现行为包括梳理、概括、整合、推理、论证与批判;迁移创新类活动包括推理与论证、批判与评价、想象与创造等活动,对应的表现行为包括整合、推理、阐释、分析、判断与运用。这些活动不是没有明确的界限,不是线性的关系,而是交互融合、循环互动的关系,因此相应的行为表现也可以整合提取。

二、大概念教学评价类型和逻辑

(一)大概念教学评价需要多元化类型

素养导向的教学评价是通过学生灵活的表现来确认理解过程及其结果的专业行为。当学生能够利用所学知识和技能创造性思考与解决真实问题时,便意味着理解发生了。因此,教师需要通过学生完成表现性任务的过程和形成的结果的证据,表明学生理解的程度,这种评价就是表现性评价。而学生的背诵、记忆等行为表现,虽然没有摆脱常规的思维模式和行动准则,但并不意味着其缺乏理解以及浅层学习不重要。对那些零碎的知识和技能习得是有效的,也是过程性证据收集的重要途径,因此其也是大概念教学评价的一个重要环节。

大概念教学最终指向的是学生概念性理解能力的发展,表现为学生能够应用专家思维方式解释生活中的困惑现象,自主地解决真实世界的问题,而仅靠一种评价方式很难客观判断学生的预期学习结果,需要运用学习性评价(assessment for learning)收集学生经历理解发展中的过程性证据;利用学习的评价(assessment of learning),总结和提炼学生阶段性的学习成果的证据;借助学习式评价(assessment as learning)促进学生理解"理解",在学习中学会评价,自我监控学习过程和结果。通过分析上述三种评价方式,可以发现前两种评价的是学生学习的行为和结果,而后一种则是让学生通过评价进行学习,学习即评价。三种方式针对不同学习目标和学习内容,各有优势和适用场景,教师应根据具体的教学目标和学生的学习特点灵活选择和使用这些评价方式,以达到最佳的教学效果。

学习性评价强调过程性,关注学生的理解过程和策略,它的优势在于推进学习过程中学生理解证据的收集,帮助教师了解学生的学习进度和困难,从而调整教学策略以适应学生的需求,并提供必要的支持。这种评价方式最主要的标准是"具体",评价越具体越有助于收集理解证据,从而提供即时性反馈,更好地促进学生理解性学习。其不足体现在可能过于关注学生的个体差异而忽视了对学习内容的系统性评价,可能导致评价内容与概念性理解目标脱节。

学习的评价是一种总结性评价,通过知识测验和技能测验等形式,检验学生对知识和技能的掌握情况。这种方式最主要的标准是"公平",评价结果指向阶段性成果的判定、分类和筛选,通过收集数据和证据总结阶段学习情况,并作出客观公正判定,以便向家长和社会公示。其优势是有助于总结学生阶段性的学习成果,帮助教师了解学生的学习是否达到了预期的理解目标。不足之处表现在可能过于注重碎片化知识的记忆和单一技能的重复,而忽略了对学生大概念理解和应用能力的评估。

学习式评价强调学生的主动理解和参与探究的积极性,通过真实性任务和表现性任务等方式,鼓励学生参与评价过程,有助于培养他们在学习中学会评价,从而提高批判性思维和自我评价能力。这种方式最主要的标准是"反思",通过评价,尤其是自我评价让学生进行自我自省和调节。在此过程中,学生要学会收集证据,捕捉灵感,自觉调整学习方法和目标,梳理学习过程,提高概念性理解水平。不足表现在可能需要更多的时间和资源来设计和实施,同时对学生的评价技能和教师的指导能力有较高要求。三类评价的比较[①]见表8-1。

表8-1 三种类型评价比较

评价类型	内涵	样例	评价标准
学习性评价	为了推进学习而进行的评价	一个朋友告诉你,他见过2米高的苔藓植物,他说的是真的吗?请解释原因。教师请同学回答并给予反馈	具体
学习的评价	为评定学习水平而进行的评价	小课题:分别建立鱼类、两栖动物、爬行动物的三维模型和相应的栖息地。 1. 选择一种重要的适应性结构作为实例进行说明; 2. 写一份模型说明书,说明每一种动物的适应性结构如何与环境相适应; 3. 教师进行打分	公平
学习式评价	为让学生在学习中学会评价而进行的评价	全班讨论设计海洋生物发布小课题的评价标准;每名学生作为评委为他人的汇报和自己的汇报打分并进行简单评价;修改自己的预测结果	反思

---

① 刘徽. 大概念教学:素养导向的单元整体设计[M]. 北京:教育科学出版社,2022:209.

（二）遵循整合性逻辑

大概念教学提倡应用逆向设计逻辑建构教学整体结构，其中一个重要特点是评价设计先于学习活动设计，即紧随目标设计之后，教师要"像评估员一样思考评价方案设计"[①]。评价是目标达成情况的描述，评价标准和指标是学习目标的具体化，按照"学—评"一致可以保证目标更好地实现，否则教学通常会跟着评价走，偏离目标。大概念教学的有效评价不是一张"快照"或"随手拍"，更像是收集纪念品和照片的"剪切簿"。也就是说，教师要在教学过程中使用各种方法收集、提炼证据，而不是仅仅在教学结束时一考了之。教师在教学评价时要掌握好两种逻辑：终结性逻辑和整合性逻辑。[②] 终结性逻辑指向终结性评价，它将知识和技能视为学习的最终目的，利用测试、练习等手段考查学生知识和技能的掌握情况。这种方式就如同从屋顶上随机抽取一些瓦片（即知识和技能）进行检测，如果没问题就说明屋顶铺设完好。传统的"双向细目表"就是从知识点和认知两个维度建构的评价框架。这种框架具有高效、公平的特点，但只能反映学生零散的知识和技能掌握情况，无法反映学生对概念性关系的建构和理解水平，更无法体现学生的问题解决能力。仅仅关注知识点和单一技能的认知，缺乏对学习内容内含的核心概念乃至知识的整合应用，不适合素养评价，但可以作为收集概念性理解的过程性证据。因此教师在进行大概念教学评价时应该秉持整合性逻辑，自觉引入真实性情境，考查学生在具体情境中应用知识和技能的情况。这种逻辑如同用多个大块石板瓦铺设屋顶，而一个个真实性问题情境就像一些大块石板瓦，有机整合了一块块小瓦片。这里的小瓦片就是知识和技能，大块石板瓦就是在情境整合下由知识、技能和情感态度价值观等形成的概念性理解，即核心素养。大块石板瓦能够

---

① 格兰特·威金斯，杰伊·麦克泰格.追求理解的教学设计（第二版）[M].闫寒冰，等，译.上海：华东师范大学出版社，2017：93-95.
② 罗日叶.学校与评估：为了评估学生能力的情境[M].汪玲，周振平，译.上海：华东师范大学出版社，2011：132.

"整体调动若干知识、知做技能和知存态度"①,对学生走出校园面对复杂问题解决更有意义。

大概念教学评价必须根据学习性评价、学习的评价和学习式评价的特点与适用场域,突出各自优势,强化学习式评价在促进学生概念性理解能力提升方面的价值。教师要以单元学习目标架构"对学习进行评价"。学习性评价属于过程性评价,教师设计一种为推进学生学习而进行的评价方式;学习的评价属于总结性评价,是为了判定学生概念性理解水平而进行的评价。学习目标的不同会导致上述两种评价方式的要求也存在差异,即素养导向的评价和传统评价之别在于对应目标的不同。大概念教学目标指向大概念理解和迁移应用,关注的是大概念高通路迁移,包括高阶相似迁移和相异迁移能力,主要体现学生解决不同情境问题的表现。比如,通过两位数减法学习,学生掌握大概念"从一个数或量中取出或计算另一个数或量,得到两者的差值"后,教师给学生留的作业是三位数减法。这项作业是上课时没有提到过的新任务,需要学生进行知识迁移加以解答。而传统的评价则以低通路迁移为主。比如,课堂上学生学习欧姆定理后,教师让学生解一道运用欧姆定理的题目,以此判断学生对这一定律的掌握情况。大概念教学强调通过大概念搭建知识和素养之间的桥梁,使学生学习由学校走向社会。无论是学习性评价,还是学习的评价,都强调要引入表现性任务即真实性任务。需要指出的是,无论是表现性还是真实性都是指学生的学习任务里包含解决问题的大概念(大概念的陈述方式表明概念间关系)。

教师引导学生通过评价开展理解性学习,这是大概念教学的基本宗旨,学生不仅要学会评价他人和生活中的现象、事件等,更重要的是要学会评价自我,从而达成自我认知和理解,形成专家的思维模型,即知,它是最高层次的理解。"所有的理解最终都可归结为自我理解……一个善于理解世界的人必定理解自己"②,这

---

① 罗日叶.学校与评估:为了评估学生能力的情境[M].汪玲,周振平,译.上海:华东师范大学出版社,2011:129.
② Gadamer, H. G., et al. Truth and Method [M]. New York: Continuum, 1994:266.

也是学习式评价受到重视的原因。自我评价的核心是对认知的认知,即元认知;对理解的"理解",即元理解。自知最关键的特征是通过一个人的理解力表现出来的,通过准确的自我评估,知道自己无知的智慧,从而不断探索和学习,使自我调节和理解能力得到不断提升。大概念教学要求师生勇于质疑,不断修正和完善,从而实现自我超越。在真实学习生活中,如果一个学生不能达到"自知",意味着其不知道自己的优势和不足,面对问题就无法整合资源,调动已有知识经验,更不可能自我监控和反思,持久性理解就不可能发生。因此,在学习过程中,教师必须充分应用学习式评价方式,尝试按照问题情境调用合适的大概念→激活对大概念的先验理解→考量大概念对于情境的适用程度→根据新情境修改和完善自己的理解[1],通过小建议、提问等微观评价策略,促进学生对自己理解水平进行自我评价和调整。

(三)"学—评"一致性

学习目标的研制应从发展核心素养的视角,进行系统思考、一体化设计,构建一个有机的目标体系,这是我国新一轮课程改革的重点课题,也是顽固的难题。很多学者和一线教师开展大量实践探索,但整体上都认为学习目标应围绕核心素养来回答学什么、学到什么程度、怎样学、何谓学会以及为何学这五方面的问题。2022年版课程方案提出"教学评一致性"原则,该原则指在整个教学系统中(教师)教(聚焦教学目标)、(学生)学(学生完成学习任务)、(多元主体)评价(围绕学习表现和成果多元评价)三个因素的协调配合。其关键在于建立教学目标、学习过程和学习评价之间的紧密联系,相互呼应,相互支持,共同提升学习质量,解决所教非所学、所学非所评的问题。我们认为落实"教学评一致性"原则的核心是在实践中强化评价作用,以"以评促学"为根本遵循,通过情境与信息、任务与活动、展示交流与评

---

[1] Stern, J. S., et al. Tools for Teaching Conceptual Understanding, Elementary: Harnessing Natural Curiosity for Learning that Transfers [M]. Corwin: SAGE Publications, 2017:84.

价等形式将教、学和评融为一体,实现大概念、大问题、大情境、大任务下的教学。

"学一评"一致即所学即所评,学习目标决定着评价内容和方式,强调学生的学习与对学习的评价之间的匹配程度,评价学习的方式包括口语类、笔试类、操作表演类等形成性评价,以及期中、期末考试的总结性评价。形成性评价和阶段性的总结性评价与学生所学的内容都是一致的,所获得的学情信息都应参照预设目标进行分析、作出判断、形成反馈,促进学生的后续学习。鉴于此,大概念教学评价也应该回应学习目标关注的几个问题。

(1) 评什么,直接的回答是评学生所学,包括学习过程和结果。从结果来看,评价的对象是学生核心素养的发展,体现在正确价值观、必备品格和关键能力的培养要求上,具体到学科即学科核心素养,如语文课程核心素养是文化自信和语言运用、思维能力、审美创造的综合体现等。而大概念具有的统摄性等特征使之成为核心素养的内核,且能够在核心素养和知识之间搭起桥梁,实践中的学习目标又是围绕大概念学习的要求撰写的,因此相应的评价也应该围绕大概念理解和迁移应用,即概念性关系建构和理解能力。以科学课程为例,评价要围绕学科核心知识、关键概念和观念等,聚焦科学学习中的观察、比较、归纳、概括、推断、综合等行为表现,从而评价"结构与功能相适应"的科学观念等理解水平的发展情况。这样,对细胞壁的结构与功能、叶绿体的形态结构与功能等一系列科学知识的学习就成为一个重要案例。因此针对一个课题目标的评价,教师首先应弄明白学生要学习和理解哪些概念、它们之间有何关系等。"评什么"这一问题的核心是学科概念性关系理解,它是学生发展核心素养的载体和基础。

(2) 学到什么程度,此乃学业质量之问,要以"学业质量标准"为依据进行考察。大概念教学是结果导向的,而学生的理解发展有一定规律性,理解发展水平影响着学与教任务的完成。根据皮亚杰的理论,学习是发展学生的一般认知水平的重要方式之一,一般发展也具有普遍意义。[①] 大概念教学评价既要关注学生当

[①] 皮连生.学与教的心理学(第五版)[M].上海:华东师范大学出版社,2009:34.

前的认知结构是否处于经验性理解层面,又要重点考察通过学科学习了学生概念性理解的水平提升情况。因此,研制评价标准和指标应对学生经验性理解情况进行科学决策,即对核心知识学到什么程度,也就是期望学生达到什么样的要求,尤其是结果达成情况,即反省性理解和概念性理解的能力水平。实践中仅仅通过"知道""理解""应用"等行为表现进行诊断是远远不够的。以评价指标"能够猜想电荷间的相互作用"为例,学生通过"碰运气"的胡猜乱想也可能会体现出已达成上述指标。但这条指标缺少评估学业表现的标准,根本无法判断学生是否达成应有的学习期望。为此,可将其完善为"能够根据生活经验、已有认知等,对电荷间的相互作用作出科学、合理的猜想与假设",嵌入的条件和程度要求等内容成为评估学业表现的标准,这样不仅为学生学习提供方向,也为评价提供视点。

(3) 怎样评,此乃素养发展评价方式之问。大概念教学是素养导向的,教师应该围绕核心素养发展研制评价标准和指标,这是深化评价改革的基本要求,也是落实学科育人的关键。针对同一个大概念的理解和迁移应用,学生需要经历不同的理解过程、采用不同的理解方式和途径。例如,针对八年级物理"电荷间的相互作用"这一主题,学生可以通过教师演示实验习得相关知识,也可以直接"接受"教师讲授的专家结论。上述两种方式对学生而言是被动学习、浅层学习,虽然通过测试方式可以判断学生知识、技能和概念的掌握情况,但无助于对核心素养发展进行评价。学生也可以换种方式来学:在教师的指导下明确和表征科学探究问题—提出合理猜想与假设—设计实验方案—进行实验并记录数据—分析与论证—得出结论—交流与反思,教师的角色主要涉及组织、参与、引导、点评等活动,以促进学生理解性学习。这种学习方式体现出科学教育的本质特征,是一种深度学习。教师可以通过收集促进学生科学探究素养发展过程中每一个环节的证据和数据,开展科学的循证评价。

(4) 为何评,此乃评价育人的价值之问。如果说学科育人是学习目标之魂,那么评价则是对"魂"之内涵及其形成过程的"揭示"和"解释"。也就是说,教师在针对一个课题的评价目标、标准和指标进行研制时,要不断地进行评价的灵魂之问:评价是什么?为什么评价?是为了诊断学生知识和技能水平吗?课程标准为什么要提倡多元评价?为什么核心素养评价特别重视表现性评价?一直追问到学科育人这一源头上来。因此,相比于"怎样评"的素养发展评价方式之问,"为何评"这一问题则是形而上地回答着重发展什么核心素养。

(四)使用理解的六个侧面作为评估模板

传统的教学一般按照教学目标设计—教学活动开展—教学评价实施的顺序,而逆向设计始终贯穿"以终为始"思路,将教学目标由教师教的目标转向学生学的预期结果。这种对学习目标的翻转和重新审视颠覆了传统教学模式,奠定了概念理解的基础。逆向设计中评价先于教学活动设计,并将评价任务表现化和指标化,提前告知学生,以便他们明确学习任务完成的方向。对理解的理解和理解程度可以从解释、阐述、应用、洞察、同理心、自知①六个层面加以考察。其中,解释是概念性理解的表现,指个体能够借助于原理或推论系统合理地解释现象、事实和数据。阐述侧重于个人观念或意义的建立,指个体能够从历史或个人角度讲述和揭示观点和事件的含义。应用是个体达成(概念性)理解之后表现出来的行为特征。洞察是在概念或原理层面上对情境或事物意义的把握。同理心趋向于概念迁移理解。自知则是对自我的深度理解和建构,从而建构完整人格。教师在开发教学评价方案时要将概念性理解能力转化为可观察、可测量的表现性目标,并以此为依据开发与理解深度相对应的评价任务和一致性评价指标及量规。

逆向设计指向具体目标。这里的目标要落实学生对知识及其背后意义的"理解",也就是大概念的理解和应用,强调学生将所学知识和技能有效地、明智地应用到真实任务和问题情境中。"理解"是输出的表现而不是输入,是学生离

---

① 格兰特·威金斯,杰伊·麦克泰格.追求理解的教学设计(第二版)[M].闫寒冰,等,译.上海:华东师范大学出版社,2017:182.

开学校以后的所知、应会、能做和相应的品质。进一步说,学生理解即学习结果意味着学生能够迁移所知、所能,形成见解和有意义的推论,而不是纯粹识记和回忆公式、原理等专家的结论。理解的"理解"和理解程度可以从六个层面加以考察。

六个层面的理解是多维的、复杂的,有不同类型,包括对知识和技能的理解、专题和综合理解等,因此需要不同的方法,在知识目标上也有重叠。理解过程指向高阶学习目标,涉及认知和元认知、动作情感等领域。学生一旦形成概念性理解,就意味着能够解决复杂情境问题。这样的目标是核心素养培养理念和目标的具体化。

对大概念教学成效进行评估的前提假设是根据学生的"答案"或问题解决方案,能够呈现学生概念性理解的发展过程。学生对理解的"理解"是通过说明为什么这样做,对方法或反馈的理由及结果的反思,没有证据支撑的答案和作品不足以判定学生的理解。很多测试中应用的填空题、选择题、匹配题、判断题等一般无法提供理解证据,这也是为什么大概念教学强调单元评价、多手段收集证据的原因。理解六侧面(见表8-2)之所以受到推崇,是因为它兼顾了多种表现的不同类型,描绘了各种表现证据,回应了什么样的任务适合明确的预期结果和学生的特点,哪一个/些侧面能最恰当地指导特定任务的设计。

表8-2 使用理解六侧面来建立对理解的评估

真正理解的学生……
侧面1,能解释——显示复杂的解释能力和洞察力,能……
a. 基于有力的证据和论据提供复杂的、有见解的和可信的推理——理论和原则,来解释或阐明事件、事实、主题或观点;展示有意义的联系;使用有用的和形象的思维模型提供系统解释。 作出精确细微的区分;恰当地证明自己的观点。 找出并论证核心问题——大概念、关键时刻、决定性证据、主要问题等。 作出正确的预测。

续 表

b. 避免或克服常见误解和简单肤浅的见解,例如,避免展示过于简单的、老套的或不准确的理论或解释。

c. 揭示对主题个性化的、全面的、连贯的把握,如对已有知识进行反思性的、系统的整合。因此该整合部分地建立在有意义的、合适的关于具体想法或感受的直接或间接经验之上。

d. 使用有力的证据和论据来证实或证明其观点。

侧面2,能阐明——提供有力的、有意义的诠释、转化和叙述,能……

a. 有效、灵敏地解读文本、数据和情境,如读懂文字的潜在含义,对多种可能的目的和"文本"(书、情境、人的行为等)的含义提出合理解释。

b. 对复杂的情境和人物提供一个有意义的启发性的解释——例如,通过提供历史和传记的背景使观点更易于理解,更相关。

侧面3,能应用——在情境中运用已有的知识,知道如何做,能……

a. 在各种变化的、真实的和现实复杂的情境中有效使用知识。

b. 使用新颖有效的方式扩展和应用已有知识。

c. 在行动时能够有效地进行自我调整。

侧面4,能洞察——能……

a. 既能批判某个立场,也能为这个立场辩护。也就是说,仅将立场当成是某个观点。能够运用体现恰当质疑和理论检验的技能和素质。

b. 将事实和理论置于情境之中;明白在什么样的情境中,某个知识(或理论)才是某个问题的解决之道。

c. 推断一种概念或理论建立的假设。

d. 了解某个观点的作用及其局限性。

e. 洞察有偏见的、有派别的或有意识形态的论据或语言。

f. 理解并解释一个观点的重要性或价值。

g. 采取批判的立场;明智地应用批判和信念(当我们的思维清晰地相信别人怀疑的内容或怀疑别人相信的内容时,我们可能会更好地理解)。

侧面5,能神入——能……

a. 置身于他人所处的情境,感受和领会其状况、情感和观点。

b. 在行动时基于如下假设:即使是明显荒诞或晦涩的评论、文本、人或观点,也可能包含值得去理解的见解。

c. 虽然有的观点也许是不正确的或过时的,但也能从这些不完整或有缺陷的看法中看到合理甚至是有洞见的内容。

d. 理解并解释一种观点或理论是如何轻易被人误解的。

续　表

> e. 视觉和听觉敏锐,能够感知到别人没有察觉的事物。
>
> **侧面6,能自知——能……**
>
> a. 认识到自身的偏见和风格以及它们如何使理解带有个人主观色彩;理解并远离以自我为中心、民族优越感、以当代为中心、怀旧、非此即彼的思维。
> b. 进行有效的元认知;认识到自己的智能类型,以及这种智能风格的优缺点。
> c. 质疑自己的信念;像苏格拉底一样,将强烈的信仰和习惯与确凿无疑的知识区分开来,理智而诚实,并且承认自己的无知。
> d. 准确地进行自我评估和有效地进行自我调节。
> e. 乐于接受反馈和批评。
> f. 经常反思学习和体验的意义。

三、理解证据的收集

(一) 证据的来源

大概念教学评价要求教师要像评估员一样对学生理解过程和相应作品进行判断,基于事实、客观现象、数据和证据进行系统验证,一般要结合学习目标确定评价要点,根据评价要点设计评价指标,依据评价指标开发评价规则和工具(量规),进行证据收集和整理分析。这一过程要以"证据线索"为基本遵循,以理解表现为抓手,帮助学生在行动中反复探索基于大概念理解设计的基本问题,利用基于测评的多维数据促进学生完成多样性的证据收集任务,形成学生概念性理解的"证据链条",从而"使整个学习过程都紧紧围绕着大概念理解展开"[①]。表现性学习任务的完成过程可以作为评估学生理解深度的依据,实现大概念教学所要求的学科概念与跨学科概念理解的共同发展。这就需要教师站在评估员角度思考什么样的证据能够证明学生是否理解、理解到何种程度。教师需要改变两种错误倾

---

① 刘徽."大概念"视角下的单元整体教学构型——兼论素养导向的课堂变革[J].教育研究,2020(6):64-77.

向:一是先入为主地认为简答题和选择题是最好的评估类型,专注于通过多选题和简答题来测评与对课程内容进行分级;二是认为所收集的证据一定要来自正规的、总结性的测试。

基于大概念理解的复杂性和持久性特征,相应的评价需要通过多种评价方法和策略建构连续体,多方收集理解的证据。不同的大概念教学评价方法本身没有优劣之分,但存在是否适合的问题。教师应该根据评价任务,结合评价目标和情境加以选择和设计。斯蒂金斯(R. J. Stiggins)建构了学习结果和评价方法的组合框架[①](见表 8-3),可供参考。

表 8-3 学习结果和评价方法组合

学习结果	评 价 方 法			
	选择性评价	论述式评价	表现性评价	交流式评价
知识和观点	考察知识点的掌握	测量学生对知识点之间关系的理解	不适合评价这种学业目标	可以提问、评价回答,并判断其掌握程度,但费时费力
推理能力	评价某些推理形式的应用	对复杂问题解决的书面描述可以考察推理能力	观察学生解决问题或通过成果推断其推理能力	要求学生出声思考或通过讨论问题来评价推理能力
表现性技能	评价表现性技能的理解,但不能评价技能本身	可以评价表现性技能理解,但不能评价技能本身	可以观察和评价这些技能	适合评价口头演讲能力以及学生对技能表现的基础知识的掌握

---

① Richard J. Stiggins. 促进学习的学生参与式课堂评价[M]. "促进教师发展与学生成长的评价研究"项目组,译. 北京:中国轻工业出版社,2005:77.

续 表

学习结果	评价方法			
	选择性评价	论述式评价	表现性评价	交流式评价
产生成果的能力	评价创造产品能力的认识和理解	评价产品创造的背景情况,简短论文可以评价写作能力	评价创造产品的步骤是否清楚,以及产品本身的质量	评价程序性知识、合格作品特点知识,但不能评价作品质量
情感倾向	选择性问卷可以探测学生的情感情绪	开发问卷可以测量学生的情感	根据行为和产品推断学生情感情绪	通过和学生交流,了解其情绪情感

(二) 表现性评价之于大概念教学

大概念教学是一种基于概念和原理的教学形态,试图通过大概念使教学内容结构化,并与素养建立深厚的联结,从而培养学生的概念性理解能力。它强调学习过程即深度理解过程,学生通过理解概念、原理和模型等基本知识结构,将知识与现实问题联系起来,建立起知识网络和认知框架。而评价作为一个重要的环节,不仅关注学生对核心知识和关键技能的掌握情况,更考察学生对大概念的深入理解和迁移运用,旨在让学生建构概念性关系。评价标准应基于大概念的迁移价值,通过考察学生是否能够运用所学的大概念解决实际问题,检验学生概念性理解水平。这种评价体系能够系统描绘学生的学习结果,尤其是高阶思维、复杂认知能力和在新情境中解决问题的能力等。通过考查大概念教学对评价体系的要求以及大量实践成效可以发现,表现性评价更适用于检测学生的高阶能力和深度理解水平,从而更好地支持具体的教学实践,促进深度学习,建构概念之间的关系。[1]

---

[1] Darling-Hammond, L., & Adamson, F. Beyond Basic Skills: The Role of Performance Assessment in Achieving 21st Century Standards of Learning [M]. San Francisco, CA: Josey-Bass, 2014:23-29.

顾名思义,表现性评价就是对学生表现的评价,它包括评价的目的、具体的理解表现内容、用于引导学生理解表现的问题和任务、针对表现结果的评分和记录方案。[①] 表现性评价早已有之,而其之所以在当前的课程改革背景下受到异常重视,是其本身具有的特点和功能及其与核心素养培养目标的契合度所决定的。嵌入课程的表现性评价能够促进课程—教学—评价一体化,课堂的表现性评价不仅能够评测学生理解的进阶过程,在实践中将其先于学习活动设计还可以将教—学—评联结起来,相互渗透,使每个学生的学习机会最大化,达到教为学服务和以评促学的目标。

表现性评价是对"基于行为目标评价"的矫正,是检验学生能否适应未来生活和专业领域发展能力的方法,通过让学生挑战"真实的课题",在发挥其实力的情境中捕捉评价时机。[②] 表现性评价不同于追求唯一标准答案的选答反应测试,它需要学生通过探究和理解建构答案。狭义的表现性评价是指在真实的或模拟真实的情境中,运用评分规则对学生完成复杂任务的表现或作品作出判断的过程。评的是居于课程核心的、高阶的、需要持久理解的目标,这些目标需要通过真实情境中的任务来落实并得以检测。完整的表现性评价由三部分组成:表现目标、评价任务和评分规则(见图8-1)。表现性评价从表述希望学习者达成什么高阶学习目标开始,所完成的产品/作品或表现可以提供指向目标达成的直接证据;成功的标准通常以评分规则的形式出现,必须

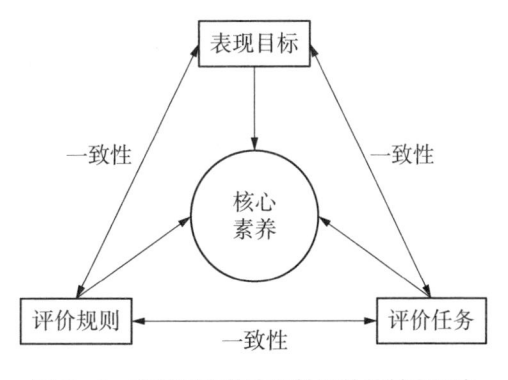

图8-1 素养导向的表现性评价的基本元素

---

① Stiggins, R.J. Design and Development of Performance Assessments [J]. Educational Measurement: Issues & Pracice, 1987(3):33-42.
② 钟启泉.基于核心素养的课程发展:挑战与课题[J].全球教育展望,2016(1):3-25.

在学生创作产品/作品或进行表现前就建立好。①

从教与学的关系角度来看,大概念教学是一种"面向理解的教学"(teaching for understanding,TFU),它通过教师的教学设计和实施行为,促进学生开展理解性学习(深度学习的一种特殊类型),从而达成概念性理解的教学形式。"面向理解的教学"强调围绕基于理解的学习评价的重要性,以追求学生对知识、技能和核心概念的深度理解为核心价值,通过对学生的大概念理解和迁移应用进行整体考察,判断学生的核心素养中认知、技能和情感三个维度的达成效果。具体表现在学生对单元重要知识和核心概念的理解、方法和策略等综合技能的运用、学习情感态度价值观的形成情况等。只有真正理解概念性关系之后,学生才能更好地学会如何学习以及将所学应用到真实问题解决中,并在新的情境中举一反三,灵活且创造性地应用。基于概念性理解的学习评价的内涵主要体现在以下几个方面。

(1) 以概念性理解及建立概念之间的关系为评价内容。概念性理解是一种运用所学的知识、技能和概念灵活地思考与行动的能力,也是一种与机械背诵和固守答案相反的实践能力。因此它处于学科核心地位,对其他学习内容发挥引领作用,是学生解决生活中问题的基础性能力,是处于学科最高位的大概念,是需要学生整合各种资源和大量事实、案例开展持久性理解的内容。

(2) 以学生概念性理解力水平为评价标准。"理解力"这个字源自拉丁文"comprehendere",意指"抓住总体",即对某个事物或事情的认知、判断、转变过程的能力。它是学生应用所学发展创新能力和批判能力的关键,主要体现为学生在对学科问题乃至生活问题和情境困惑进行分析、推理和决策的过程中,吸收、内化、组合知识、技能和概念的能力以及处理信息的能力,其有助于学生参与世界和改变生活,因此成为评价标准。

(3) 以智能技术创设的情境和环境为载体开展理解评价。问题、情境(含技

---

① 周文叶,毛玮洁. 表现性评价:促进素养养成[J]. 全球教育展望,2022(5):94-105.

术)、伙伴学习关系(教师和同伴)构成了对学习者内部认知的重要环境支撑。传统评价是"去情境化"(decontextualization)的,很有可能将学生带回知识的抽象世界,导致知识的抽象化和概念化,使学生只能形成知识在思维层面的抽象表征(初始认知模型),建构模糊的经验性理解,无法迁移到真实的问题解决中,因此受到诟病。素养导向的评价希望通过智能技术创设的"逼真"情境促进学生对更加复杂的问题变式进行理解性学习,不断优化与修正先前的认知模式,形成概念性理解,促进知识素养化,将其转化为可迁移应用的能力,解决相似和相异情境的问题,并体现在未来真实世界的变革行动中。评价实践应该充分利用互联网,通过网络大数据的存储功能对学习者留存的线上线下学习记录进行深度分析和综合评定。

（4）持续性地对整个学习过程中的理解行为和结果进行循证评价。无论是核心素养的形成还是大概念的理解都不是一蹴而就的,因此达成上述目标的理解性学习自然而然也是动态的,同时概念性理解也是循序渐进的过程。因此,评价应该关注整个学习过程中学生从经验性理解、反省性理解到概念性理解水平的变化。

（三）评价任务开发

学生的概念性理解能力,体现为学生对基本问题的思考和解决程度。它需要"任务"引发相应的理解表现行为,这类任务根植于结构化的问题情境,没有唯一正确的标准答案,需要评价规则对学生完成复杂任务过程中的理解行为表现或结果进行判断。这里需要强调的是,表现性任务是从评价角度提出的,是学习任务的具体化和表现化。事实上所有的学习任务都是外显行为,富有表现性。进一步说,任务的表现性体现在学生的思维过程之中,学生完成的作品或产品是思维的表现。复述情节、个人写作以及做实验等不能作为表现性评价任务,因为复述情境没有深度理解的参与,个人写作可以通过程式化的填涂考试加以完成,没有思维含量,做实验没有设计环节或实验报告,无法培养学生高阶技能。表现性评价评价的不是常规的和机械的思考,不是回忆信息、术语、定义,不是执行简单任务。因此,表现性评价设计要围绕大概念理解和迁移应用的表现,促进学生综合运用核心知识和关键技能进行反思与创造,展示其概念性理解,并将其运用到真实情境中解决复杂问题,从而培养学生的核心素养。

在大概念教学中,评价效度最主要的体现是大概念有没有被学生揭示和理解。当学生将核心概念、重要知识和关键技能应用到各种富有挑战性的真实情境任务中时,就可以表明他们理解了。因此评价任务应该包含真实问题情境。值得注意的是,"真实"是指任务本身具有真实性或逼真性,是为了帮助学习者获得一种学习的真实性和意义感,进而更好地体验专家思维。因此大概念教学中理解性学习所创建的逼真实践和问题情境不一定是完全真实的。教师可从心理、功能和物理三个维度上有所区别地进行逼真度设计。在表现性任务设计中,心理逼真度是基础,它直接影响学生的认知过程,也是学生习得专家思维的核心。功能逼真度和物理逼真度则在后续复杂性任务阶段起到重要作用。例如,在进行"圆"这一单元的教学时,教师围绕对单元大概念"圆是同一平面内到定点的距离等于定长的点的集合"的理解进行评价,设计了真实表现性评价任务"制作飞镖投射盘"。这一任务可以从心理上激发学生兴趣,具有物理上的逼真性,功能上可以达成表现学生对圆的概念和对称性的理解水平。心理逼真度是指模拟任务环境、复制现实任务环境中所经历的心理因素(如压力、好奇等)的程度,通过模拟真实的认知过程或情感反应,让学习者感受到与专家实际工作相似的心理压力和思维过程,如医学院基于问题的教学中提供的文本性真实病例。功能逼真度是模拟任务环境以类似于现实任务环境的方式发挥作用的程度,它侧重于任务执行的核心功能和流程,如通过计算机搭建的虚拟诊所进行诊疗学习。物理逼真度则是模拟任务环境在看、听、摸甚至闻上与现实任务环境的相似度,它关注的是环境的物理特性,涉及更多的现实任务环境中的细节,包括外观、声音、触感等,如在手术室通过对一个"模拟病人"(仿真人体模型)开展现场教学。

表现性任务是大概念教学最常用的评价方式,它的类型是多样的,一般可以分为创作类、探究类、决策类、鉴赏类。创作类表现性任务是指向用户的,根据用户需要和学习目标,通过有计划操作活动形成有创意和价值的作品。例如,针对很多学生的近视问题,设计一套正确用眼的方案。探究类表现性任务源于问题情境,围绕问题解决和完成项目的需要提出假设,一般包括实验、调研、分析比较和推断等环节,通过收集整理资料和数据对假设进行验证,得出有参考价值的结论。例如,设计一项实验探究不同洗洁精对棉质衣物上不同性质的油脂的洗涤效果。决策类表现性任务一般要求对影响目标达成的多种因素进行综合比较和分析,形成改进方案,在对不同方案进行判断和优化的基础上,作出决定,学生要经过调查研究、形成方案、推介和评审等过程,最终作出科学选择。例如,组织学生对学校附近一家经营不善的餐馆进行调查研究,不同小组设计不同方案,教师组织包括专家在内的人员对不同方案进行评价,促进学生进行完善,最终将比较科学、可行的方案呈现给餐馆经营人员。鉴赏类表现性任务主要是根据一定的艺术标准等对作品进行鉴定和欣赏。例如,让学生根据自家客厅情况,选择一幅装饰画。这项任务不仅需要对装饰画进行审美品鉴,还要结合自家客厅和家人艺术品味情况作出选择。表现性任务综合性较高,往往是交叉融合的,上述鉴赏类表现性任务往往也是决策类任务。因此这些任务既可以作为学习性评价、学习的评价,也可以作为学习式评价。

在评价设计中,表现性任务应该与单元素养目标紧密对接,体现学生对大概念的理解,但在实践中很容易出现偏差。例如,冀教版英语四年级上册 Lesson 10 Brush and Wash 的语言学习目标是:听懂、会说"I brush my teeth. /I wash my face. /I brush my hair. /I put on my clothes."。围绕这一目标,教师设计了一个TPR(total physical response,全身反应法)连锁反应活动:学生以小组为单位,教师给每组第一位学生 S1 一个动词短语,让 S1 作出相应动作给学生 S2 看,S2 看后模仿该动作给学生 S3 看,以此类推,直到传递给最后一位学生,由最后一位学生用"I brush my teeth."等目标语汇报短语内容。这项活动的问题之一就是过分追求趣味性和高参与度,忽视目标指向性。学生将大部分时间花在了"动作模仿"的低阶技能训练,无法培养和体现思维品质。教师可以关注活动内容与教学目标的一致性,将案例中的 TPR 活动改为记忆游戏:学生四人一组,保留原有活动形式,但传递的不只是动作,而是语言和动作。这样,每个学生都要开口说英语,并且记忆的挑战性能激发学生的参与热情。改进后的活动将语言与游戏有机融合,使活动不流于形式,具有极强的目的性,更好地为语言思维品质服务。

(四) 评分规则制定

大概念教学评价需要通过各种各样的证据来记录和衡量学生理解表现水平,让人们看到学生应对具体情境挑战时的表现以及在此过程中学生概念性理解的水平。记录和衡量学生理解表现的工具很多,其中,量规就是最好的方式。在表现性评价中,表现性任务和开放性问题往往没有唯一的正确答案或解决过程,因此需要依据素养目标开发一定指标进行判断。清晰而恰当的指标有助于学生明确自己理解大概念的方向,帮助教师在评价学生理解水平时明确应该关注什么,确保评价与目标的一致性,实现评价公平性。鉴于表现性任务的复杂性,教师在评定学生理解任务完成情况时应该从不同维度开发指标;基于学生理解表现的多样性特征,应该考虑不同学生的不同水平层级。教师可以利用表现学生理解水平和维度的矩阵进行评分规则的开发(见表 8-4)。

表 8-4 理解水平评分规则

水平＼维度	水平 1	水平 2	水平 3	水平 4	……
维度 1					
维度 2					
维度 3					
维度 4					
……					

需要强调的是,指标即维度的开发首先要关注那些最能够反映学生成功理解单元大概念以及最具有启发性和价值的方面,而不是那些容易看到或赋分的方面。例如,评价一篇作文质量不能仅仅看学生的字体和格式,更重要的是关注一些观点是否正确,是否有足够证据支撑表述的逻辑;聆听一次演讲不能仅仅关注演讲者的诙谐幽默而忽略对演讲论题深刻性的理解;评定展品不能仅仅关注素材的丰富性,而忽略内涵的创造性。以撰写和阅读一则故事为例,判断其质量的关键指标是吸引力,其次是作者的文学手法和语言选择,再次可能是与人物形象的理解深度、可信度、性格刻画有关的方面。具体指标应该包括观点、组织、文风、选词、句子流畅度、规范等维度。在确定理解水平指标时,教师必须明确在理解表现中影响质量判断的一组独立变量,确保这些指标能够详细说明学生要获得成功必须要有哪些表现,从操作的角度讲,这些指标定义了完成表现性任务的必要条件。

量规如同一把尺子,它是基于指标的评分指南,由固定的测量等级组成,一般包括维度、指标、等级(水平)和权重(赋分),并对每个级别的特征进行详细描述。对学生的作品和认知过程可以采用两种量规:整体型量规和分析型量规。整体型量规就整体情况进行描述,为学生的作品提供一个综合印象,并对作品和表现提供单一分数或等级,一般比较简洁。分析型量规是从多个维度对学生作品和理解表现进行判断并赋分,一般比较准确。两种量规可以相互转化。对学生理解水平的评价最好使用分析型量规,因为理解是一个复杂过程,仅仅靠一个分数或单一等第来评定,虽然效率很高,但对学生的反馈和指导力度不够。例如,期中考试中两个学生语文得分一样,但这只能从整体上判断他们的基本情况,有可能一个学生作文写作水平高,想象能力强些,另一个学生记忆能力强,在选择题、填空题和判断题等应答性题目得分多些。这样的结论容易误导学生和家长,使他们认为相同分数和等第的学生,其表现是一样的,理解能力相同。

在大概念教学中利用分析型量规可以描述学生理解的质量等级、熟练程度和连续性,重点要回答三个问题:

(1)应用什么指标来判断和区别学生的理解表现是否达到要求;

(2) 应该通过哪些维度和内容来判断学生理解表现是否成功；

(3) 应如何描述并区分质量水平、熟练程度和理解层次之间的差异。

这意味着分析型量规维度的划分要尽量"不交叉"，但也不宜过多；要根据评价重点确定权重（赋分）；有层次和进阶性，不仅要考虑作品本身，还要考虑作品完成过程和呈现方式等，从而回答学生的理解达到了什么程度、简单理解（即经验性理解）和复杂理解（概念性理解）有什么区别、从最简单到最复杂的理解的一些界定描述是怎样的。

学科实践是新一轮课程改革的热点问题，尤其是跨学科实践能够培养和考查学生综合运用知识、技能和概念解决问题的能力。跨学科实践的培养目标需要表现性表现的外化和引领，其中真实问题的解决过程需要表现性评价的推动和表征，物化成果需要表现性评价来评估和完善。跨学科表现性评价要根据课程标准的内容要求、教学提示、学业要求来确定，包括评价目标维度、评价任务和量规，形成完整的评价过程。王永田和蒋沂蒙围绕生物学跨学科实践"制作实验装置，模拟抽烟有害健康"开发了评价维度、表现性目标和相应的量规（见表8-5）[①]。

表8-5 制作实验装置，模拟抽烟有害健康的评价维度、目标和量规

维度	表现性目标	评价等级			
		有待改进	合格	良好	优秀
认知	通过讨论模拟香烟烟雾对呼吸道黏膜的危害，应用呼吸运动、虹吸现象等概念分析模拟装置中所涉及的原理	不能记忆、理解呼吸道结构功能和虹吸现象	记忆、理解呼吸道结构功能、虹吸现象、气体收集和烟雾中化学物质产生的危害等概念，能够查找到学科概念	准确分析呼吸道结构功能、虹吸现象、气体收集和烟雾中化学物质产生的危害等概念	熟练评价呼吸道结构功能、虹吸现象、气体收集和烟雾中化学物质产生的危害等概念，具有创新模拟意识

① 王永田，蒋沂蒙.指向生物学跨学科实践的表现性评价[J].课程·教材·教法，2024(8)：139-143.

续 表

维度	表现性目标	评价等级			
		有待改进	合格	良好	优秀
思维	应用结构功能观解释呼吸运动、虹吸现象关系，应用过程思维建构完善抽气吸烟虹吸模型，根据草履虫运动数据推理论证香烟有害健康	不能认识到虹吸现象与呼吸运动的联系，无法提出吸烟模型建构的设想	能初步应用结构功能观了解虹吸现象与呼吸运动的联系，但不能表达，能设计简单的吸烟和抽气模式图	能正确应用结构功能观归纳概括虹吸现象与呼吸运动的联系，应用过程思维和系统与模型概念合作设计吸烟和抽气模型	能准确应用结构功能观归纳概括虹吸现象与呼吸运动的联系，能应用过程思维和系统与模型概念独立设计有一定创新的吸烟和抽气模型
动作	依据模型选择并连接设备，组织实验装置，实施方案收集实验数据	不能仿照图示制作烟雾收集器和空气泵，模拟吸烟运作	能仿照图示制作烟雾收集器和空气泵，模拟吸烟运作，测出排水体积，收集草履虫存活证据	准确制作并连接烟雾收集器和空气泵，模拟吸烟运作，测出排水体积，收集草履虫存活证据，改进设计方案	独立、熟练制作并连接烟雾收集器和空气泵，模拟吸烟运作，测出排水体积，收集草履虫存活证据，利用"尺度、比例和数量"概念创造性设计出协同美观的装置
情感	通过表达交流形成吸烟有害健康观念，通过制作展板等用科学证据向公众宣传吸烟有害健康	不能接受吸烟有害健康的观念	能够接受吸烟有害健康观念，对吸烟等变量习惯作出反应	准确表达交流吸烟有害健康观念，通过准确制作展板或电子资源等科学证据宣讲该观念	熟练表达交流吸烟有害健康观念，通过准确制作展板或电子资源向观众宣讲该观念，形成个性化健康价值体系

四、三种有效评价方法

（一）围绕核心任务完成情况开展评价

核心任务是富有表现性、可测量的学习活动，但不是学习活动本身，而是学生完成任务过程中的理解表现。例如，完成初中语文古诗词单元教学后，教师围绕单元大概念"诗人通过寥寥数语就能生动表达生活境遇"设计的表现性任务为"背诵《天净沙·秋思》"。通过分析可以发现，这一任务仅仅源于教师凭借自身经验判断背诵古诗词对学生有价值，却没有考虑学生对这些古诗词是否有兴趣，仅仅背诵这首词的任务太简单、有点枯燥，也没有涉及学生的智慧，和单元大概念"失联"。因此，这个所谓的"任务"只是简单活动，可以将其改为"理解诗人如何通过遣词造句勾勒场景画面"。这样就将任务指向大概念理解和建构，调动学生深层次理解主题意义，也能让学生通过分享活动展示事实性知识和技能掌握程度，通过字面意思进行论证和推理。

围绕历史学科单元核心任务"撰写《美国现代社会枪支问题的现状调查与解决报告》"研制的表现性任务量规可见表8-6。

表8-6 "撰写《美国现代社会枪支问题的现状调查与解决报告》"量规

维度	有待改进	良好	优秀
小组合作	分工不够明确，互动不足	分工明确，交流充分	分工明确，交流充分，配合默契
资料利用	视角明确，但表述不完整，仅仅摘取老师提供的部分资料，没有引用资料进行论证	视角明确，充分利用老师提供的资料，引用资料进行论证	视角明确，进一步收集相关资料，利用历史材料和数据进行论证

续 表

维度	有待改进	良好	优秀
行文条理	文稿字数不足200字,条理不清楚,没有分层论述	文稿字数在300字以上,条理比较清楚,但没有分层论述	文稿字数超过500字,条理清楚,分层论述
史论结合	语句不够流畅,仅列举一些史实	语句不够流畅,但做到史论结合,有引用历史重大事件,也有相应评论	语句流畅,富有逻辑性,做到史论结合,有引用历史重大事件,也有相应评论
问题对策	没有就相关问题提出相应解决方案或对策	对相关问题提出解决方案或对策	针对相关问题提出有针对性的、合理的解决方案或对策

(二) 通过基本问题开展评价

基本问题能够真正引起学生对大概念和核心内容的深入理解;激发对更多问题的深度思考、持续讨论和探究并产生新的理解;要求学生从不同角度考虑不同观点,收集和权衡证据,建构并论证自己的想法和思考;激发与先前所学知识和个人经历的有意义联系,反思已有假设和过往的经验教训;自觉将大概念理解迁移到其他情境。

上面我们说过基本问题和大概念是"谜面"和"谜底"的关系。换句话说,如果教师能够围绕基本问题设计学习单元,让学生围绕核心概念之间的关系问题进行探究和思考,通过解释和解读概念之间的内在关系设计表现性任务,再围绕概念性问题的回答情况,就可以相对客观地评价学生的概念性理解水平。以生物学课程的"营养"单元为例,基于基本问题建立的合适的任务类型可见表8-7。

表8-7 基于基本问题确定表现性任务

基本问题	表现性任务
为什么人们想要做到合理饮食这么难？	收集和分析调查数据，找出学生经常去用餐的地点
对你有益的食物都很难吃吗？还是恰好相反？	调查不同食物的营养价值，比较有益于健康的食物的味道
为什么专家对膳食指南分歧特别大？	比较和评价各种营养指导的途径，并以汇报或口头报告形式予以展示

以基本问题架构表现性任务就相当于对完整的单元测试卷进行抽象，把测试卷想象为论文集，教师可以把测试题目涉及的测试点进行归类、统整和提炼，形成不同的问题并加以系统化，从而形成基本问题，再按照GRASPS模型赋予问题情境和目标，形成作品，通过情境性问题形式加以陈述，使基本问题成为学生理解的焦点，从而使评价过程少一些随意和神秘。

这里需要说明的是，大部分练习是脱离情境的、对直接知识和技能进行掌握与巩固的过程，无法表现学生是否能够应用知识和技能来真正"表现"。例如，单手投篮训练中，教师将学生分为两组，一组负责传球，一组负责投篮，却忽略了真实比赛中突破对手防御的真实情境，这就是单一的技能练习。而真正的问题及其解决是在没有教师提示和情境线索情境下，学生在完成学习任务时独立思考需要哪些知识和技能、已具备哪些条件和还需要创造什么条件和方法的过程中诞生与进行的。这恰好是高度结构化的、具有正确答案的练习题所不具备的。练习对低阶知识和技能的巩固是有价值的，但对发展学生核心素养的表现存在严重不足，不是学生对大概念理解和应用表现的可靠和唯一指标。因此将练习题作为评价内容并借此建构评价机制，容易忽略核心素养培养及其评价所强调的真实表现和行为的精髓。真实学习行为和表现内含对大概念的理解和应用，旨在让学生实现知识和技能的高通路迁移。迁移能力是核心素养的内核，也是学生概念性理解的重要表现。

从评价实施视角来看,学生"猜谜"行为的正确性和贴切程度,能够表现他们对大概念的理解程度。从这个意义上说,对基本问题的探究及其得到的"答案"就是大概念教学质性评价的重要方法之一。具体做法是设计一个记录单,将学生围绕基本问题的回答情况记录在案,或者就基本问题对学生进行追问访谈,留下学生对基本问题思考的痕迹,分析他们对大概念的理解程度,包括经验性理解、反省性理解直至概念性理解。教师可以根据学习目标设计一些关键词和重点句子,借此分析学生理解程度。为了规避主观性的干扰,教师可以对访谈和记录材料进行技术编码,呈现学生理解水平。

(三) 基于SOLO理论开展评价

人们对事物的理解一般有工具性理解和关系性理解两种模式。工具性理解是一种关于如何操作的规则性、程序性或技能性的理解,多通过语义进行呈现,旨在明确符号和操作过程所指代的意义,获得符号指代物意义的途径和规则本身有效性的逻辑依据。而关系性理解则不仅需要对符号意义和替代物本身结构的认识,还要关注事物、现象、信息乃至知识、概念产生的背景及其背后的意义,重点聚焦概念性关系理解和建构。[1] 教育学中的理解有五种形式:(1)从教师讲述中获得专家知识和结论,但学生自己没有建构任何结构;(2)从教师的知识结构中习得知识,形成初步知识连接;(3)针对具体问题产生的知识结构;(4)根据解决问题的要求,调整和建立自己的知识结构,达到对这些知识的反省性理解;(5)通过广泛的阅读、推理和反思等活动,发展个人的学科概念,形成概念性理解。[2]

---

[1] OECD. Strong Performers and Successful Reformers in Education: Lessons from PISA for the United States [EB/OL]. (2014-06-09)[2025-01-25]. https://files.eric.ed.gov/fulltext/ED513735.pdf.
[2] Lin, T. J., Lee, M. H., Tsai, C. C. The Commonalities and Dissonances Between High-School Students' and Their Science Teachers' Conceptions of Science Learning and Conceptions of Science Assessment: A Taiwanese Sample Study [J]. International Journal of Science Education, 2014(3):382-405.

彼格斯等学者认为理解是认知的质性产物(qualitative outcome)①,并以认知结构组织为切入点,提出了 SOLO(structure of observed learning outcome)分类理论。该分类理论认为,学生掌握的知识结构组织(structure organization)"表现"了学生对特定知识点的概念性理解和思维的层次,也是可观察的学习结果。基于此,彼格斯和科利斯把学生对于某个问题的认知和解决过程中表现出的理解程度从能力、思维操作、一致性与收敛、应答结构四个方面划分为五个水平,具体层级划分及理解表现描述如表 8-8 所示。

表 8-8 学生理解水平层次评价框架

问题系列	理解水平层级	理解表现	理解层次
子问题1	前结构水平	学生被题目中无关条件干扰,基本无法回到问题	无
子问题1	单点结构水平	学生只能联系单个素材解决问题,给出一个方面的解答	浅层次
子问题1	多点结构水平	学生能联系多个,但是孤立的素材去解决问题	连接层次
子问题1	关联结构水平	学生能利用问题线索间的相互关系解决问题,并能进行知识概括	迁移层次
概念性关系问题	拓展抽象结构水平	学生能对未经历的情境进行抽象,应用到新的情境中	抽象层次

---

① 彼格斯,科利斯.学习质量评价:SOLO 分类理论(可观察的学习成果结构)[M].高凌飚,等,译.北京:人民教育出版社,2010.

SOLO 分类理论既是对一个由简单到复杂的认知过程的描述,也是一个从点、线、面到立体的系统评价方式。评定理解水平的关键在于判断学习者认知结构的复杂程度,SOLO 强调观察学生外显行为,通过外显行为表现即学习行为的结果来对学习质量进行测评。从这个意义上说,SOLO 是一套描述学生学习素质和水平的语言体系,且该标准适合其他多科目的评价。① 需要说明的是,有时候学生的回答和表现并未非常清晰地和某个层级对接,或许是介于某两个层级之间。这需要教师根据过渡性回答(transitional responses)表现加以决策,也可以设计过渡结构层次。

例如,牛顿第二定律不仅是动力学部分的核心内容,也是高中物理的重要主题内容,它对应的核心素养包括物理观念、科学思维、科学探究、科学态度与责任。教师在教学设计时可以提炼大概念:"力的瞬时效应,是力的瞬时作用规律",并设计基本问题:"力和运动存在什么关系",子问题包括物体的受力情况和运动情况之间是否存在定量关系、加速度为什么能够成为联结力与运动变化的桥梁,等等,借此引导学生经历科学探究过程,掌握科学研究方法,建构核心概念之间关系理解,养成科学思维习惯。相应的评价目标应该聚焦力和运动之间概念性关系的理解与迁移应用,评价的主要行为表现是力和运动之间关系的深度理解。教师可以借用 SOLO 理论框架开发评价体系(见表 8-9)②。鉴于前结构水平的学生不具备解决问题的能力,不存在有效的理解水平表现,评价分析时可以略去,从单点结构水平开始分析。

---

① 彼格斯,科利斯.学习质量评价:SOLO 分类理论(可观察的学习成果结构)[M].高凌飚,等,译.北京:人民教育出版社,2010.
② 何奇,任新成.基于 SOLO 分类理论的高中物理深度学习评价研究——以"牛顿第二定律"为例[J].中学教学参考,2022(6):40-42,56.

表 8-9　基于 SOLO 分类理论的"牛顿第二定律"理解行为表现评价

SOLO 分类水平	物理学习中的问题解决表现	"牛顿第二定律"学习水平表现
单点结构水平	能够判断题目中的信息,有初步的物理学科知识储备,但对物理问题的解决只能关注一个单一的知识点,缺乏对知识的深层次理解	处于单点结构水平的学生已掌握了牛顿第二定律的表达式,能够初步理解定律的物理含义,但此时学生只能根据给出的数据直接代入公式计算,只能解决单个物体受到单个外力这种最基础的物理问题。处于单点结构水平的学生能够通过直接应用公式解决此类基础问题
多点结构水平	能够辨认题目中的多重信息,较准确地提取前置物理知识以解决问题;但针对具体问题所提取的多个知识点是零散分布的,难以对问题进行整体规划;未能构建物理知识体系,解决问题的逻辑时而混乱	处于多点结构水平的学生能够根据给出的多组条件对单个物体受到多个外力的动力学问题列出多个表达式,但如果物体的运动过程涉及临界、极值问题,或在后续学习中同时叠加了电磁场作用等,学生在进行整体分析时思维逻辑便会产生混乱,难以将多个条件和步骤整合、联系起来。例如,处于多点结构水平的学生能够对小球进行正确的受力分析,并根据牛顿第二定律对小球列出运动过程中的表达式,但可能会忽略小球的运动状态具有临界点,或是意识到了临界情况的存在,但不知道如何进行整体分析
关联结构水平	能够识别题目中的各种信息,能够根据学习经验对实时的物理问题进行归类、分析;能够从整体上解决问题,解题步骤清晰有逻辑	处于关联结构水平的学生能够处理涉及多个物体、多重受力的系统动力学问题;能够解决临界问题、曲线问题或同时叠加电磁场作用的复合场问题等;能够将物理知识应用到生活中以解释一些日常生活现象,如铁路倾角的设计、天体运行、超重失重现象等。处于关联结构水平的学生能够通过整体分析得出恰好不发生滑动的临界条件,建构正确的临界情境,并通过对整体和个体分别应用牛顿第二定律解决问题

续 表

SOLO 分类水平	物理学习中的问题解决表现	"牛顿第二定律"学习水平表现
拓展抽象结构水平	在解决了实时的物理问题后,能够继续进行反思和总结,能够建立一系列具有共同特征的物理模型;解题快速、方法多样、思维有深度	处于拓展抽象结构水平的学生能够归纳出综合利用牛顿第二定律解决的动力学问题的解题思路和各类物理模型,例如等时圆模型、绳连模型、弹簧模型、板块模型、传送带模型等,能够利用自身知识解决实际问题;能够全面、拓展性地分析题目,不仅可以解答具体题目,还可以不断地完善自己的物理模型建构,总结解题思路;能够了解到牛顿运动定律也有适用条件,有拓展及创新能力

第九章　大概念教学设计的实践

奇妙的童话，点燃缤纷的焰火，照亮五彩梦
——统编版小学语文教科书四年级下册第八单元教学整体设计[①]

一、学情分析

小学中高年级学生处于生理和心理变化的关键期，大脑发育相对完善，基本接近成人，学习能力增强，对周围的世界充满好奇，喜欢探索和尝试新事物。而童话作为一种象征艺术，其独特的语体与表述特征、充满童真童趣的故事情节、优美活泼的语言以及丰富而奇特的想象，容易与小学生的精神和情感产生共鸣，从而让他们自觉感受童话的奇妙，体会人物的形象，进而激发他们按照自己的理解创编故事，建构人物形象和真善美之间的概念性理解，提高想象力和创造性。

统编版小学语文一至四年级教科书在不同的主题单元编排了二十多篇童话故事，从不同角度培养小学生的语文课程素养。尤其是通过三年级上册第三单元对中外童话的学习，学生已经感受到童话丰富的想象力及其价值，能够在了解故事主要内容的基础上复述故事，并能根据提示，展开想象，尝试编写童话故事。通

[①] 本案例设计由上海市杨浦区中原路小学分校陈小芳老师撰写，在此表示谢忱！

过对相关主题的学习,学生拥有了阅读童话的兴趣,能够走进更为广阔的童话世界。教师可以引导学生进一步体会童话丰富而奇特的想象,帮助学生建立对童话这种文学体裁的初步认识。

二、语文大概念单元教学设计理念

《义务教育课程方案(2022年版)》提出在进行课程开发时,要坚持素养导向,体现育人价值;基于核心素养培养要求,明确课程内容选什么、选多少,注重课程与学生经验、社会生活的关联,加强课程内容的内在联系;突出课程内容的结构化,探索主题、项目、任务等内容组织方式。这些规定为当下的教学改革提供了方向,也是我们开展教学设计和实施的重要依据。

语文课程的多重功能和奠基作用决定了它在教育中的重要地位。教学目标的设计应该从文化自信、语言运用、思维能力、审美创造这四个核心素养出发,并把握四个核心素养交融的特点,既要有侧重,又要将它们融为一体,避免将四个核心素养单独罗列,并通过单元设计将其落实到"识字与写字""阅读与欣赏""表达与交流""梳理与探究"的学段要求中。内容要围绕特定的学习主题,确定具有内在逻辑关联的语文实践活动,并以学习任务群的形式组织与呈现。在语文教学设计和实施中,教师要有主题观念,梳理出单元大概念体系,定位所要教授的单元在学生素养发展过程中的具体位置,并明确在单元课程学习后,学生能够掌握什么大概念以及理解和建构程度,从而将学科核心素养的内涵转化为可操作的大概念理解和迁移应用的学习要求,即单元目标与课时目标。

三、单元设计主题和思路

语文教科书四年级下册第八单元"中外经典童话"的人文主题是"童话之美",语文要素为"感受童话的奇妙,体会人物真善美形象"。基于此,这一单元共编排了三篇课文并要求学生精读课文《宝葫芦的秘密(节选)》《巨人的花园》,同时安排了创编故事和填补空白的想象练习;略读课文《海的女儿》让学生在奇妙的故事中体会小人鱼对人类世界的向往,感受它的美丽和纯洁。"语文园地"中的"交流平台"以课文为例,回顾单元学习重点,引导学生在交流读童话中感受奇妙的想象,体会鲜活的人物形象。习作要求学生以《新编龟兔赛跑》为例,按照自己的想法(即理解)新编故事。这样的组织形式借助阅读和表达,促进学生将大概念理解的输入与相应的迁移应用的输出有机统一起来。

"双新"背景下的课程改革要求从单元教学走向学习大单元设计和实施,其本质是将教学要素(如作为内容的大概念和核心知识、情境、任务等)与教学环节(如目标、评价和过程设计和实施等)按学生发展核心素养需求和学习规律组织起来,形成一个有结构的整体。具体到童话单元的教学,教师基于单元素养目标与大概念理解和迁移应用,将三篇不同内容的童话文本统整到一个单元中,以通过语文要素感受童话的奇妙、体会人物真善美形象为联结点,以提升学生想象力和创造力为生长点,构建单元整体目标,应用大概念整合单元童话教学内容,挖掘童话的内涵与特点,以基本问题驱动学生完成核心任务和语文实践活动,并通过任务完成过程中的理解表现开展童话单元教学评价,优化童话教学过程。让学生在自主学习中体会童话学习的乐趣,最大限度发挥单元主题育人价值。

四、单元学习目标

义务教育阶段语文课程培养的核心素养是学生在语文实践活动中综合体现出的文化自信、语言运用、思维能力、审美创造这四方面,并要求被落实到学段要求中。"中外经典童话"单元要求学生在对三年级童话单元进行学习并能够体会童话丰富想象力且建立相应能力的基础上,真正走进童话故事,理解童话人物形象品格,读懂作者要表达的人文情怀,并能尝试创编童话故事,由此可以归纳出本单元核心学习目标是:

(1) 掌握童话体裁的特征;

(2) 发现童话的独特文学和生活价值;

(3) 领会童话的丰富意蕴;

(4) 学会创编童话故事；

(5) 树立正确价值观。

教师可以根据KUD目标理论进一步明确单元学习目标：

(1) 完成单元重点识字，了解童话充满奇妙，知道体现真善美的人物形象；

(2) 理解童话故事中作者如何应用奇妙的想象和生动情节塑造人物形象，以及传达作者对真善美的执着追求；

(3) 根据童话故事情节和人物思想表现，对其进行有理有据的评价；按照自己对童话这一文学体裁特征的理解，创编有意义的童话故事。

在课时目标设计和实施中，教师可以按照课程标准和教材编写体例，从"识字与写字""阅读与欣赏""表达与交流""梳理与探究"四个方面细化目标，使之明确具体和可测量。如《宝葫芦的秘密(节选)》一课，可以设计如下课时目标：

(1) 认识"妖、矩"等7个生字，读准多音字"冲"，会写"介、绍"等18个字以及"声明"等词语；

(2) 说出王葆想得到宝葫芦的原因，体会他淘气、爱幻想的童真形象；

(3) 了解奶奶给王葆讲的故事，并根据已有内容创编故事，讲给同学听。

五、建构单元概念体系

我们根据埃里克森内容结构模式，结合语文学科本质和童话体裁的特点，遵循教材内容编排逻辑，建立单元结构框架(见图9-1)。

通过解读童话单元的人文主题和语文因素，我们建立了指向童话文学的大概念："童话人物的精神品格丰富多样，通常寄托了作者特定的人文情怀"。这是一个理论或规律层面的大概念，相对抽象，具有强大的解释力和统摄力。结合童话文学特点、单元素养目标和教材内容，我们提炼单元大概念："童话中的奇妙和作者对真善美追求的寄托主要借助人物形象实现"，借此联结童话主题内含的人物形象、故事情节、语言行为和真善美等核心概念，统领三篇课文内容，最终实现对

```
        ┌──────┐      ┌─────────────────────────────┐
        │ 理论 │─────▶│ 童话人物的精神品格丰富多样,│
        └──────┘      │ 通常寄托了作者特定的人文情怀│
           △          └─────────────────────────────┘
          ╱ ╲
         ╱   ╲         ┌─────────────────────────────┐
        ╱原理或╲───────▶│ 童话中的奇妙和作者对真善美 │
       ╱ 推论  ╲        │ 追求的寄托主要借助人物形象 │
      ╱─────────╲       │ 实现                       │
                        └─────────────────────────────┘
   ┌────┐  ┌────┐   ┌────────┐┌────────┐┌────────┐┌──────┐
   │概念│  │概念│──▶│人物形象││故事情节││语言行为││真善美│
   └────┘  └────┘   └────────┘└────────┘└────────┘└──────┘
   ┌──────────────┐  ┌──────┐
   │     主题     │─▶│ 童话 │
   └──────────────┘  └──────┘
   ┌──┐┌──┐┌──┐┌──┐┌──┐  ┌──────────┐┌──────────┐┌──────────┐
   │事││事││事││事││事│─▶│宝葫芦的秘密││巨人的花园││海的女儿 │
   │实││实││实││实││实│  └──────────┘└──────────┘└──────────┘
   └──┘└──┘└──┘└──┘└──┘
```

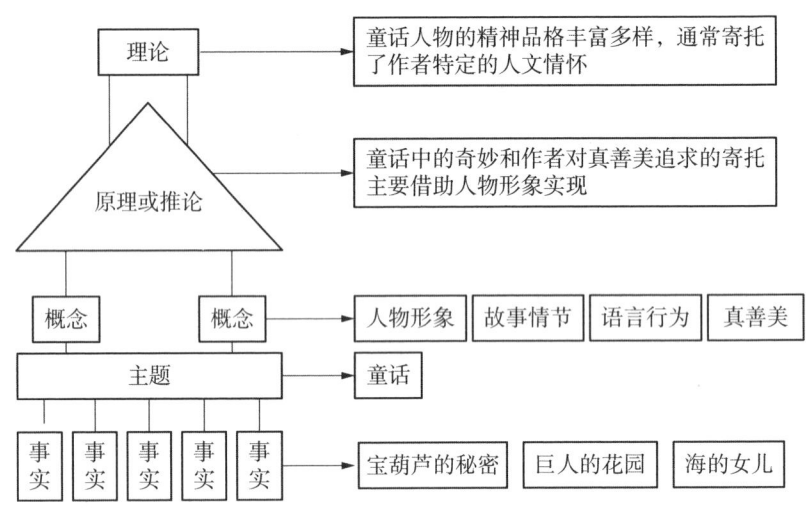

图 9-1 "中外典型童话"单元概念体系结构

人文主题的意义建构和对语文要素本质的认知,让学生从知道童话故事内容和人物形象到领会主题思想和感受童话奇妙,再到产生创作冲动,进而达成大概念指向生活价值的目标。

六、提炼核心问题及其问题链

四年级学生已经具有相对丰富的阅读与创编童话故事的实践和经验。教师可以结合单元大概念和学习内容,提出核心问题:我们在进行童话故事学习中总会感受到一些特点鲜明的人物形象,例如代表英雄形象的后羿、女娲以及寻找自我的丑小鸭等,请同学们深入思考和探究为什么作者要创造出这些童话人物形象?他们到底蕴含怎样的秘密?

这样的核心问题具有明确指向性,可以成为大概念的"谜面",引导学生深入研读和理解故事情节、语言行为以及其中隐藏着的真善美的价值观。但是也不难发现,核心问题可以在学生理解过程中发挥统领作用,也会因为比较抽象使学生无从下手,因此需要通过将其分解,建立一体化问题链,这样才能为学生深入学习探究人物形象及其背后的秘密提供支架。本单元设计的问题链见表9-1。

表9-1 单元大概念、问题和任务的对应关系

学科大概念:童话人物的精神品格丰富多样,通常寄托了作者特定的人文情怀	
单元大概念:童话中的奇妙和作者对真善美追求的寄托主要借助人物形象实现	
基本问题:为什么作者要创造出这些童话人物形象?他们到底蕴含怎样的秘密?	核心任务:制作童话人物形象主题纪念册,促进学生感受童话的奇妙和作者寄托的情怀
子问题1:一提到童话,你会想到哪些神奇的想象力,哪些人物及其结局怎样?	子任务1:收集和整理童话人物,汇聚人物形象理解
子问题2:通过深读童话故事,你如何感受到它的奇妙?	子任务2:对话童话人物,深化人物形象理解
子问题3:能否根据自己的理解创编新的童话故事?	子任务3:创作新童话故事,建立概念性理解
子问题4:如何复盘和展示自己对童话故事的全面理解?	子任务4:举行童话故事会,展示大概念理解和迁移应用

七、开发核心任务和任务群

将大概念转化成核心问题后,学生就有了学习方向:探究和思考核心问题从而理解和迁移应用单元大概念。但核心问题的深入理解不会自然而然地发生,需要教师基于真实情境设计核心任务,并将其贯穿整个单元。完成核心任务就是理解和迁移应用大概念的过程,教师可以进而借助任务的表现性开展理解评价。《义务教育语文课程标准(2022年版)》针对"文学阅读与创意表达"学习任务群第二阶段学习内容的要求是:"阅读富有想象力和表现力的儿童文学作品,欣赏富有

童趣的语言和形象,感受纯真美好的童心,学习用口头或者图文结合的方式创编儿童诗和有趣的故事,发展想象力。"结合第八单元概念体系,教师可以设计核心任务"制作童话人物形象主题纪念册",促进学生感受童话的奇妙和作者寄托的情怀。对小学生来说,完成这一核心任务要阅读教材选文及选文所属的整本书,并收集更多童话作品;不断沉浸在童话世界中,与童话人物开展对话;认识和理解更多的童话人物形象,按照童话人物形象主题册制作的需要,开展资料收集和整理,形成人物卡、书签等;在感受童话奇妙的同时,尝试根据自己的理解创编童话;聚焦童话人物形象,把收集和制作的人物卡、习作和书签等整理成有意义的童话人物形象主题纪念册。

要形成对单元大概念的理解和迁移应用,教师需要将核心任务分解成为四项子任务以及对应的学习活动,并与上述的核心问题和问题链对接起来(见表9-1)。这样才能依托任务群促进学生循序渐进地通过连贯的语文实践活动,体验童话的奇妙,理解童话中作者寄托的真善美追求,达到理解大概念进而培养语文核心素养的目标。

子任务1包括两项语文实践活动,一是通读课文,分享人物初步印象;二是拓展阅读,认识更多童话人物。两项任务完成过程中学生尝试填写表9-2,但都要围绕下面问题展开:说一说自己阅读了这些童话后,心中产生过怎样的幻想。如果自己要创作一个童话故事,希望故事中的人物是怎样的?为什么?

表9-2 童话故事内容

学习内容	主要人物	主要人物形象 (用几个关键词语概括)	童话中奇妙之处 (用自己的话描述)
《宝葫芦的秘密》(节选)			
《巨人的花园》			

续　表

学习内容	主要人物	主要人物形象 （用几个关键词语概括）	童话中奇妙之处 （用自己的话描述）
《海的女儿》			
……	……	……	……

关于这些童话故事中的（　　），我想说：　　　我的理解是：

子任务2包括两项活动：一项是细读单元文本，走进童话人物内心深处，通过辩论、课本剧和人物展等活动，与不同童话人物形象展开多层次的对话，发现童话及其人物形象的特点，探究作者在童话形象身上寄托的真善美追求。第二项是为童话人物制作"形象卡"和读书卡片，包括姓名、奇妙经历、优缺点、作者寄托的美好向往等信息，学生选择一个童话人物形象谈谈自己的体验和感受，并在小组内分享。这两项活动相互融合，指向大概念深度理解和迁移应用。

子任务3是为完成教材的习作板块内容的教学，包括改编童话、分享乐趣和尝试创作、表达愿望两项语文实践活动。改编童话可以在阅读经典童话故事《龟兔赛跑》的多个改编版本、理解作者改编的原因和方法的基础上，让学生根据需要解决的问题，想象故事情节，丰富童话故事的内容，完成构思并着手改编。尝试创作童话活动可以让学生根据自己对童话体裁的理解以及希望塑造的人物形象，自主构思和创作，并进行小组分享和评价修改，为新的人物形象制作一张"形象卡"。

子任务4需要在前面三个子任务的基础上,设置两项语文实践活动。第一项是"形象卡"展示分享,介绍和推荐同学感兴趣的童话故事。第二项是讨论"我们为什么需要童话",设计一个童话人物形象的简图和一张推荐语书签,借此复盘学习任务。

在以上任务完成后,教师可以鼓励学生把制作的人物卡、习作和书签等整理成童话人物形象主题纪念册,并作为有形成果留存和展示,同时提供纪念册制作流程和方案,提醒学生要继续拓展阅读。

八、单元评价

大概念单元教学评价需要聚焦单元学习目标,围绕单元大概念理解和迁移应用的水平,收集学生在完成核心任务过程中的表现证据,以证明单元教学目标的达成程度。为此,教师要设计表现性目标、评价任务和评分规则。需要说明的是,表现性目标就是从评价视角将学习目标描述为与理解相关的动词及其实现程度的目标,例如,根据《海的女儿》故事情节,正确预测故事结局。"预测"就是大概念理解的"表现","正确"就是理解的结果,"根据《海的女儿》故事情节"就是目标达成的条件。表现性任务就是学习任务,学生理解评价就是围绕学习任务完成过程中学生理解的表现进行评价。教师可以根据上文提到的理解的六个层面以及SOLO评价理论,开发评分规则和量规。例如,教师可参考习作要求,从想象丰富奇特、童话人物性格刻画、寄托着自己的美好愿望、让读者产生共鸣四个维度对子任务4中学生对大概念的理解进行评价。

大概念教学强调过程性评价的重要性。教师可以从学生完成每一个学习活动的过程中收集表现证据,通过辩论赛、人物展、读后感、人物书签、课本剧表演、创编小达人评比等成果展示方式,评价学生对童话特征的认识、对童话奇妙的感知以及是否读懂作者要表达的人文情怀等。核心任务完成过程中学生的理解应该是评价的重要抓手。语文教科书四年级下册第八单元核心任务的评价维度和重点见表9-3。

表9-3 核心任务评价维度、指标和方式

维度	等级及其描述				评价方式		
	优	良	合格	有待改进	自评	互评	师评
内容丰富与多样性	收集整理6个以上不同类型的童话人物形象(如正面/反面、主角/配角等),每个人物都有丰富细致的性格特征剖析、关键情节梳理和独到的个人理解。能从多个维度(如性格、行为、心理等)深入分析人物,并联系现实生活阐述启示	收集整理4—5个不同类型的童话人物形象,对大部分人物有较为详细的性格特征描述、主要情节概述和个人理解。能从2—3个维度分析人物,并作简单的现实联系	收集整理2—3个童话人物形象,对人物的性格特征和故事情节描述基本完整,有一定的个人理解。能从单一维度分析人物,但缺乏现实联系	几乎没有收集整理童话人物形象,描述零散片面,个人理解肤浅或重复教材内容。对人物缺乏分析,无法联系现实			
视觉效果与艺术性	设计新颖独特,构图精美规整;运用多种艺术表现手法(如拼贴、手绘、剪纸等);色彩丰富和谐,细节处理精致;装帧精美,具有很强的视觉冲击力和艺术感染力	设计较有创意,构图合理;运用2—3种艺术表现手法;色彩搭配协调,有一定细节表现;装帧整洁,具有较好的视觉效果	设计较为普通,构图基本合理;以单一手法为主;色彩搭配基本和谐,细节欠缺;装帧完整,视觉效果一般	设计粗糙,构图混乱;表现手法单调;色彩搭配不当,缺少细节;装帧不够规范,视觉效果差			

续 表

维度	等级及其描述				评价方式		
	优	良	合格	有待改进	自评	互评	师评
文化价值与教育意义	能深刻理解童话的寓意并提出独特见解;善于发现并分析故事中的人性光辉;能结合时代特点阐释经典童话的现代价值;对真善美有深入的思考和感悟;作品充满正能量且富有创意	能理解童话寓意并有自己的思考;能发现故事中的价值导向;能联系现实谈童话意义;对真善美有一定认识;作品积极向上	基本理解童话寓意;能指出故事的主要价值;对真善美的认识较为片面;作品导向正确但缺乏深度	对童话寓意理解浅显;难以把握价值导向;对真善美缺乏认识;作品缺乏思想内涵			
互动性与参与感	主动深入参与各项活动;善于倾听并尊重他人观点;能启发和带动同学思考;乐于分享且表达生动;富有团队协作精神;善于总结反思并持续改进	积极参与各项活动;能认真听取他人意见;会与同学交流互动;愿意分享且表达清晰;能配合团队工作;有一定反思意识	积极参与各项活动;能认真听取他人意见;会与同学交流互动;愿意分享且表达清晰;能配合团队工作;有一定反思意识	不愿参与活动;不注意听取他人意见;很少与人交流;不愿意分享;难以融入团队;无反思意识			

借助这些细化而具体的指标,教师既能考察学生的知识掌握程度,也可以关注其思维发展、艺术素养、价值观念和社交能力等多个维度的表现。评价标准既符合四年级学生的认知水平,又留有足够的发展空间。同时各等级之间的区分度明显,便于教师在实际教学中操作运用。

第九章 大概念教学设计的实践

通过"寻等量,知算法,明算理"解决实际问题
——"一元一次方程"单元整体设计①

一、教材内容和学情分析

上海教育出版社出版的义务教育数学教科书(五·四学制)六年级上册第三章"一元一次方程"是方程学习的开篇,在整个数学知识体系中占据着基础性地位。本章涵盖方程与列方程、一元一次方程及其解法、一元一次方程的应用,共三小节十四课时的教学内容。从知识架构来看,方程概念的引入是基石,"寻等量"是理解这一概念的关键,也是让学生理解并利用方程刻画现实世界数量关系的重要工具;掌握一元一次方程及其求解的步骤和方法即"知算法",是技能培养的重点;理解解方程每一步的"算理",是一元一次方程知识应用迁移与拓展的基础,也是将数学知识与实际生活紧密相连,让学生体会数学的实用性的核心。

六年级学生正处于从算术思维向代数思维过渡的关键时期。在知识储备方面,学生已经学习了根据条件写出代数式,即把文字语言"翻译"成符号语言,为列出一元一次方程做好了准备;掌握了一次式的概念、一次式的加减和数与一次式相乘的运算,既可以为一元一次方程概念中"一次"的理解奠定知识基础,也为方程求解过程提供脚手架。通过列方程解决实际问题的方法,对于习惯用算术方法的学生来说是全新的,需要教师通过两种方法(算术和方程)的对比,让学生体会方程在解决复杂问题时的优势;方程的求解虽然具有程序性,但学生理解方程求解过程中的算理可能存在困难;在解决实际问题中,准确分析数量关系、找到等量关系,对于学生的逻辑思维和抽象能力也是考验,需要教师结合生活中丰富的真

---

① 本案例由上海市松江区教育学院潘勇老师和东华大学附属实验学校尹雯雯老师、张逸娜老师撰写,在此表示谢忱!

实实例，帮助学生逐步掌握这些关键能力，形成和发展模型观念，从而为后续方程的学习打好基础。基于教材内容分析，我们建立如图9-2所示的单元教学内容和环节结构。

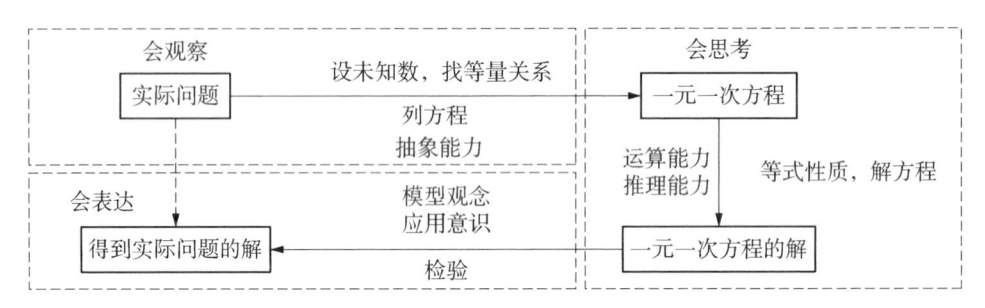

图9-2 单元教学内容和环节结构

二、主题和思路的确立

《义务教育数学课程标准（2022年版）》明确指出：教学实施过程中，要改变过于注重以课时为单位的教学设计，推进单元整体教学设计，体现数学知识之间的内在逻辑关系，以及学习内容与核心素养表现的关联。根据课程标准相关规定和教材内容逻辑，我们确定单元教学主题：通过"寻等量，知算法，明算理"解决实际问题，以这一主题为线索将教学内容联结起来，促进学生整体理解与把握方程思想，自主建构知识网络，提高解决实际问题能力。

单元教学设计中，首先要构建单元整体目标，利用大概念整合单元教学内容，将学习内容统整到探究问题和学习任务中。同时，基于单元素养目标、大概念理解和迁移应用，挖掘核心素养表现，以基本问题驱动学生完成核心任务，在问题解决的过程中，让学生体会方程是解决实际问题的有效模型，并通过任务完成过程中的具体表现开展教学评价，优化方程教学过程，从而将大概念和核心知识、情境、任务等教学要素，以及目标设计、过程实施和评价等教学环节，按照数学核心素养培养的需求和学习规律组织起来，形成一个整体结构。

三、大概念体系的构建

教材单元知识结构按照"实际问题—数学问题—实际问题"的逻辑编制,促进学生在解决实际情境问题过程中,领悟方程思想,感受实际问题转化为方程问题的模型和方程求解过程中的转化思想。基于此,教师可以提炼大概念为"方程是现实问题中同一个量的两种等价表达,是刻画现实世界数量关系和解决真实的重要工具"。基于大概念的单元教学应该聚焦数学核心素养培养,促进学生由算术思维向方程思维的转化,根据数量关系寻找等量关系,理解方程思想及其价值;掌握一元一次方程相关概念和求解步骤的掌握和表达,理解概念的本质意义;关注一元一次方程求解过程中每一步骤的算理,发展运算能力和推理能力,做到知算法、明算理;注重利用方程思想解决实际问题,发展模型观念,引导学生明确很多问题虽然实际背景不同,但是列出的等量关系本质上是类似的,如"单价×数量=总价""工作效率×工作时间=工作总量"等。根据这一解读,我们建立了单元概念体系(见图9-3)。

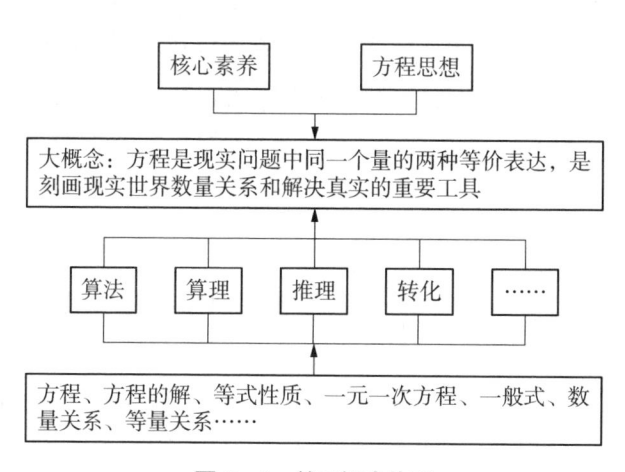

图9-3 单元概念体系

四、目标设计

"会观察"这一核心素养主要表现在学生能够从实际情境中抽象出数量之间的关系,并用字母表示未知数将实际问题转化为一元一次方程的数学问题;感悟数学抽象对数学产生和发展的作用,学会用数学的眼光观察现实世界的意义,形成数学想象力,发展数学抽象能力(见图9-4)。

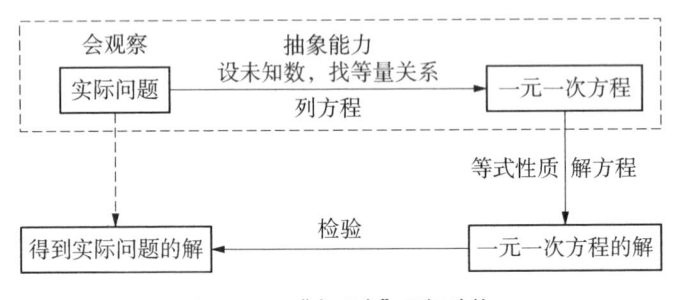

图9-4 "会观察"目标建构

列出方程后,学生进一步观察方程的特点,探索解方程的方法和一般步骤,理解每一步算法的依据,体会等式性质在解方程中的作用,能够准确地求出方程的解,形成规范化思考问题的品质,发展运算能力,促进数学推理能力的发展(见图9-5)。

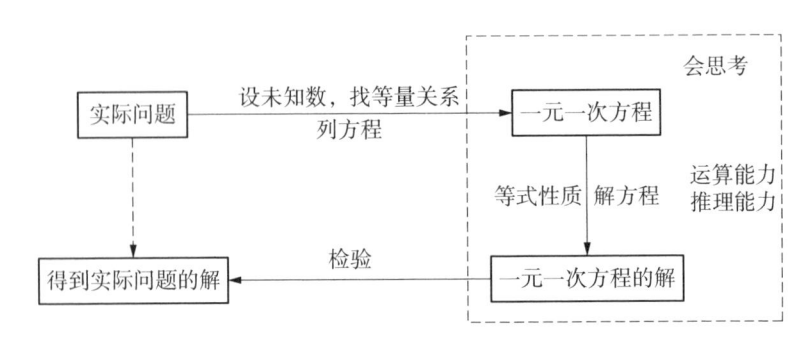

图9-5 "会思考"目标建构

本单元的整个内容结构是从生活情境中抽象出数学问题,建立方程表示数学问题中的数量关系,求出方程的解并讨论解是否符合实际意义。学生可以初步感知数学建模的基本过程,会用数学的语言表达现实世界,形成模型观念,感悟数学应用的普遍性(见图9-6)。

图9-6 "会表达"目标建构

考虑到学生的认知发展阶段和教学内容的特性,我们根据KUD目标理论确立了以下单元教学目标:

(1) 理解方程及方程解等相关概念及其意义,通过估计方程解的过程,理解一元一次方程及其解的意义,能够把实际问题抽象为数学方程问题;

(2) 掌握和运用等式的基本性质进行等式变形,通过探索在有理数范围内解一元一次方程的过程,发展运算能力和代数推理能力,体会化归思想发展;

(3) 在分析实际问题中数量关系时,借助字母表示未知数,建立已知量和未知量之间的相等关系,加深用字母表示数的意义的理解和应用,逐步形成代数思维;

(4) 借助对现实问题中量的分析,形成解一元一次方程、验证结果、解决问题的思路,逐步提高分析和解决实际问题的能力,感悟方程思想内涵和价值,逐步形成模型观念。

五、任务群和问题链的建立

结合本单元概念体系和单元目标,我们可以从教学内容角度设计核心问题:

如何运用方程思想解决实际问题？从结合生活情境角度设计相应的核心任务为：作为一名规划师，结合本单元学习内容，按照实际问题—数学问题—实际问题相互转换的思路，你要利用方程思想，初步设计一个社区公园。学生在尝试完成这一核心任务时首先要想一想公园规划会遇到哪些问题，并通过任务群支架加以解决。单元教学核心问题和核心任务及相应的问题链和子任务见表9-4。

表9-4 一元一次方程的单元教学设计

单元设计情境： 假设你是一名规划师，正在设计一个社区公园，你需要计算出一些量以确保满足设计要求。	
核心问题： 如何运用方程思想解决实际问题？	核心任务： 作为一名规划师，我要利用方程思想，初步设计一个社区公园
子问题1： 如何抽象出已知量和未知量之间的数量关系？	子任务1： 寻等量，通过列方程法解决社区公园铺设小路的问题
情境1： 公园中有一个长为10米，宽为8米的矩形花坛，在花坛的四周需要铺设一条宽度相同的小路。你需要计算小路的宽度，以确保铺设小路后的矩形满足长是宽的2倍少8米这一条件。 **活动1：理解方程的概念** 问题链： (1) 通过读题和分析，情境1中的已知量和未知量是什么？ (2) 情境1中的数量关系是什么？ (3) 利用这些数量关系，你能列出算式解决问题吗？ (4) 如果设小路的宽度为 x 米，是否可以表示出其他的未知量？ (5) 你能根据题意在已知量和未知量之间建立等量关系式吗？ **活动2：理解方程的解以及一元一次方程的概念** 问题链： (1) 小路的宽度可以为1米或2米吗？	

	续 表
(2) 请写出几个方程,使 $x=1$ 是所写方程的解。 (3) 判断下列方程是不是一元一次方程,如果不是,请简要说明理由。 ① $4x-36=0$;　　② $x-2y=56$; ③ $4x^2-9=2x-7$;　④ $y+18=\frac{1}{2}(38+y)$.	
子问题2:如何运用等式性质和运算性质将一元一次方程化归为方程解的形式?	子任务2:知算法,解决公园规划施工问题
活动3:探究情境1中所列方程的解法 解方程:$10+2x=2(8+2x)-8$. **活动4:探究含分母的一元一次方程解法** 解下列方程: (1) $\frac{y}{4}-5=\frac{y}{3}$;　　(2) $\frac{x-9}{4}=\frac{x+5}{3}$; (3) $1-\frac{x+4}{10}=\frac{1}{5}x$;　(4) $\frac{x+1}{0.3}-\frac{x}{0.4}=5$. 问题链: (1) 观察上述的4个方程,与子任务1列出的方程有何不同? (2) 这些方程中都含有分母,如何解含有分母的一元一次方程? (3) 在解含分母的一元一次方程过程中,解题依据是什么?在解方程时需要注意什么? (4) 你可以归纳出解一元一次方程的一般步骤吗? **情境2:** 　　为更好地完成社区公园绿化带的建设,甲、乙两个施工队合作施工。已知甲队单独施工9天可以完成,乙队单独施工6天可以完成。如果甲、乙两队合作施工3天,余下的工作由乙队单独完成,那么乙队还需要做多少天才可以完成任务?	
子问题3: 如何通过设定未知数并利用题目中的条件建立等式解决真实问题?	子任务3: 明算理,完善社区公园规划
情境3: 　　社区公园需要制作一些装饰物,其中一部分需要用一根长为36 cm的铁丝围成的一个长方形,这个长方形的长比宽的2倍少3 cm。制作的过程中,应把这个长方形的宽制作成多少厘米?	

情境 4：

为了建设社区公园，准备从南京的一家工厂进购一批休息区长椅。现在工厂需要将这批长椅从南京运往上海。工厂安排的送货车行驶 50 km 后发现少装了一批，于是派另一辆货车追赶，第一辆送货车的速度为 80 km/h，第二辆送货车的速度为 100 km/h，道路全长为 270 km。请问经过多久第二辆送货车追上第一辆送货车？

进一步追问：你觉得在社区公园规划中还会遇到什么问题？请提出来并尝试解决，如果不能解决，你的困难在哪里？

六、基于核心任务的学习评价

数学教学评价既要关注任务实施的过程，又要关注任务完成的效果；既要关注学生知识能力水平，又要关注情感和态度；既要关注教师评价，又要关注学生自身和小组伙伴的评价。结合研究主题，我们建立聚焦综合素养的四个一级指标和九个二级指标的单元整体评价量表（见表 9-5）。

表 9-5　目标达成度和任务完成度评价体系

综合素养	评价指标	具体体现
知识应用 （20 分）	方程概念理解与应用 （10 分）	能够准确描述方程的概念
		能够根据实际问题列出一元一次方程
		能够正确判断一个数是否是方程的解
	等式性质与解方程技能 （10 分）	能够正确运用等式性质进行方程变形
		正确列出方程并求解
		归纳解一元一次方程的一般步骤

续　表

综合素养	评价指标	具体体现
问题解决能力 （40分）	实际问题分析与建模能力 （20分）	准确分析社区公园规划中的已知量和未知量
		找出问题中的等量关系并建立方程
		能够提出合理的假设和简化问题
		从社区公园规划的实际问题中抽象出数学模型
	问题解决过程 （10分）	建立方程和实际问题之间的联系
		运用方程思想解决社区公园规划中的实际问题
		在遇到困难时主动寻求帮助或调整思路
	结果验证与优化 （10分）	验证所求解是否符合实际问题的要求
		对结果进行合理解释并提出改进建议
		从不同角度思考问题，提出多种解决方案
合作与创新 （20分）	团队合作能力 （10分）	积极参与小组讨论并提出自己的见解
		倾听并尊重他人的意见，与小组成员有效合作
		在小组任务中承担相应的责任并完成分配的任务
	创新思维与拓展 （10分）	提出新颖的解决方案或优化建议
		从不同角度思考问题，提出独特的观点
		能够主动发现并提出社区公园规划中的其他问题并尝试解决

续 表

综合素养	评价指标	具体体现
学习态度与情感（20分）	学习积极性（10分）	在任务实施过程中表现出较高的学习积极性和主动性
		主动参与课堂活动和小组讨论
		认真完成任务并按时提交
	学习习惯与反思（10分）	正确分析题目并规范书写解题过程
		主动复习和总结所学知识
		在任务完成后进行反思，总结经验教训

教师可以借助测试题、应用题以及开放性问题等多种方式和策略，收集学生在完成核心任务过程中表现出大概念理解水平和核心素养发展水平的证据，开展表现性评价，通过基于SOLO分类理论建构评价体系（见表9-6），促进学生在单元课程学习中通过深度学习提高高阶思维品质。

表9-6 基于SOLO分类理论的大概念理解能力评价体系

SOLO层次	大概念理解的具体表征	大概念理解的相应评价
前结构	无法理解方程和一元一次方程的基本概念；对求解过程不明确，甚至可能混淆方程与其他数学概念	表现较差，需要重新学习基础知识
单点结构	能够识别一元一次方程的基本形式、求解简单的方程；只关注社区公园规划问题的一个方面（如求解结果），而忽略方程思想的本质	初步达标，但理解较为片面，缺乏深入思考

续 表

SOLO 层次	大概念理解的具体表征	大概念理解的相应评价
多点结构	能够正确求解一元一次方程,并理解求解的算理;解决社区公园规划问题,但尚未能将方程与实际情境深度结合	表现良好,掌握基本知识和技能,但缺乏综合应用能力
关联结构	能够解决复杂的社区公园规划问题;理解方程是现实问题中同一个量的两种等价表达	表现优异,能够综合运用知识解决实际问题
拓展抽象结构	能够提出社区公园规划中的创新性设计问题并建立方程模型;将其他形式的方程和一元一次方程对比,进一步理解方程的本质,批判性地思考一元一次方程的局限性和适用性	富有创造性,具备高阶思维和迁移应用能力

七、单元设计复盘和反思

在数学教学中,教师通过将核心任务分解为三个子任务,并与核心问题和问题链对接,帮助学生理解大概念,培养数学核心素养。其中,子任务1引导学生理解方程的必要性,学会列出已知量与未知量之间的等量关系式,并掌握检验方程解的方法,发展代数推理能力。子任务2借助等式性质,帮助学生掌握方程的恒等变形,特别是含分母的一元一次方程的解法,鼓励学生通过类比和积累解题经验来提升解题能力。子任务3通过解决社区公园规划的实际问题,帮助学生内化方程的本质,并自主架构知识体系,为后续解决更复杂的问题奠定基础。

学生通过阅读教材、探究方程的解法、理解用字母表示未知量等方式,逐步形成方程学习的基本路径。但学生在自主提出社区公园规划的其他问题时,可能会遇到超出当前学习范围的问题,以及在处理复杂方程时可能会遇到理解上的困难,教师也可以设计更多的开放性任务,鼓励学生把本单元的方程学习路径、模型观念、应用意识等迁移到后续二元一次方程、一元二次方程等其他方程的学习过程中,自主提出问题并尝试解决,拓展他们的思维能力和创新意识,真正实现大概念的教学价值。

定期体检，健康相伴
——"人体的内环境和稳态"单元整体设计①

一、教材内容和学情分析

"人体的内环境和稳态"是上海科学技术出版社高中生物选择性必修1稳态与调节的开篇章节，具有统领全书的作用。单元内容先从微观层面阐述了构成个体生命单位的细胞所处的内环境维持稳态的特征，又从宏观层面初步分析了相应的机制，即"神经—体液—免疫"调节机制，而具体的调节机理则由后续章节进行说明，因此本单元内容比较抽象，学生理解起来有难度。教学中，教师应紧密联系学生的生活和学习经验，组织学生开展相关活动，帮助他们在建构概念的过程中提升综合运用科学思维方法系统分析问题的能力，发展系统观、稳态与平衡观、结构与功能观、物质与能量观等生命观念，提升健康素养。

学生在初中阶段学习过不少与本单元相关的知识，如生活在血浆中的血细胞种类等，有利于"内环境"概念的建立；关于人体消化、呼吸、循环、泌尿、神经、内分泌等系统的结构和功能的知识，为学习细胞如何通过内外环境进行物质交换，以及理解稳态调节机制奠定了基础。此外，经过必修模块的学习，学生初步掌握了归纳与概括、演绎与推理、模型与建模等科学思维方法，能够通过小组合作设计与实施简单的实验方案，以及运用这些思维和方法解决简单的生活实际问题。但学生在复杂情境中综合运用各种方法系统解决生活实际问题、理解健康生活方式对人体内环境稳态的意义、独立设计实施实验并记录、处理实验数据等方面的科学探究能力尚显不足。

---

① 本案例由上海师范大学附属外国语中学刘玉配老师撰写，在此表示谢忱！

二、主题和思路

《普通高中生物学课程标准(2017年版2020年修订)》(以下简称"课程标准")提出,"学生应主动向他人宣传关爱生命的观念和知识,崇尚健康文明的生活方式,成为健康中国的促进者和实践者"。上科版高中生物选择性必修1稳态与调节的第一章第二节引言中以学生经历过的"体检项目中的血液生化指标"引出关键问题"你了解检测这些指标的目的吗",我们经过文献查阅和资料收集发现常规血液检测及其关涉的健康问题可以很好地承载本单元内容的教学,因此确定"定期体检,健康相伴"的单元主题,对"人体的内环境和稳态"单元进行设计和实践,以倡导健康生活方式,渗透健康中国理念,发展学生的社会责任素养。

在总结和提炼以往概念教学理念和实践经验后,我们根据单元核心素养目标和教材内容,建构了大概念单元教学路径(见图9-7)。这一路径的起点是建立概念结构体系,确定单元教学目标;依据大概念创设单元大情境,依据重要概念和次位概念分别提出核心问题和核心任务及其相应的问题链和任务群;基于"任务—

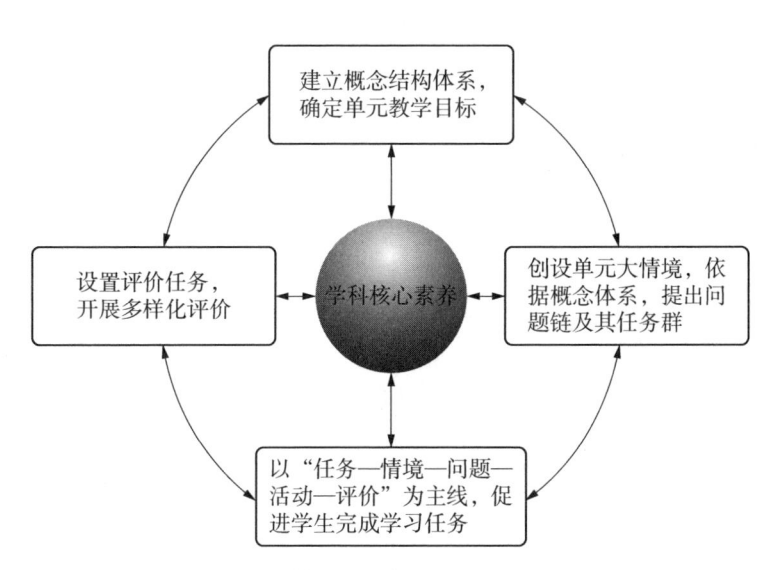

图9-7 基于大概念单元教学设计路径

情境—问题—活动—评价"教学设计主线组织学生活动、设计学习任务；根据单元教学目标设置评价任务和评价量表，开展多样化评价，检验目标达成情况并随时调整教学方案。

三、概念体系

课程标准中规定的大概念"生命个体的结构与功能相适应，各结构协调统一共同完成复杂的生命活动，并通过一定的调节机制保持稳态"是统领本单元内容的锚点。根据学生理解能力并结合教材内容逻辑，我们将其分解为两个核心概念，分别是"内环境为机体细胞提供适宜的生存环境，机体细胞通过内环境与外界环境进行物质交换"以及"内环境的变化会引发机体的自动调节，以维持内环境的稳态"，以此整合单元教学内容，同时将这两个重要概念分别细化为"血浆、组织液和淋巴等细胞外液共同构成高等动物细胞赖以生存的内环境""内环境是机体细胞与外界环境进行物质交换的媒介""内外环境间的物质交换依靠呼吸、消化、循环和泌尿等系统的共同参与""内环境中各种理化性质相对稳定，以保证机体的正常生命活动""在机体的调节作用下，器官、系统协调统一地活动，是维持内环境稳态的基础"五个次位概念，从而将单元目标落实到课时教学中。单元概念之间的关系见图9-8。

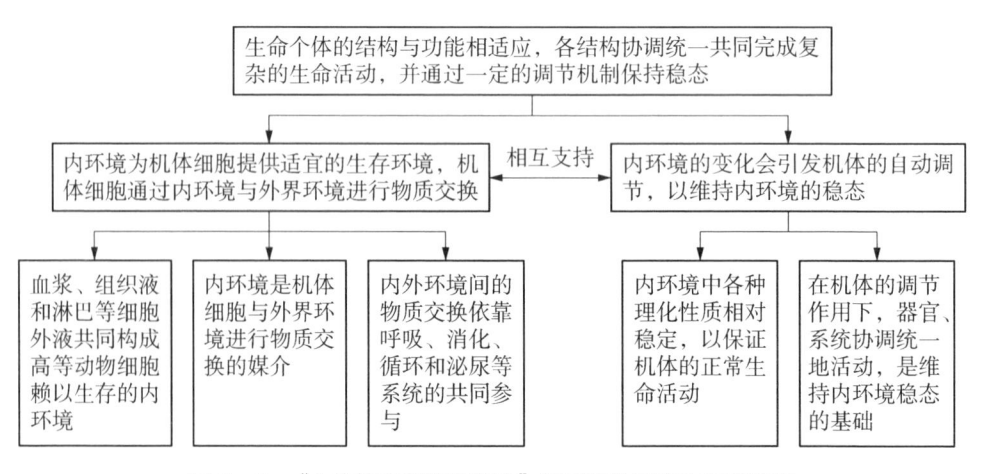

图9-8 "人体的内环境和稳态"单元相关概念之间的关系

四、单元学习目标

根据上述概念结构体系,结合学生知识和能力基础,确定本单元的学习目标如下。

(1) 通过分析血常规和血液生化检查报告,阐明细胞外液如何为机体细胞提供适宜的生存环境,建立细胞内液、血浆、淋巴和组织液之间的物质交换概念图,理解内环境是机体细胞与外界环境进行物质交换的媒介。

(2) 联系剧烈运动等生活情境,通过构建概念图简述人体各系统共同参与机体内、外环境间物质交换的过程。

(3) 通过分析血液检验单、临床补液和高原反应等生活案例,分析内环境理化特性的稳定状态是如何保证机体的正常生命活动的。

(4) 通过设计和实施实验以及基于数据的分析,推断内环境理化特性的稳定状态,并解释各器官、系统在机体的调节下维持内环境稳态的机制。

五、核心问题和学习任务

在本单元大概念、核心概念的引领下,以"常规体检结果显示何女士血糖偏高,医院随访后确诊糖尿病"创设单元大情境,提出核心问题:"何女士患糖尿病的病因可能是什么",以驱动学生完成"探究何女士患糖尿病的病因并提供健康生活指导建议"这一核心任务。在次位概念的引领下,将核心问题和核心任务分解为四个对应子问题和子任务(见图9-9)。子任务下相应的情境、问题、学习活动和评价见单元教学过程部分。

六、单元教学过程

以"任务—情境—问题—活动—评价"为主线,围绕"何女士确诊糖尿病"的单元大情境创设子情境链。依托子情境设计问题链,驱动学习活动开展;通过血液化验单的分析、模型建构、实验探究等学习活动完成子任务,达成概念理解和建构,发展学生核心素养;每个子任务达成后开展活动评价,同时通过课堂观察及时评价学生对次位概念的迁移运用及素养的发展。具体教学过程见表9-7。

```
┌─────────────────────────────────────────────────────────┐
│ 生命个体的结构与功能相适应，各结构协调统一共同完成复杂的生命活动，并通过 │
│ 一定的调节机制保持稳态                                      │
└─────────────────────────────────────────────────────────┘
         │                              │
         ▼                              ▼
┌──────────────────────┐      ┌──────────────────────┐
│ 内环境为机体细胞提供适宜 │      │ 内环境的变化会引发机体 │
│ 的生存环境，机体细胞通过 │      │ 的自动调节，以维持内   │
│ 内环境与外界环境进行物质 │      │ 环境的稳态            │
│ 交换                  │      │                      │
└──────────────────────┘      └──────────────────────┘
```

大情境：常规体检结果显示何女士血糖偏高，医院随访后确诊糖尿病

核心问题：何女士患糖尿病的病因可能是什么？ ⇄ 核心任务：探究何女士患糖尿病的病因并提供健康生活指导建议（驱动/回应）

子问题1：何女士体内的细胞生活在怎样的环境中？	子问题2：何女士机体细胞内液与内环境各组成部分间的物质交换关系是怎样的？	子问题3：何女士机体内的骨骼肌细胞是如何获取营养物质和排出代谢废物的？	子问题4：何女士机体内环境中的各物质成分含量和理化性质是怎样的？
子任务1：探索何女士体内细胞生活的环境	子任务2：探索何女士机体细胞内液与内环境各组成部分间的物质交换关系	子任务3：何女士的骨骼肌细胞获取营养物质和排出代谢废物的途径	子任务4：探索何女士机体内环境中物质成分含量和理化性质的变化情况

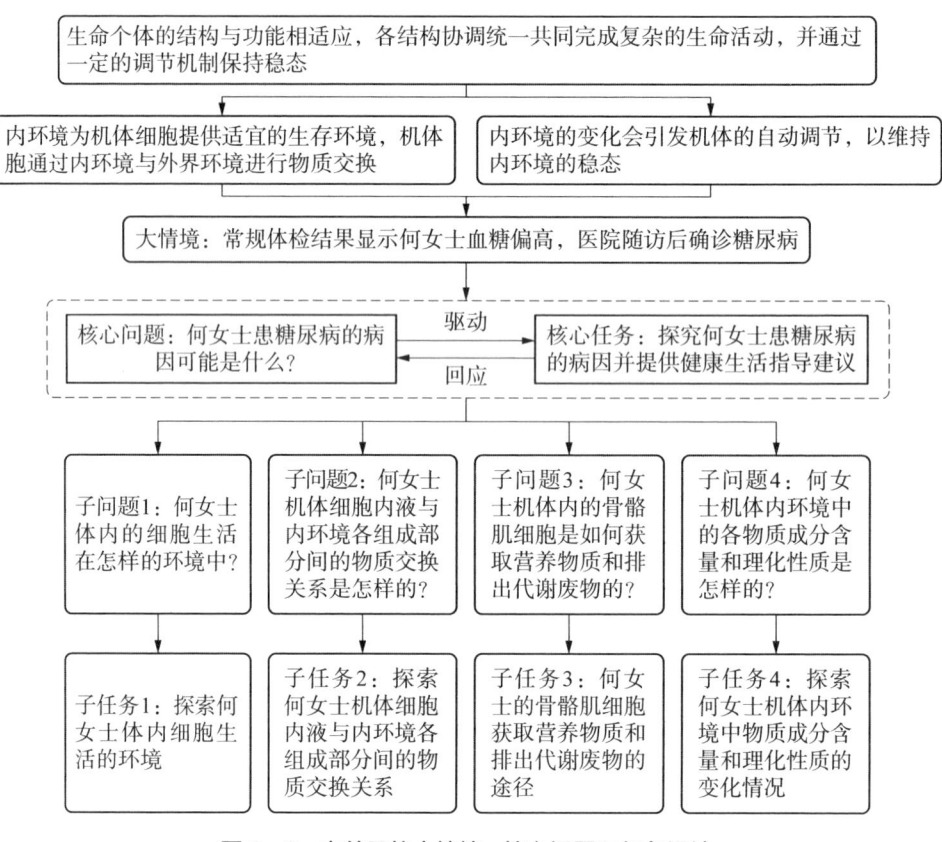

图9-9 本单元的大情境、核心问题和任务设计

表9-7 高中生物选择性必修1"人体的内环境和稳态"单元教学过程设计

子问题1：何女士体内的细胞生活在怎样的环境中？
子任务1：探索何女士体内细胞生活的环境
子情境1：医院随访时，何女士的血常规报告单如图9-10所示，血液生化检查报告单见图9-11。

续　表

图 9-10　何女士的血常规报告单

上海市　　　医院检验报告单

姓名：　　　　　　　　　检体序号：5384
性别：女　　就诊卡号：　　样本类型：血液
年龄：45岁　门诊号：　　　条码号：22052653665
临床诊断：

检验项目	结果	参考范围	检验项目	结果	参考范围
红细胞	3.98	3.68~5.13×10~(12)/L	单核细胞#	0.36	0.12~1.0×10~(9)/L
血红蛋白	120.0	113~151g/L	嗜酸性粒细胞	0.20	0.02~0.5×10~(9)/L
红细胞压积	36.6	33.5~45.0%	嗜碱性粒细胞	0.03	0.00~1.00×10~(9)/L
血小板总数	274	101~320×10~(9)/L	红细胞平均体积	91.9	82.6~99.1FL
白细胞数	6.53	3.69~9.16×10~(9)/L	平均HGB含量	30.2	26.9~33.3PG
中性粒细胞%	60.30	50~70%	平均HGB浓度	328.0	322~362g/L
淋巴细胞%	30.70	20.0~40.0%	红细胞分布宽度(SD)	41.7	34~86FL
单核细胞%	5.50	3.0~10.0%	红细胞分布宽度(CV)	13.2	11.5~14.5
嗜酸性粒细胞%	3.10	0.5~5.0%	大血小板比率	17.1	13.0~43.0%
嗜碱性粒细胞%	0.40	0~1.0%	平均血小板体积	8.6	7.5~12.0FL
中性粒细胞#	3.93	2.0~7.0×10~(9)/L	血小板压积	0.236	0.100~0.280
淋巴细胞#	2.01	0.8~4.0×10~(9)/L	血小板分布密度	15.9	9.0~17.0

检验者：　　　　　　　　　　　　　　　　审核者：
采样时间：22-05-26 11:00:56　　　接收时间：22-05-26 11:07:42

图 9-11　何女士的血液生化检查报告单

上海市　　　医院检验报告单

姓名：　　　　　　　　　检体序号：5434
性别：女　　就诊卡号：　　样本类型：血液
年龄：45岁　门诊号：　　　条码号：22052653664
临床诊断：

检验项目	结果	参考范围	检验项目	结果	参考范围
钾	4.56	3.5~5.2mmol/L	间接胆红素	9.40	5~12μmol/L
钠	142.80	137~147mmol/L	天冬氨酸氨基转移酶	35.60 ↑	13~35U/L
氯	101.30	96~108mmol/L	丙氨酸氨基转移酶	91.7 ↑	7~40U/L
血糖	6.41	3.9~6.10mmol/L	γ 谷氨酰转肽酶	157.2 ↑	7~45U/L
总蛋白	80.4	65~85g/L	碱性磷酸酶	74.90	35~135U/L
白蛋白	45.00	40~55g/L	乳酸脱氢酶	162.00	120~250U/L
球蛋白	35.4	20~30g/L	尿酸	388.60↑	155~357μmol/L
白球比例	1.27	1.50~2.50	肌酐	48.10	41~81μmol/L
前白蛋白	279.20	250~400mg/L	估算小球滤过率	128.6	根据肌酐估算
总胆汁酸	1.4	0.14~9.66μmol/L	尿素	3.4	2.6~8.8mmol/L
总胆红素	10.8	3.44~17.1μmol/L	甘油三酯	7.33 ↑	<5.18mmol/L
直接胆红素	1.4	0.0~6.0μmol/L	甘油三酯	2.60	<1.7mmol/L

检验者：　　　　　　　　　　　　　　　　临床注释：
采样时间：22-05-26 11:00:56　　　接收时间：22-05-26 11:26:15

问题链：
1. 分析何女士的血常规检验报告单，检查项目中的细胞可以分成几类？
2. 分析何女士的血液生化检验报告单，根据检验项目，分析血浆中含有哪些物质？
3. 从细胞新陈代谢的角度，分析血细胞和血浆之间存在什么关系？
4. 除血细胞外，其他组织细胞的生存环境又是如何？

学习活动 1：分析何女士的血常规及血液生化检查报告单，分别对检查报告单各成分进行归纳与总结，并说明两类成分之间的关系，结合生物学事实阐明机体细胞生活的环境。

评价任务 1：判断以下哪些属于何女士内环境中的物质成分。
　　氧气、水、无机盐、葡萄糖、甘油、脂肪酸、血红蛋白、DNA 聚合酶、RNA 聚合酶、ATP 合酶、血浆蛋白、受体蛋白、转运蛋白、激素、维生素、抗体、神经递质、消化液、汗液、泪液、唾液、二氧化碳、尿素。

子问题 2：何女士机体细胞内液与内环境各组分间的物质交换关系是怎样的？

子任务 2：探索何女士机体细胞内液与内环境各组成部分间的物质交换关系

子情境 2：何女士体内内环境的物质交换示意图（见图 9-12）。

续 表

图9-12 何女士体内内环境的物质交换示意图

问题：

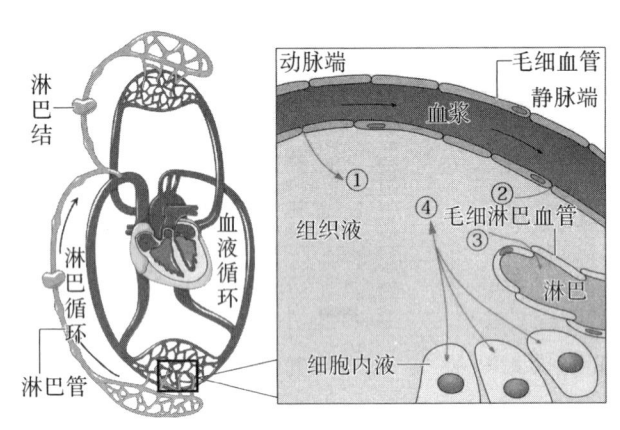

小组合作，观察内环境的物质交换示意图，用文字和箭头构建体液间物质交换关系的概念图，并标注体液之间进行物质交换的结构。

学习活动2： 建构何女士机体细胞内液与内环境各组成部分间的物质交换关系（见图9-13）。

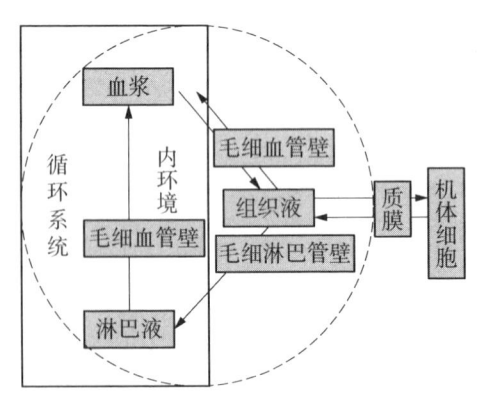

图9-13 内环境各组成部分之间及其与细胞间物质的交换关系

评价任务2： 糖尿病人由于机体长期处于高血糖状态，会损害肾脏肾小球，出现蛋白尿，进而出现双下肢水肿症状，小组讨论并汇报糖尿病病人双下肢水肿的原因。

续　表

子问题3:何女士机体内的骨骼肌细胞是如何获取营养物质和排出代谢废物的?
子任务3:何女士的骨骼肌细胞获取营养物质和排出代谢废物的途径
子情境3:何女士进行剧烈体育运动时,骨骼肌通过细胞呼吸供能的效率大大提高。骨骼肌细胞直接生活在组织液中,而何女士却出现了呼吸加快、心跳加快等生理变化。 问题链: 1. 肌细胞分别通过什么途径获取代谢所需要的葡萄糖等营养物质和氧气? 2. 肌细胞代谢产生的CO_2、尿酸、水和乳酸等代谢废物分别经过什么途径排出体外? 3. 根据分析,请在原概念图(见图9-13)的基础上,补充何女士机体内环境与外界环境间的物质交换关系。 学习活动3:小组合作建构何女士骨骼肌细胞营养物质的来源和代谢废物排出途径概念图(见图9-14)。 图9-14　人体各系统参与机体内、外环境间物质交换图
评价任务3:二甲双胍缓释片是一种常用于治疗糖尿病的口服降糖药,小组分析讨论并用文字、箭头等形式表示该药物到达作用细胞经历的运送途径。
子问题4:何女士机体内环境中的各物质成分含量和理化性质是怎样的?
子任务4:探索何女士机体内环境中物质成分含量和理化性质的变化情况
子情境4:何女士的血液生化检查报告单(见图9-15)。

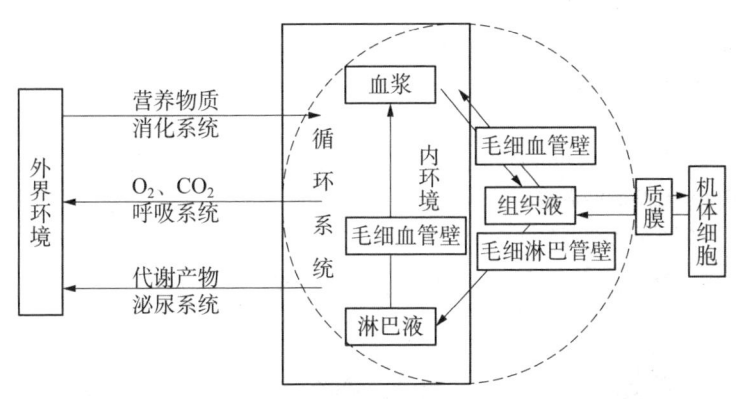

图 9-15 何女士的血液生化检查的报告单

问题链：

1. 何女士的血液生化检验报告单中，每个检查项目都有一个参考范围，这说明什么呢？
2. 血液生化检查报告单中显示正常人空腹血糖的参考范围是 3.90 mmol/L 至 6.10 mmol/L，结合所学知识，分析血糖维持恒定的意义。

学习活动 4： 分析何女士的血液生化检查报告单，归纳总结机体内环境中的各物质成分含量的变化及意义。

子情境 5： 何女士需要静脉补液时，医生常将药物溶解于 0.9% NaCl 溶液中。

环境离子浓度对红细胞的影响实验：

在 5 支试管中分别加入浓度为 0、0.4%、0.8%、1.2%、1.6% 的 NaCl 溶液 2 mL 和 2 滴抗凝鸡血。轻摇混匀，静置一段时间后在显微镜下观察红细胞的形态（见图 9-16）。

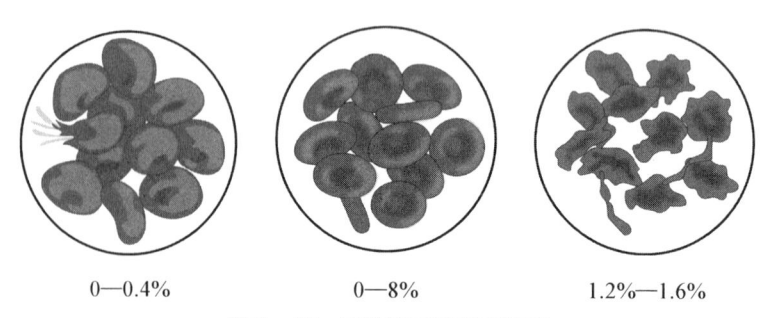

图 9-16 显微镜下的观察结果

问题链：

1. 分析实验现象，总结内环境渗透压的相对稳定对生活其中的细胞有何意义。

续 表

2. 当何女士需要静脉补液时,为什么医生常将药物溶解于0.9% NaCl溶液?

活动5:分析实验现象,解释何女士静脉补液时,医生常将药物溶解于0.9% NaCl溶液的原因。

子情境6:何女士体温的昼夜波动曲线(见图9-17)。

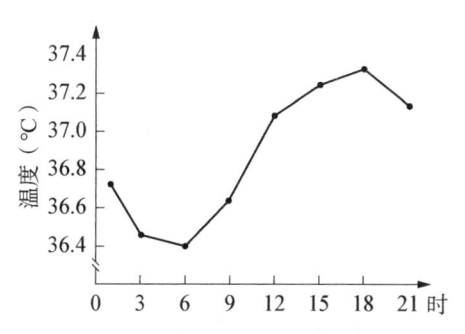

图 9-17 何女士体温的昼夜波动曲线

问题:从新陈代谢需要酶催化角度,分析何女士内环境温度的变化情况是怎么样的?并解释其变化意义。

活动6:分析何女士昼夜体温变化曲线并解释意义。

评价任务4:第一次去青藏高原的人,有可能由于高原空气稀薄,O_2含量少,外界环境急剧变化等原因,机体产生头晕、恶心、呼吸加快、肢体无力等生理反应。经过一段时间后,这些症状可能自行缓解。以下是上海某位援藏教师2018年赴藏前后连续三年的体检报告部分内容(见表9-8)。阅读报告并说明外界环境与人体内环境稳态之间的关系。

表 9-8 某援藏教师连续三年的血常规报告(部分内容)

年份	项目名称	检查结果	参考值	单位
2017年 (上海)	红细胞(RBC) 血红蛋白浓度(MCHC)	4.85 345	4~5.5 316~354	*10~12/L g/L
2018年 (青藏高原)	红细胞(RBC) 血红蛋白浓度(MCHC)	5.6 370	4~5.5 316~354	*10~12/L g/L
2019年 (上海)	红细胞(RBC) 血红蛋白浓度(MCHC)	5.02 353	4~5.5 316~354	*10~12/L g/L

子情境7:何女士在运动时,营养物质在人体内代谢的最终产物都有CO_2和H_2O,同时也会

续 表

产生乳酸、丙酮酸等酸性物质。平时吃的食物代谢后也会产生一些酸性或碱性物质。这些物质入内环境,会使机体的 pH 发生怎样的变化呢?

问题链:

1. 请利用提供的实验材料、器具设计实验并实施,探究蒸馏水、磷酸缓冲液和血浆在酸或碱作用下维持 pH 稳定的能力。
2. 利用数据处理软件设计表格,填写实验记录,并根据实验数据绘制以 pH 为纵坐标、滴液量为横坐标的折线图。
3. 根据绘制的折线图,比较蒸馏水、磷酸缓冲液和抗凝血浆在维持 pH 稳定方面有何不同?并解释原因。

活动 7: 推测何女士体机体内环境 pH 的变化情况,设计、实施实验验证并基于实验结果解释 pH 保持稳定的机制。

评价任务 5: "酸性体质的人易患疾病,碱性体质的人更长寿,为了您的健康,应该少吃酸性食物,多喝碱性水!"你认为这样的说法是否科学?请运用所学知识进行分析。

七、基于核心任务的表现性评价

根据课程标准的要求,评价应聚焦学生生物学学科核心素养的发展,通过多元化评价手段关注学生对生物学大概念的理解和融会贯通,我们在完成子任务后分别设计针对性的评价任务,评价学生学习的效果;通过课堂行为观察,及时关注学生在课堂上自主学习、师生互动、同伴合作中的行为表现、参与热情、情感体验和探究思考的过程;以生物学大概念、重要概念等主干知识为依托,设置指向单元重要概念的核心任务"分析何女士患糖尿病的原因,并为其提供针对性健康指导建议",开展注重思维结构和指向核心素养的表现性评价。基于 SOLO 分类理论对学生完成核心任务过程中表现出的大概念理解水平和核心素养发展水平开展评价(见表 9-9)。

表 9-9 基于 SOLO 分类理论的大概念理解能力评价体系

SOLO 层次	大概念理解的具体表征
前结构	学生无法理解问题
单点结构	从单一角度分析糖尿病病因并提出针对性建议。例如只能回答以下任一角度 从细胞代谢角度,血糖的相对稳定需要保持通过消化吸收获取含糖类物质等来源和组织细胞利用糖类等去路的平衡。一旦体内血糖来源增多或组织细胞对血糖的利用减少,就会引发糖尿病。因而建议糖尿病患者应减少高糖饮食,加强适量体育运动 从稳态调节角度,血糖的相对稳定是在"神经—内分泌—免疫"调节网络的作用下,协调各器官、系统的活动实现的,一旦稳态调节出现问题,就会引发糖尿病。因而建议糖尿病患者应保证充足睡眠、保持乐观情绪和平和心态,保证稳态调节网络健康
多点结构	从两个及以上角度分析糖尿病病因并分别提出针对性建议,但只是孤立地从两个角度分析,没有阐述二者之间的关联和逻辑关系
关联结构	从两个及以上角度分析糖尿病病因并分别提出针对性建议,并建立知识之间的联系。从以上两个角度回答并阐述二者之间逻辑关系:细胞的代谢是在"神经—内分泌—免疫"调节网络的作用下,协调各器官、系统的活动实现的
拓展抽象结构	从两个及以上角度分析糖尿病病因并分别提出针对性建议,建立知识之间的联系,并能概括出抽象原理,迁移到实际生活中解决问题。从以上两个角度回答并阐述二者之间的逻辑关系并且抽象概括出"内环境中物质来源和去路平衡被打破或者稳态调节出现异常就会导致疾病产生"的生物学原理

参考文献

中文文献

［1］R.基斯·索耶.剑桥学习科学手册[M].徐晓东,杨刚,阮高峰,刘海华,译.北京:教育科学出版社,2010.

［2］安德烈·焦尔当.学习的本质[M].杭零,译.上海:华东师范大学出版社,2015.

［3］毕华林,卢巍.化学基本观念的内涵及其教学价值[J].中学化学教学参考,2011(6).

［4］陈明选,邓喆.围绕理解的学习评价——基于SOLO分类理论的视角[J].中国电化教育,2016(1).

［5］崔允漷.教学目标——不该被遗忘的教学起点[J].人民教育,2004(Z2).

［6］戴维·珀金斯.为未知而教,为未来而学[M].杨彦捷,译.杭州:浙江人民出版社,2015.

［7］杜文彬.新课标视阈下跨学科主题学习的设计与实现[J].电化教育研究,2024(4).

［8］傅文晓,赵文龙,黄海舵.教育元宇宙场域的具身学习效能实证研究[J].开放教育研究,2022(2).

［9］格兰特·威金斯,杰伊·麦克泰格.追求理解的教学设计(第二版)[M].闫寒冰,宋雪莲,赖平,译.上海:华东师范大学出版社,2017.

［10］郭华.如何理解"深度学习"[J].四川师范大学学报(社会科学版),2020(1).

［11］胡久华,刘洋.基于课程标准设计核心素养导向的单元教学[J].课程·教材·教法,2021(9).

［12］胡欣阳,毕华林.化学大概念的研究进展及其当代意蕴[J].课程·教材·教

法,2022(5).

[13] 杰罗姆·范梅里恩伯尔,保罗·基尔希纳.综合学习设计(第二版)[M].盛群力,陈丽,王文智,译.福州:福建教育出版社,2015.

[14] 李学书,胡军.大概念单元作业及其方案的设计与反思[J].课程·教材·教法,2021(10).

[15] 李学书.大概念单元作业设计:原理、模式和技术[M].上海:华东师范大学出版社,2024.

[16] 李学书.指向核心素养的课程整合[M].福州:福建教育出版社,2020.

[17] 林恩·埃里克森,洛伊斯·兰宁.以概念为本的课程与教学——培养核心素养的绝佳实践[M].鲁效孔,译.上海:华东师范大学出版社,2018.

[18] 刘徽.大单元教学:学习科学视域下的教学变革[J].教育研究,2024(5).

[19] 刘徽.大概念教学:素养导向的单元整体设计[M].北京:教育科学出版社,2022.

[20] 罗伯特·J.马扎诺,约翰·S.肯德尔.教育目标的新分类学(第2版)[M].高凌飚,吴有昌,苏峻,译.北京:教育科学出版社,2020.

[21] 马云鹏.学科大观念的提取及其教学意义——以小学数学为例[J].课程·教材·教法,2024(10).

[22] 美国巴克教育研究院项目式学习计划.项目式学习指导手册:每个教师都能做PBL[M].潘春雷,陆颖,译.北京:中国人民大学出版社,2022.

[23] 美国科学教育标准制定委员会.新一代科学教育标准[M].叶兆宁,杨元魁,周建中,译.北京:中国科学技术出版社,2020.

[24] 任明满.大概念与基本问题:大单元设计的"里"与"表"[J].语文教学通讯,2023(35).

[25] 邵朝友,崔允漷.指向核心素养的教学方案设计:大观念的视角[J].全球教育展望,2017(6).

[26] 斯特兰·奥尔松.深层学习:心智如何超越经验[M].赵庆柏,唐云,陈石,

译.北京:机械工业出版社,2017.

[27] 苏小兵,杨向东,潘艳.真实情境中地理问题生成的学习进阶研究[J].全球教育展望,2020(8).

[28] 唐德海,马勇.理解性教学理论的发生根源与逻辑起点[J].广西师范大学学报(哲学社会科学版),2003(7).

[29] 王荣生.事实性知识、概括性知识与"大概念"——以语文学科为背景[J].课程·教材·教法,2020(4).

[30] 王素,章巍.未来教师的大概念教学设计[M].北京:机械工业出版社,2022.

[31] 王永田,蒋沂蒙.指向生物学跨学科实践的表现性评价[J].课程·教材·教法,2024(8).

[32] 王雨,毕华林.义务教育化学课程标准中大概念的内涵、价值与教学建构[J].课程·教材·教法,2023(10).

[33] 温·哈伦.以大概念理念进行科学教育[M].韦钰,译.北京:科学普及出版社,2016.

[34] 吴刚平,郭文娟,李凯.课程与教学论[M].上海:华东师范大学出版社,2023.

[35] 吴永军.关于深度学习的再认识[J].课程·教材·教法,2019(2).

[36] 伍远岳.论深度教学:内涵、特征与标准[J].教育研究与实验,2017(4).

[37] 闫存林.语文学习任务设计:原理、方法与案例[M].北京:中国人民大学出版社,2022.

[38] 杨向东,黄婧,陈曦,苏小兵.论概念性理解——兼及"钱学森之问"的教育破解途径[J].教育发展研究,2022(20).

[39] 易克萨维耶·罗日叶.学校与评估:为了评估学生能力的情境[M].汪玲,周振平,译.上海:华东师范大学出版社,2011.

[40] 袁维新.论基于概念重建的教学模式与策略[J].课程·教材·教法,2007(11).

[41] 约翰·杜威.民主主义与教育[M].王承绪,译.北京:人民教育出版社,2001.

［42］张华,任燕,廖伟.小学大观念教学:设计与实施[M].北京:教育科学出版社,2023.

［43］章巍.大概念教学15讲[M].北京:中国人民大学出版社,2023.

［44］郑桂华.义务教育语文学习任务群的价值、结构与实施[J].课程·教材·教法,2022(8).

［45］钟启泉.单元设计:撬动课堂转型的一个支点[J].教育发展研究,2015(24).

［46］周文叶,毛玮洁.表现性评价:促进素养养成[J].全球教育展望,2022(5).

［47］朱伟强,崔允漷.关于内容标准的分解策略和方法[J].课程·教材·教法,2011(10).

［48］诸定国.以学科大概念统领单元学习任务:理解与设计[J].语文教学通讯,2023(8).

英文文献

[1] Beattie, V., Collins, B. & McInnes, B. Deep and Surface Learning: A Simple or Simplistic Dichotomy? [J]. Accounting Education, 1997(6).

[2] Beranbaum, R. L. The Cake Bible [M]. New York: Willian Morrow CO, 1988.

[3] Bruner, J. Beyond the Information Given: Studies in the Psychology of Knowing [M]. New York: W. W. Norton, 1960.

[4] Charles, R. L. Carmel, C. A. Big Ideas and Understandings as the Foundation for Elementary and Middle School Mathematics [J]. Journal of Mathematics Education Leadership, 2005(3).

[5] Darling-Hammond, L. & Adamson, F. Beyond Basic Skills: The Role of Performance Assessment in Achieving 21st Century Standards of Learning [M]. San Francisco, CA: Josey-Bass, 2014.

[6] Erickson, H. L. Stirring the Head, Heart, and Soul: Redefining

Curriculum and Instruction [M]. Thousand Oaks: Corwin Press, 1995.

[7] Gadamer, H. G. & Boehm, G. Philosophical Hermeneutics [M]. Oakland, California: University of California Press, 1977.

[8] Lin, T. J., Lee, M. H., Tsai, C. C. Science Teachers' Conceptions of Science Learning and Conceptions of Science Assessment: A Taiwanese Sample Study [J]. International Journal of Science Education, 2014(3).

[9] Marschall, C. & French, R. Concept-based Inquiry in Action: Strategies to Promote to Transferable Understanding [M]. Thousand Oaks, CA: Crown, 2018.

[10] National Research Council. A Framework for K-12 Science Education: Practices, Crosscutting Concept, and Core Idea [M]. Washington, D.C.: The National Academies Press, 2011.

[11] Olson, J. K. Concept-Focused Teaching: Using Big Ideas to Guide Instruction in Science [J]. Science and Children, 2008(4).

[12] Perkins, D. N. & Blythe, T. Putting Understanding Up Front [J]. Educational Leadership, 1994(5).

[13] Sockalingam, N. & Schmidt, G. H. Characteristics of Problems for Problem-Based Learning: The Students' Perspective [J]. Interdisciplinary Journal of Problem-Based Learning, 2011(1).

[14] Stern, J. S., et al. Tools for Teaching Conceptual Understanding, Elementary Harnessing Natural Curiosity for Learning that Transfers [M]. Thousand Oaks: Corwin: SAGE Publications, 2017.

[15] Stiggins, R. J. Design and Development of Performance Assessments [J]. Educational Measurement: Issues & Pracice, 1987(3).

[16] Thomas A. Holme, Cynthia, J. Luxford & Alexandra Brandriet. Defining Conceptual Understanding in General Chemistry [J]. Journal of Chemical

Education, 2015(8).

[17] Whiteley, M. Big ideas: A Close Look at the Australian History Curriculum from a Primary Teacher's Perspective [J]. Agora, 2012(1).

[18] Wiske, M. S. Teaching Understanding: Linking Research with Practice [M]. San Francisco: Jossy-Bass. 1998.

后　记

从国际教育发展趋势来看,自上世纪末以来,世界各国和国际组织都在围绕"面对未来充满不确定的社会,教育如何培养适配人才"的问题,研制核心素养框架,并进行相应的课程和教学改革,强调培养学生的复杂问题解决能力。例如,经济合作与发展组织(OECD)提出的核心素养框架,涵盖了沟通与合作、问题解决与创新等关键能力;美国的"21世纪技能"计划,突出批判性思维、创造力等素养的重要性;《中国学生发展核心素养》总体框架的发布,明确了学生应具备的适应终身发展和社会发展需要的必备品格和关键能力。这一系列举措表明,教育已从单纯的知识传授迈向素养培育的新阶段。

2017年,核心素养进入我国高中课程方案和各学科课程标准,并得到了比较详细的描述,这标志着课程改革正式进入核心素养时代。很多学者和一线教师围绕如何培养学生发展核心素养展开大量理论探讨和教学实践,并呈现了丰硕的研究成果和实践经验,但一线教师总有一种"难以把握"的感觉。随着2022年版义务教育课程方案和各学科课程标准颁布,一系列以"大"为修饰语的名词呈现在一线教师面前,如大概念、大单元、大问题、大任务……专家学者对这些概念众说纷纭,而广大教师却是莫衷一是。我本人也是怀着对课程领域新概念的好奇心,自觉或不自觉地"卷入"其中,发表了几篇拙作,聊以表达我的想法。这些不成熟的思考有幸被出版社编辑老师发现,邀约写一本相关书籍,我欣然应约,借此梳理国内外专家学者和实践者之洞见的基础上,表达一下我自己的"理解",总结和推介一些"实践"经验,为一线教师解决教学之困助力。因此,这本书就命名为《素养导向的大概念教学》。

需要强调的是,这里的"理解"是集成了他人的理解而形成的拙见,这里的"实践"是共同体的实践。在这个共同体中,我有幸遇到最有思想和智慧的前辈和同仁、最专业的编辑、最勤勉的老师和学生,使我有信心和勇气完成这项"任务"。这本拙作以大概念、大单元视角观照教学设计,选择对基础教育教学改革颇具价值、极具操作性的理论成果进行解读、分析,以适合一线教师的语言,辅之鲜活生动的学科和生活案例,试图厘清这些以"大"为定语的概念之间的逻辑关系,助力教师探寻指向核心素养的教学改革的可能路径。

随着书稿即将付梓,我更加坚信,大概念教学作为一种顺应时代发展需求的新型教学理念与方法,能够为教育教学改革提供新的思路与方向。它以培养学生的核心素养为目标,通过引导学生把握学科大概念,实现知识的深度理解与迁移应用,通过大概念架起知识与素养之间的桥梁,解决具体知识容易理解却无法迁移的困境以及素养容易迁移却不易理解的难题,助力学生思维能力与终身学习能力的提升,让素养培养真实可见。

这本书是学校探索教学改革历程的再现,是专家的理论与教师实践碰撞的结果。它源于教育共同体,还要接受共同体检验。诚挚感谢华东师范大学出版社刘佳老师的精心策划和写作过程中给予的专业指导,感谢大概念教学领域的先行专家学者——从国外的布鲁纳、威金斯到国内的刘徽、章巍等的学术智慧和一线教师的启发,感谢安徽省阜南一中李学信撰写第四、第五两章(四万多字),以及虹口教育学院王玉娟、上海师范大学附属外国语中学刘玉配、中原路小学分校陈小芳、东华大学附属实验学校尹雯雯和张逸娜等提供的精彩而真实的案例,最后还要感谢上海开放大学AI赋能创新思维培养团队的支持。

最后我想说,大概念教学是落实核心素养的有效途径,但绝不是唯一路径。课程与教学改革中的真正动力蕴藏在教师之中。期待读者在阅读本书后,能在内心深处激起教学改革的"冲动",大胆探索和实践,克服大概念教学设计和实施中的不适,为学生核心素养培养真正落地贡献自己的智慧,也希望这本"期待的"拙作能够像大概念架起素养和知识之间桥梁一样,搭建一个专家和教师之间互动交流的平台。